Danny Silk

Unbestrafbar

Danny Silk

Unbestrafbar

Unsere Vorliebe für Bestrafung beenden

GloryWorld-Medien

3. Auflage 2025

Bibelzitate sind, falls nicht anders gekennzeichnet, für das Neue Testament der Neuen Genfer Übersetzung, 2009, entnommen, für das Alte Testament der Elberfelder Bibel, Revidierte Fassung von 1985 (REÜ). Weitere Bibelübersetzungen:
BAS: BasisBibel. Das Neue Testament und die Psalmen, 2012
LUT: Lutherbibel, Revidierte Fassung von 1984
SLT: Schlachter 2000

Das Buch folgt den Regeln der Deutschen Rechtschreibreform. Die Bibelzitate wurden diesen Rechtschreibregeln angepasst.

Übersetzung/Satz: Manfred Mayer
Lektorat: Klaudia Wagner
Umschlaggestaltung: Jens Neuhaus, www.7dinge.de

Printed in the EU

ISBN: 978-3-95578-374-7
Bestellnummer: 356374

Erhältlich beim Verlag:

GloryWorld-Medien
Beit-Sahour-Str. 4
D-46509 Xanten
Tel.: 02801-9854003
Fax: 02801-9854004
info@gloryworld.de
www.gloryworld.de

oder in jeder Buchhandlung

Inhalt

All den Menschen gewidmet,
mit denen ich im Laufe der Jahre gearbeitet habe
und die treu darin waren, sich tief zu demütigen,
um die Gnade Gottes zu empfangen,
die uns die Kraft und das Verlangen gibt,
seinen Willen zu tun.

Danksagungen

Allison Armerding: Du hast wieder einmal ein Meisterwerk vollbracht! Mit einem solch großartigen Menschen und wunderbaren Genie zusammenarbeiten zu können, macht mich einfach dankbar. Ich habe keine Worte dafür. Du bist eine wahre Freundin.

Das „Loving On Purpose“-Team – Sheri Silk, Ben und Brittney Serpell, Leah Rivas, Anna Hill, Ashley Beck und Phin (Büromaskottchen, Goldendoodle): Ihr alle lebt diese Botschaft auf so angenehme Weise und seid treue Repräsentanten der Welt gegenüber, die euch beobachtet und von euch lernt. Ich danke euch, dass ihr so viel Spaß und Freude zu dieser Reise beigetragen habt.

Ryan Sprenger: Da sind wir wieder! Ein weiteres „selbstveröffentlichtes“ Buch, das NewType und Printopya gemeinsam herausgebracht haben. Ich bin so dankbar für eure Führung und euer dienendes Herz. Vielen Dank an euch und euer Team!

Ben und Heather Armstrong: Ihr seid Helden der Liebe und auch meine persönlichen Helden! Die Frucht eures Lebens lässt mich staunen. Ihr habt den Lauf der Geschichte verändert, indem ihr einfach gesagt habt: „Ich entscheide mich für dich.“

Josh und Robin Biddlecomb: Ich bewundere euch! Danke, dass ihr diesen harten Weg auf euch genommen habt, um euer Familienvermächtnis zu wahren, und dass ihr auf Gott vertraut, dass er uns alle Dinge zum Guten dienen lässt.

Pep und Angie Robey: Ihr habt mit eurer Geschichte ganz bestimmt mein Leben verändert. Ich bin euch für immer dankbar für euren Mut und eure Versöhnung.

Jonathon und Karen Welton: Vielen Dank für eure Hilfe bei diesem Buch! Von der Theologie bis zur Demut – ihr beide leistet einen wichtigen Beitrag zum „besseren Bund“ auf der Erde. Ich freue mich, mit euch unterwegs zu sein und dass ihr meine Freunde seid.

Dann Farrelly: Noch einmal vielen Dank für das „Lot“ und die Kraft, die du meinem Leben verliehen hast.

Shawn Bolz: Du hast tiefe Freundschaften auf dem Herzen! Ich freue mich über das, was du in diesem Leben aufbaust. Cherie war ein kluger Schritt, ebenso wie die reizenden jungen Damen, die zu deinem Haushalt hinzugekommen sind. Danke für deine Hilfe bei diesem Projekt!

Vorwort

Ich wurde von zwei Christen der ersten Generation großgezogen, die ein kaputtes Leben geführt hatten, bevor sie zu Christus gekommen sind. Sie waren in sehr dysfunktionalen Familien aufgewachsen, in denen es Missbrauch, Zorn und Bestrafung gegeben hatte. Meine Eltern waren außerdem Kinder der 1950er-Jahre und zogen ihre Kinder von den 1960er- bis in die 1980er-Jahre auf, als die Erziehungsmethoden, sowohl in der Populärpsychologie als auch in der Kirche, auf Bestrafung basierten. Sie wollten mich und meine Geschwister jedoch nicht so erziehen, wie sie selbst erzogen worden waren, und gaben sich Mühe, die Verbindung zu uns aufrechtzuerhalten und nicht zu riskieren, sie zu verlieren, indem sie zu hart mit uns umgingen. Sie leisteten eine erstaunliche Arbeit, indem sie ihre Erlösung direkt vor unseren Augen in die Praxis umsetzten.

Ich weiß noch, dass mein Vater einmal sehr wütend war, als ich etwas falsch gemacht hatte. Er sah mich an und sagte: „Ich sollte nicht so wütend sein. Was du getan hast, verdient eine solche Reaktion nicht. Ich möchte nicht, dass du das Gefühl hast, du seist für meinen Ärger verantwortlich oder dieser habe mit dem zu tun, was du getan hast. Geh erst mal spielen, während ich daran arbeite, mich zu beruhigen und meinen Ärger mit Gottes Hilfe in den Griff zu bekommen, damit ich mit dir in angemessener Weise über das sprechen kann, was du getan hast.

Die Selbsterkenntnis meines Vaters bewahrte mich davor, dass ich in einer Situation Zorn zu spüren bekam, in der so viele Kinder harte Worte, Strafen und Konsequenzen, anstatt echte Liebe, Verbundenheit und Hingabe erfahren. Wenn ich etwas falsch gemacht hatte, zeigte mir seine Verletzlichkeit, was seine Ziele waren. Es ging ihm nicht darum, seinen eigenen Zustand zum Ausdruck zu bringen, sondern er wollte mir helfen zu verstehen, dass er ein echter Mensch war, der dabei war, von echter Gebrochenheit geheilt zu werden. Diese war durch seine Eltern verursacht worden, welche versucht hatten; ihn mittels Kontrolle und Zorn zu zähmen. Er wollte das nicht wiederholen, und als seine Beziehung zu Gott immer stärker wurde, wurde er für mich und meine Schwestern ein gutes Vorbild dafür, lernfähig zu sein und sich neue Ziele zu setzen, die nicht auf dem Bestrafungsmodell basierten, das er erlebt hatte. Meine Eltern versuchten beide, in ihrem Christsein etwas anderes zu leben. Das war in der damaligen Kultur eher selten und machte unsere Familie einzigartig.

Die Folge ihres Wechsels von einer Bestrafungs- zu einer Disziplinierungsmethode war, dass meine Schwestern und ich kaum echte selbstverschuldete Probleme in unserem Leben hatten. Ich war nie betrunken, habe niemals Drogen probiert, vorehelichen Sex gehabt oder irgendetwas Illegales getan – nicht, weil ich Angst vor der Bestrafung meiner Eltern oder vor dem Gesetz hatte, sondern weil ich aufgrund der Art und Weise, wie meine Eltern mir Gottes Liebe und ihre eigene Liebe zeigten, diese Beziehung um jeden Preis schützen wollte. Mein Vater hat uns von klein auf vorgelebt, wie man *nicht* anderen Frauen hinterherläuft oder mit Pornografie zu tun zu hat, weil er meine Mutter so sehr liebte, dass er diese Beziehung nicht gefährden wollte. Das brachte mich zu der Überzeugung, dass ich, wenn ich der Beziehung zu ihnen schadete, was ein paar Mal tatsächlich vorkam, um jeden Preis darum kämpfen müsste, umzukehren, mich zu versöhnen und die Verbundenheit wiederherzustellen.

Als ich daran ging, das Manuskript für dieses Buch zu lesen, erwartete ich eine gute Lektüre, aber ich hatte auch viel zu tun, weshalb ich mir sagte: „Sei wirklich präsent und bei der Sache." Junge, dieses Selbstgespräch war wirklich nicht nötig gewesen! Von den ersten Seiten an wurde ich völlig in Beschlag genommen. Was ich las, forderte mich – auf gute Weise, aber auch fast unbequem – heraus: zunächst die Geschichten, dann aber auch Dannys Worte für eines der schwierigsten Themen im Christentum, nämlich: Wie können wir mit den leidvollen Erfahrungen in unseren Beziehungen umgehen und sie aus biblischer Perspektive sehen? Wie tun wir Buße[1]? Wie stellen wir Versöhnung her? Was tun wir in gesunden Konflikten mit Menschen wie unseren Kindern oder anderen, die wir leiten oder für die

---

[1] Das engl. Wort „repentance" haben wir in diesem Buch abwechselnd mit „Buße", „Umkehr" oder „Sinnesänderung" wiedergegeben. Anm. d. Hrsg.

wir verantwortlich sind? Und wie können wir, wenn *wir* sündigen, die Beziehung wiederherstellen und klare Ziele für eine echte Umkehr festlegen, anstatt nur aus Scham und Schuld heraus zu handeln? Wie können wir es bewerkstelligen, dass wir weder andere noch uns selbst bestrafen?

Im Christentum hat es uns auf breiter Front an emotionaler *und* geistlicher Intelligenz gefehlt, um zu wissen, was zu tun ist, wenn jemand an uns und sich selbst schuldig wird. Wir wissen, dass wir das radikale Leben der Liebe führen sollten, das Jesus uns vorgelebt hat. Doch das, was die Menschheit normalerweise anwendet, ist Bestrafung, und deshalb enden wir oft in Selbstschutz und harter Disziplinierung statt einer auf Liebe gegründeten Disziplinierung[2], und bringen uns selbst oder andere in eine Situation, die einfach keinen Erfolg verspricht. Wenn du *Unbestrafbar* liest, wirst du sowohl einige wichtige Dinge verlernen als auch (neu) erlernen, und zwar dadurch, dass du mit der einfachen, biblischen Antwort konfrontiert wirst, mit der wir auf Sünde und Versagen reagieren sollten. Außerdem wirst du erfahren, wie du vom Herzen her auf Menschen in deinem Leben und in unserer Kultur eingehen kannst.

Dieses Buch stattet mich mit einer neuen geistlichen Intelligenz aus, um mit Versagen umgehen zu können. Ich habe sofort begonnen, das, was in Beziehungen auf dem Spiel steht, ganz anders zu sehen. Ich musste auch überdenken, wie ich in der Vergangenheit mit Freunden, Familienmitgliedern, Mitarbeitern und Gemeindemitgliedern umgegangen bin, weil ich nicht immer aus einer gesunden Theologie heraus gehandelt habe oder Worte hatte, um sie zu beschreiben. Ich gehe auch in mich, um all das zurückzugewinnen, was ich verloren habe, weil ich in der Vergangenheit aus einer Bestrafungsmentalität heraus gehandelt habe, statt aus einer Haltung der Gnade und Versöhnung, die Danny in *Unbestrafbar* so klar zum Ausdruck bringt. Ich muss einfach so ehrlich sein, wenn ich dieses Vorwort schreibe. Dieses Buch wird dafür sorgen, dass du dich veränderst. Du wirst eine neue Einstellung in Bezug auf Sünde, Umkehr und Konflikte und den Umgang damit bekommen. Ich denke, dass fast jeder, der dieses

---

[2] Das englische Wort „discipline“ haben wir meist mit „Disziplinierung“ wiedergegeben. In der Bibel wird es gewöhnlich mit „Züchtigung“ oder „Erziehung“ übersetzt. Anm. d. Hrsg.

Buch liest, in einigen Bereichen, die in der Gemeinde heute völlig falsch verstanden werden, ein schnelles, sichtbares Wachstum erleben wird. *Unbestrafbar* ist letzten Endes eine theologische Revolution, die auf Liebe basiert sowie zugänglich, geistlich intelligent und sauber ist.

Vor einigen Jahren saß ich mit Danny zusammen und gab ihm ein geistliches Wort mit auf den Weg: „Du wirst ein Buch über Leiter und Menschen schreiben, die versagt haben, und du wirst Worte dafür finden, wie der Prozess der Wiederherstellung wirklich aussieht und wie man mit Buße und Versöhnung umgeht.“ Er hätte es auch ohne meinen geistlichen Input getan, denn so bringt sich Gott durch Danny eben zum Ausdruck, aber ich habe dieses Buch gebraucht und bin froh, dass ich geistlich wach genug war, um es zu wollen. Ich werde durch dieses Buch verwandelt, und du ebenfalls.

Shawn Bolz
Autor von *Through the Eyes of Love*, *Translating God* und *Breakthrough Prayers, Prophecies, and Declarations*

TEIL 1

Unsere Vorliebe für Bestrafung

Kapitel 1

Die Entscheidung zur Umkehr

Es war der zweite Tag unserer Leiterkonferenz zum Thema „Kultur der Ehre“ in der Bethel-Gemeinde in Redding. Vor mir saßen etwa zweihundert Leiter, von denen mich viele neugierig ansahen und offensichtlich nicht wussten, was sie von dieser Nachmittagssitzung zu erwarten hatten, die schlicht und einfach den Titel „Unbestrafbar“ trug. Ich ahnte bereits, dass ich mit dem, was ich vorhatte, eine kleine geistliche Atombombe in ihre Welt werfen würde.

„In den letzten Lehreinheiten“, so begann ich, „ging es um den Gedanken, dass eine Kultur der Ehre eine Kultur der Liebe und eine Kultur der Familie ist. Das bedeutet, dass es auch eine Kultur der Verletzlichkeit ist. Wir entscheiden uns dafür, uns in Beziehungen zu begeben, in denen unser Leben durch die Entscheidungen anderer Menschen stark beeinflusst werden kann, und auch sie können durch unsere Entscheidungen beeinflusst werden. Und manchmal sind die Auswirkungen dieser Entscheidungen äußerst schmerzhaft. Aus diesem Grund opfert der größte Teil der Welt um des Selbstschutzes willen echte Liebe und Gemeinschaft. Aber in einer Kultur der Ehre, in einer Familie, opfern wir den Selbstschutz, um eine Beziehung wiederherzustellen, wenn diese durch die schlechte Entscheidung eines Menschen beschädigt oder zerstört wurde.“

Ein paar Köpfe nickten im Raum, aber die meisten Gesichter, die mich ansahen, waren nüchtern und aufmerksam. Alle schienen zu spüren, dass wir uns in tiefe Gewässer begaben.

„Der beste Weg, euch zu zeigen, wie diese Ehre, Liebe und Verletzlichkeit aussehen“, fuhr ich fort, „ist anhand einer Geschichte – einer Geschichte über einen unserer Leiter, der eine schmerzhafte

Entscheidung traf, die sich auf alle in unserem Umfeld ausgewirkt hat."

„Eines Tages im Jahr 2009", so begann ich, „wurden Dann Farrelly, einer unserer Hauptleiter, und ich zu einem Treffen mit einer unserer Praktikantinnen unserer *Ministry School*[1] gerufen. Diese Praktikantin erklärte uns, sie habe ein Jahr lang bei einem der Pastoren der Schule und seiner Familie gelebt und in den vergangenen Monaten eine Affäre mit ihm gehabt.

Bei diesen Worten machte sich eine gespannte Stille im Raum breit, eine Stille, die anhielt, als ich mit der Geschichte fortfuhr.

Dann und ich beriefen sofort ein Treffen ein, um Ben Armstrong, den fraglichen Pastor, zu konfrontieren. Er gab zu, dass alles, was sie uns gesagt hatte, der Wahrheit entsprach. Er schien dabei von seinem eigenen Geständnis schockiert zu sein – es war eindeutig das erste Mal, dass er laut ausgesprochen hatte, was er tatsächlich getan hatte.

Solche Geständnisse sind immer herzzerreißend, aber dieses machte mich besonders betroffen, weil ich diesen Mann gut kannte. Ich kannte Ben nämlich schon, seit er als Junge in meiner Heimatstadt Weaverville in Kalifornien aufwuchs. Er, seine Frau Heather und ihre drei Kinder waren geschätzte Mitglieder unserer Bethel-Gemeinschaft. Ben war in den Reihen der Bethel-Mitarbeiter stetig aufgestiegen, bis zu dem Punkt, an dem wir ihm die direkte seelsorgerliche Betreuung von siebzig Studenten des ersten Lehrjahres und die Aufsicht über die (damals) 700 Studenten des ersten Lehrjahres anvertraut hatten. Zu seinem Einflussbereich gehörten die Schule, die Gemeinde und sogar unser erweitertes gemeindliches Netzwerk. Seine Entscheidung, seinen Ehebund zu brechen, verstieß auch gegen seine auf einen Bund gegründeten Beziehungen zu Gott und dem ganzen Volk Gottes, das ihm als Leiter vertraute.

Als ich diesen Punkt in der Geschichte – Bens Geständnis – erreicht hatte, hielt ich inne und bat die anwesenden Leiter, ihre Antworten auf zwei Fragen aufzuschreiben:

- Was fühlst und denkst du über Ben und seine Entscheidung?
- Wenn diese Situation in deinem Leben oder in deinem Verantwortungsbereich eintreten würde, was würdest du als Nächstes tun?

---

[1] Dt. Schule für den Dienst.

Eine Reihe von Reaktionen

Während ich den Leitern einige Minuten Zeit gab, um ihre Antworten aufzuschreiben, musterte ich das Publikum und fragte mich, was in den Herzen und Köpfen dieser Männer und Frauen wohl vor sich ging. Ein paar Personen fielen mir auf, und ich konnte nicht widerstehen, mir auszumalen, wie sie, aufgrund dessen, was ich über sie wusste, wahrscheinlich innerlich reagieren.

Die erste Person, die mir auffiel, war Chuck[2], den ich erst ein paar Stunden zuvor beim Mittagessen kennengelernt hatte. Chuck hatte mir erzählt, dass dies sein erster Besuch in Bethel war. Sein neuer Pastor hatte in ihrer konservativen evangelikalen Gemeinde im Mittleren Westen eine „Erweckungskultur" eingeführt und Chuck sowie eine Handvoll anderer ehrenamtlicher Leiter zu dieser Konferenz mitgebracht, damit sie aus erster Hand erfuhren, in welche Richtung er sie geführt hatte. Chuck hatte mir gegenüber auch erwähnt, dass er eine achtzehnjährige Tochter hat, die erwägt, sich nach ihrem Highschool-Abschluss für unsere *Ministry School* zu bewerben.

Angesichts seines aufeinandergepressten Kiefers und seiner zusammengekniffenen Augen vermutete ich, dass Chuck als Reaktion auf Bens Geschichte wohl hauptsächlich zornig war. Dieser Blick war mir bekannt. Es war der Blick eines Mannes, der so etwas dachte, wie: *Wenn irgendein Pastor meine Tochter verführt hätte, würde ich ihn jagen und erschießen! Wie konnte eine Autoritätsperson, der man vertraute, jemanden auf diese Weise ausnutzen? Ich hoffe, sie haben an ihm ein Exempel statuiert. Er sollte auf keinen Fall mehr irgendeine gemeindliche Leitungsposition einnehmen dürfen!*

Die nächste Person, die mir ins Auge fiel, war Alexandra, eine ehrenamtliche Leiterin einer Gemeinde in Idaho. Ich hatte sie einige Monate zuvor auf einer anderen Bethel-Konferenz kennengelernt, und damals waren ihr strahlendes Gesicht und ihre ekstatischen Schilderungen der Erlebnisse mit der sternenklaren Hoffnung erfüllt, dass sie eine Gemeinde entdeckt hatte, die, soweit sie es beurteilen konnte, so gut wie perfekt war. Jetzt zeigten sich auf ihrem Gesicht Falten der Enttäuschung. Ich konnte fast hören, wie sie dachte: *Wow!*

---

[2] Die Namen und Angaben der Leiter in diesem Abschnitt wurden geändert, um ihre Identität zu schützen.

Ich dachte, dies sei ein Ort, an dem die Menschen wirklich den Willen Gottes „auf Erden wie im Himmel" auslebten. Ich dachte, die Leiter hier hätten es besser drauf. Ein Pastor, der eine Affäre mit seiner Praktikantin hat? Wie konnte er mitten in der Erweckung leben und so einen Mist bauen?

Am Tisch neben Alexandra saß eine Gruppe von Leitern aus Singapur. Meine Augen richteten sich auf Li, mit dem ich auf mehreren Dienstreisen nach Asien ziemlich viel Zeit verbracht hatte. In all unseren Gesprächen, mit welchen Herausforderungen Leiter in seiner Kultur konfrontiert waren, stand sexuelles Fehlverhalten niemals im Vordergrund und kam unter ihren christlichen Leitern offenbar selten vor. Lis steifer, ernster Gesichtsausdruck deutete darauf hin, dass er eine berechtigte Empörung darüber empfand, dass ein Diener des Evangeliums sich so schändlich verhalten hatte. Aufgrund dessen, was ich über seine Kultur wusste, vermutete ich, dass er wahrscheinlich für eine strenge Bestrafung plädieren würde, um allen die Botschaft zu vermitteln, dass ein solches Verhalten für jeden, insbesondere für einen Pastor, erbärmlich sei.

Im hinteren Teil des Raumes erblickte ich meinen Freund Walter, einen fünfzigjährigen Geschäftsmann und lebenslangen Gläubigen aus Tulsa, Oklahoma. Nach der Eröffnungssitzung der Konferenz am Vortag hatten wir etwas Zeit miteinander verbracht, und Walter hatte mir dabei mitgeteilt, er habe gerade einen sehr schweren Vertrauensbruch erlebt. Vor Kurzem hatte er entdeckt, dass sein Schwager, den er zwei Jahre zuvor eingestellt hatte, nachdem er aus einem anderen Job entlassen worden war, Ausgaben vortäuschte und Firmenschecks an sich selbst ausstellte. Walter hatte keine Anzeige erstattet, aber seinem Schwager gesagt, es sei für ihn an der Zeit, sich eine andere Arbeit zu suchen. „Es brach mir das Herz", hatte er mir gesagt, „aber ich musste ihn die Konsequenzen seines Verhaltens spüren lassen. Meine einzige Hoffnung ist, dass er seine Lektion lernt und nie wieder Menschen auf diese Weise verletzt." Ich konnte mir leicht vorstellen, dass Walter dachte, in Bens Fall müsse etwas Ähnliches getan werden.

Ebenfalls relativ weit hinten saß Carolyn, eine mir durch meinen Dienst seit langem bekannte Frau, deren Gesicht voller Sorge war. Ich wusste, dass dies allerdings weniger mit Bens Geschichte zu tun hatte als mit ihrem persönlichen Leben. In den Jahren, in denen ich

Carolyn und ihren Mann Ken kannte, waren sie immer eine vorbildliche christliche Familie gewesen, die ihre drei wunderschönen Töchter in der Gemeinde aufzog, in der Carolyn elf Jahre lang als Buchhalterin gearbeitet hatte. Die Mädchen waren in der Jugendgruppe sehr engagiert, und Ken war im Ältestenrat. Aber jetzt drohte etwas ihre Welt auf den Kopf zu stellen. Beim Mittagessen am Vortag hatte Carolyn meine Frau Sheri beiseite genommen und ihr anvertraut, sie und Ken hätten in dieser Woche erfahren, dass ihre mittlere Tochter, die gerade mal fünfzehn Jahre alt war, schwanger war. Sie hatte dies ihrem Pastor noch nicht mitgeteilt und Sheri um Rat gefragt, was sie tun solle. Sie war überzeugt davon, dass die Gemeindeleitung und die anderen Mitglieder der Gemeinde dafür sorgen würden, dass sie ihre Stelle in der Gemeindeverwaltung verlor, wenn sie ihr Versagen als Mutter mitbekämen – um kein schlechtes Licht auf den Hauptpastor zu werfen. Aufgrund ihrer Äußerungen vermutete ich, dass Bens Geschichte die Furcht vor Strafe, die sie derzeit plagte, noch verstärken könnte.

Die letzte Person, die mir ins Auge fiel, war Bruce, ein befreundeter Pastor, der mit drei neuen Mitgliedern seines Ältestenteams an einem Tisch saß. Die drei jungen Männer steckten am Tisch ihre Köpfe zusammen und zeigten sich gegenseitig, was sie aufgeschrieben hatten. Bruce schaute jedoch in eine andere Richtung und schien einen Augenkontakt mit ihnen zu vermeiden. Ihm war sichtlich unwohl. In den mehr als zehn Jahren, in denen Bruce und ich bei verschiedenen Veranstaltungen miteinander Kontakt hatten und zusammen dienten, hatten wir genug voneinander erfahren, und ich wusste, dass er in der Vergangenheit mit einem Pornoproblem zu kämpfen hatte. Aufgrund der stressigen Situationen, mit denen er derzeit in seiner Gemeinde konfrontiert war, konnte ich nicht umhin, mich zu fragen, ob Bruce in diesem Bereich wieder Schwierigkeiten hatte. Wenn ja, würde das erklären, weshalb die Geschichte, dass ein Pastor erwischt und entlarvt wurde, ihn in seinem Stuhl umherrutschen ließ.

Das Problem finden

Als alle mit dem Aufschreiben fertig waren, sagte ich: „An diesem Punkt war ich also bei Bens Geständnis angelangt. In den meisten Fällen hört das Gespräch genau hier auf. Und wir fangen an, jemandem, der eine der heiligen Regeln der Gemeinschaft gebrochen hat, zu sagen, was als Nächstes passieren wird. Die Botschaft, die wir aussenden, ist, dass er in dieser Sache keine Entscheidungen mehr zu treffen hat. Aber aus meiner Sicht hatte Ben noch eine Entscheidung zu treffen – die wichtigste von allen: Würde er Buße tun oder nicht?“

Diesmal sah ich kein Nicken im Publikum. Viele, darunter Chuck und Walter, hatten einen skeptischen Blick, als wollten sie sagen: *Warum sollte das eine Rolle spielen?* Andere sahen verwirrt und verunsichert aus, sie schienen sich nicht im Klaren darüber, was ich mit „Buße tun“ meinte.

„Der erste Weg für mich, um festzustellen, ob Ben bußfertig war“, fuhr ich fort, „war herauszufinden, ob er bereit war, sich den Schlamassel, das er angerichtet hatte, wirklich anzusehen. Er hatte sein Verhalten zugegeben, aber das war nur ein Teil des Ganzen. Um Buße zu tun, musste er das ganze Problem sehen – seine grundsätzlichen inneren Überzeugungen und Motive, die sein Verhalten samt allen seinen Auswirkungen hervorgebracht hatten.

Dann beschrieb ich die nächste Phase des Gesprächs mit Ben, die damit begann, dass ich ihn fragte: „Also, was ist passiert, Ben? Wie kam es dazu, dass du so etwas zugelassen hast?“

Inzwischen war Bens Gesichtsausdruck, der zuvor vom Schock über sein Geständnis geprägt gewesen war, tiefen Seufzern und Tränen der Angst, Schuldgefühle und Reue gewichen. Ich war mir ziemlich sicher, dass er nicht davon überzeugt werden musste, dass er ein Problem hatte – er wusste, dass er in den größten Schwierigkeiten seines Lebens steckte. Aber anstatt aus dem Raum zu rennen, begann er, mit uns nach der Ursache zu suchen: wo die Dinge bei ihm schief gelaufen waren und warum.

Nachdem er die Ereignisse, Entscheidungen und Beziehungsdynamiken, die zu der Affäre geführt hatten, zusammengefügt hatte, sah Ben die Realität des Lebens, das er gelebt hatte. Er hatte nicht nur jahrelang keine echte Verbindung zu seiner Frau gehabt, sondern war auch fast vollständig von allen anderen in seinem Umfeld isoliert gewesen. Der Ehemann, Vater, Leiter und Mann, den er nach außen vorgab, war eine Fassade – niemand kannte ihn wirklich bzw. sah, was sich hinter den Kulissen abspielte.

Als ich Ben fragte, woher diese Verhaltensweisen der Distanz, der Isolation und des Versteckens in seinem Leben kämen, musste er mehrere Minuten lang tief nachdenken, um die Wahrheit zu erkennen. Schließlich sagte er: „Ich habe Angst davor, gesehen und gekannt zu werden, weil ich Angst davor habe, etwas falsch zu machen und bestraft zu werden."

„Okay", sagte ich. „Lass uns dem mal nachgehen. Was glaubst du, woher diese Angst kommt?"

Ben erwähnte einige Szenarien aus seiner Kindheit, in denen er „in Schwierigkeiten" geraten war, aber bei einem weiteren Geständnis wurden wir schließlich fündig. Dies war nicht seine erste Affäre. Er hatte bereits zwölf Jahre zuvor einmal Ehebruch begangen, als er und Heather frisch verheiratet waren und ihr erstes Kind erwarteten. Damals war er Mitarbeiter einer kleinen Gemeinde. Als die Wahrheit ans Licht kam, hatte er einen Prozess der „Gemeindezucht" durchlaufen. Zuerst wurde von ihm verlangt, vor die Gemeinde zu treten und zu beichten, was er getan hatte. Dann wurde er von all seinen Leitungsaufgaben entbunden, durfte aber als Hausmeister in der Gemeinde weiterarbeiten. Die einzigen Personen, mit denen er die Situation besprechen durfte, waren die Hauptpastoren, die ihn und Heather seelsorgerlich beraten sollten, was dann praktisch aber kaum passierte. Er und Heather waren übereingekommen, die ganze Sache unter den Teppich zu kehren und weiterzumachen, als sei nichts geschehen. Irgendwann kamen die Gemeindeleiter dann zu dem Schluss, Ben habe „seine Zeit" als Hausmeister „abgesessen", und ihm wurde nach und nach erlaubt, seine Pastorentätigkeit wieder aufzunehmen.

Als wir Ben einstellten, wussten wir nichts über diese Episode in seinem Leben und hatten deshalb nie daran gedacht, ihn verantwortlich zu begleiten oder gute Fragen zu stellen, wie: „Ist es eine gute Idee, dass eine junge Frau in deinem Haus wohnt, oder nicht?" Und so war der Weg dafür frei, dass Bens Furcht vor Bestrafung ihn dazu treiben konnte, genau das zu tun, wovor er Angst hatte. Es war nur eine Frage der Zeit, bis das Elend des ungelösten Schmerzes in seiner Ehe und sein Versteckspiel vor den Menschen in seinem Umfeld größer wurden als seine Furcht davor, erwischt und bestraft zu werden, und er tat etwas Unrechtmäßiges, indem er eine Beziehung mit jemand einging, so wie er es auch zwölf Jahre zuvor getan hatte.

Sobald ich merkte, dass Ben erkannte, was bei ihm innerlich abgelaufen war, verlagerte ich meine Fragen auf die Auswirkungen. Ich wollte, dass er verstand, was hier auf dem Spiel stand. Es ging nicht nur um seine Ehe oder seinen Job oder um die *Bethel Church* und die *Ministry School.* Es ging nicht nur darum, dass er Gottes Gebote übertreten hatte. Es ging um eine Familie – eine Familie, zu der wir beide gehörten und für deren Schutz wir verantwortlich waren.

„Was meinst du – wer ist von dieser Entscheidung betroffen?", fragte ich.

Einen nach dem anderen nannte Ben die Menschen, die er mit diesem Verrat verletzt hatte. Heather. Ihre Kinder. Ihre Eltern und ihre erweiterte Familie. Seine Praktikantin. Sein Mitarbeiterteam. Die anderen Pastoren der Erweckungsgruppen und die Gemeindeleitung. Seine Erweckungsgruppe. Alle Studenten im ersten Jahrgang. Auch die Studenten im zweiten Jahrgang – besonders diejenigen, die im Jahr zuvor in seiner Erweckungsgruppe gewesen waren. Als das Ausmaß des Schlamassels immer deutlicher wurde, begann Ben vor Schmerz zu schluchzen.

Bens Tränen waren sicherlich angebracht, und seine Gebrochenheit schien echt zu sein. Er war bereit gewesen, tief zu graben, meine Fragen zu beantworten und die Struktur seiner Untreue vollständig aufzudecken. Jetzt schien er die *„Traurigkeit nach Gottes Willen",* die *„eine Umkehr zur Seligkeit"* (vgl. 2 Kor 7,10 LUT) bewirkt, zu erleben. Aber seine Antwort auf meine letzte Frage sollte beweisen, was wirklich in seinem Herzen war.

„Also, Ben … was wirst du tun?", fragte ich.

Überwältigt von dem emotionalen Tsunami, der gerade über ihn hereingebrochen war, saß Ben einen Moment lang einfach nur da. „Ich weiß es nicht", sagte er schließlich. „Ich weiß, dass ich versuchen muss, meinen Schlamassel zu bereinigen. Aber ich habe keine Ahnung, wie. Ich bin mir ziemlich sicher, dass ich gerade alles Wichtige in meinem Leben verloren habe."

„Nun, ich kann dir sagen, dass wir hinter dir stehen werden, wenn du deinen Schlamassel aufräumst", antwortete ich. „Ich kann dir nicht sagen, wie sich alle anderen entscheiden werden oder was passieren wird. Aber ich habe Situationen wie diese gesehen, die sich zum Guten gewendet haben. Es wird besser enden, als du denkst."

Eine Reise der Umkehr

„Ben war bußfertig“, sagte ich dem Saal voller Leiter, „und das änderte alles. Aber anstatt euch zu erzählen, was als Nächstes geschah, möchte ich Ben und Heather bitten, die Geschichte ab hier selbst zu erzählen. Ich gab mit meiner Hand ein Zeichen in Richtung der Tür des Konferenzraums.

Mit einem Schlag drehten sich alle Köpfe herum und folgten Ben und Heather, als diese den Raum betraten und Hand in Hand durch den Gang nach vorne gingen. Als sie bei mir waren, reichte ich Ben das Mikrofon.

„Was sollte ich also tun?“, begann Ben ohne große Vorrede. „Wie Danny sagte, hatte ich das Gefühl, dass mein Leben vorbei war und ich nur eine Möglichkeit hatte: mit jeder Person, die ich verletzt hatte, meinen Schlamassel so gut wie möglich in Ordnung zu bringen. Ich hatte keine Ahnung, wie ich das konkret tun sollte oder wie sich das Ganze entwickeln würde. Ich hatte dafür kein Beispiel in der Gemeinde erlebt, und ich kannte auch keine Erfolgsgeschichte, außer vielleicht David in der Bibel. Aber ich besprach einige Ideen mit Dann und Danny, und sie stimmten zu, mich während des gesamten Prozesses zu unterstützen und zu beaufsichtigen. Dann begann ich, mich mit Menschen zu treffen, angefangen mit Heather.“

Ben und Heather erzählten abwechselnd ihre Geschichte. Ben hatte ihr nach dem Konfrontationstreffen seine Sünde gebeichtet. Er war nach Hause gegangen, hatte seine Eltern angerufen und sie gebeten, die Kinder abzuholen, damit er mit Heather sprechen konnte. Nachdem sie ihn angehört hatte, warf sie ihm ihren Ehering hin und sagte ihm, er solle die Kinder abholen, damit sie etwas Zeit habe, darüber nachzudenken, was sie tun werde. Als er zurückkam, teilte sie ihm mit, sie habe gebetet und dann beschlossen, bei ihm zu bleiben und ihn zu unterstützen, seinen Weg der Buße fortzusetzen.

Er führte weitere Gespräche mit seinen Kindern, ihrer erweiterten Familie sowie den Leitern und Mitarbeitern der Bethel-Gemeinde. Ben beschrieb, wie er vor Bill Johnson sein Geständnis abgelegt und für alles Verantwortung übernommen hatte, was seinen Verrat gegenüber seinen Beziehungen und Verantwortlichkeiten in der Bethel-Familie anging. Bill hatte lediglich geantwortet: „Ja, das hast du getan.“

„Vergibst du mir?“, hatte Ben gefragt.

Und Bill hatte gesagt: „Ja, das tue ich."

Dann hatte sich Ben an die gesamte *Ministry School* gewandt. Mit Heather neben sich auf der Bühne erklärte Ben den Studenten, er habe sich entschieden, als Verwaltungsassistent im Dienst zu bleiben, aber von seiner pastoralen Aufgabe zurückzutreten, bis sein Schlamassel bereinigt sei. Das bedeutete nicht nur, sich zu entschuldigen und um Vergebung zu bitten, sondern sich an die Arbeit zu machen, die Herzensprobleme zu lösen, die zu der Sünde geführt hatten, und sein Leben, seine Ehe und seine Familie auf einer ganz neuen, stärkeren und gesünderen Grundlage des Vertrauens und der Verbundenheit wieder aufzubauen als diejenige, die bestand, bevor er sie zerstörte. Er lud alle Personen, die von seinem Verrat betroffen waren, offen ein, sich an ihn zu wenden, falls sie es brauchten, damit er persönlich den Schlamassel mit ihnen in Ordnung bringen konnte.

Ein ganzes Jahr lang konzentrierte sich Bens Leben voll und ganz darauf, diese Umkehr konkret werden zu lassen. Persönliche Seelsorge sowie Ehe- und Familienberatung wurde für ihn, Heather und ihre Kinder zu einem wöchentlichen Teil des Lebens. Als Ehepaar arbeiteten sich Ben und Heather mühsam durch den Prozess, die Probleme aufzudecken und anzugehen, die von Anfang an zur chronischen Entzweiung in ihrer Ehe beigetragen hatten. Es gab viel mehr zu gestehen, zu vergeben und zu entwirren, als sie beide gedacht hätten, doch obwohl es schmerzhaft war, gingen sie mutig aufeinander zu und lernten immer mehr, ein Maß an Ehrlichkeit, Vertrauen und Verbundenheit auf emotionaler Ebene aufzubauen, das sie zuvor nie gehabt hatten. Sie arbeiteten auch intensiv daran, ihren Kinder diese neue Beziehungskultur nahezubringen.

Während dieser Zeit mussten Ben und Heather auch einen Weg finden, mit Bens ehemaliger Praktikantin zu kommunizieren, die unmittelbar nach Bekanntwerden der Affäre aus ihrem Haus ausgezogen war, aber in der Gemeinde blieb. Sie und auch die Familie mussten entscheiden, wie sie Vergebung und neue Beziehungsgrenzen in die Praxis umsetzen konnten.

Wie versprochen, sprach Ben mit jeder einzelnen Person, die sich telefonisch, per E-Mail oder persönlich an ihn wandte, um mit ihm zu reden, und bis zum Ende des Jahres kamen weit über hundert solcher Gespräche zustande. Er saß auch jeden Tag treu an seinem Schreibtisch in der Schule und benotete Hausaufgaben, sodass diejenigen, vor denen er vorher auf der Bühne gestanden hatte, sehen konnten, wie er ihnen in der Rolle diente, für die er sich entschieden hatte, während er sein Chaos aufräumte. Die Botschaft war klar: Er lief nicht vor dem Schlamassel davon, und er tat auch nicht so, als seien die Dinge bereinigt, bevor sie es tatsächlich waren.

Am Ende jenes Jahres kamen Ben und Heather überein, die Schülerinnen und Schüler der *Ministry School* über die Fortschritte ihres Heilungsweges auf dem Laufenden zu halten. Ihre Kinder schlossen sich ihnen auf der Bühne an. Ben beschrieb die Schritte, die er unternommen hatte, um einen neuen Lebensstil des Lebens im Licht aufzubauen, und die unglaubliche Freiheit und Heilung, die er als Folge davon erlebte. Heather berichtete über ihren eigenen Prozess der Vergebung und die Änderungen, die sie vorgenommen hatte, um eine neue und bessere Vertrauensbeziehung zu Ben aufzubauen. Sie erzählten Beispiele dafür, wie ihre Kinder eine Stärke darin entwickelten, ihre Gefühle und Bedürfnisse zum Ausdruck zu bringen, und sie sogar als Ehepaar für die Beziehungsstandards zur Rechenschaft zu ziehen, die sie als Familie vereinbart hatten. Obwohl es auf ihrem Heilungsweg noch mehr zu tun gab, bescheinigten sie, dass ihr Zuhause und ihr Leben wie nie zuvor von Liebe, Hoffnung und Freude erfüllt waren.

Der Beifall der Studenten am Ende der Aussage von Ben und Heather war ohrenbetäubend. Die Menschen schrien, weinten, umarmten sich und jubelten, als sie diesen unglaublichen Sieg feierten. In den folgenden Monaten suchten viele von ihnen Ben, Heather und andere Bethel-Mitarbeiter auf, um sie wissen zu lassen, wie sehr es sie beeinflusst hatte, beobachten zu können, wie ein Leiter auf diese Weise einen Weg der Umkehr und Versöhnung beschritt. Die meisten von ihnen sagten, so etwas hätten sie noch nie erlebt.

Und natürlich war dieses Ende kein wirkliches Ende, sondern der Anfang, an dem Ben und Heather nicht nur lernten, einen Lebensstil der Freiheit, der emotionalen Ehrlichkeit, der Rechenschaft und Verbundenheit zu praktizieren, sondern auch die Autorität gewannen, andere dazu zu befähigen, das Gleiche zu tun. Als Ben schließlich zu einer pastoralen Rolle in der Schule zurückkehrte – eine Entscheidung, die er in voller Übereinstimmung mit der Gemeindeleitung traf –, war er ein völlig anderer Leiter. Er vermittelte seinen Schülern eine Kultur des Lebens im Licht, indem er ihnen eine gesunde Verletzlichkeit vorlebte, seine Geschichte erzählte, ihnen beibrachte, wie man mit vertrauenswürdigen Freunden und Leitern offen über die Bereiche sprechen kann, in denen man Probleme hat, und ihnen zeigte, was es bedeutet, ein sicherer Hafen zu sein, damit andere das Gleiche mit ihnen tun können.

Bestraft vs. diszipliniert

Die meisten der Leiter im Konferenzraum saßen wie angenagelt auf ihren Sitzen, als Ben und Heather ihren bemerkenswerten Weg schilderten. Aufgrund des Lächelns und der hoffnungsvollen Blicke, die ich im Raum sah, wusste ich, dass viele von ihnen von diesem heilsamen Ausgang inspiriert und ermutigt waren. Aber ich wusste auch, dass manchen die Köpfe rauchten, die unbedingt mehr über diesen Prozess der Buße und Umkehr verstehen wollten und wie er in ihrem Umfeld umzusetzen wäre.

„Hat jemand irgendwelche Fragen an Ben und Heather?“, fragte ich.

Li hob zuerst seine Hand. „Wie wurde die Entscheidung getroffen, dass du aus dem Dienst ausgeschieden bist, Ben, und für wie lange? War das etwas, das Danny oder jemand anderes vorgeschlagen hatte, oder wurde dir mitgeteilt, dass du von deinem Posten entfernt wirst?“

„Niemand hat mir gesagt: ‚Das wird passieren. Du wirst dies, dies und dies tun“, antwortete Ben. „Als ich mit Dann und Danny sprach, war die Frage, die wir uns alle stellten: ‚Was muss geschehen, damit wir uns hinterher wie Genies fühlen?‘ Dann und Danny machten sich Gedanken um die *Bethel Community* und die *Ministry School.* Sie wollten unseren Schülern die Botschaft vermitteln, dass sie während dieses Prozesses sicher waren. Zu meiner Arbeit als Erweckungspastor gehörten viele Einzelgespräche mit den Schülern, und wir waren uns alle einig, dass sich die meisten dabei wahrscheinlich nicht sicher fühlten, solange ich meinen Schlamassel noch in Ordnung brachte. Was mich angeht, war mein Hauptanliegen, meine Ehe zu retten. Ich sagte Dann und Danny: ‚Ich glaube nicht, dass ihr mich wieder einstellen könnt, wenn meine Frau nicht an meiner Seite ist.‘ Nur wenn meine Ehe gesund ist, werde ich mich wie ein Genie fühlen, wenn ich zu den Pastorenschülern zurückkehre. Das war also der Plan, den wir erarbeiteten, und ich vertraute der Leitung, dass sie mir sagen würde, wann der richtige Zeitpunkt für eine Rückkehr gekommen sei.

Als Nächstes sprach Bruce. „Ben, was war für dich der größte Unterschied im Umgang mit dieser Affäre gegenüber der ersten?"

„Ich beschreibe es so, dass ich bestraft wurde, als die erste Affäre geschah", sagte Ben. „Ich war beschämt, gedemütigt und entmachtet. Die Sache, die ich liebte und in der ich gut war – Menschen seelsorgerlich zu betreuen – wurde mir genommen. Beim zweiten Mal wurde ich diszipliniert. Und dabei habe ich Folgendes entdeckt: *Bestrafung ist viel einfacher als Disziplinierung.* Wir denken, Bestrafung sei hart, und das ist sie auch, aber sie ist bei Weitem nicht so hart, wie den Prozess der Bereinigung seines Lebens tatsächlich umzusetzen. Mein Leben war ein Scherbenhaufen. Ich vergleiche Disziplinierung mit einer Operation am offenen Herzen. Es ist eine große Operation mit einer langen Erholungsphase. Ich musste lernen, auf eine ganz neue Art zu leben und ich selbst zu sein; und ich musste damit einverstanden sein, dass dieser Prozess so lange dauerte, wie er eben dauern würde. Aber im Verlauf dieses Prozesses wurden die Dinge, die beim ersten Mal nie angesprochen worden waren – Scham, Schuldgefühle und Angst – schließlich geheilt. Die Bestrafung hatte diese Dinge in meinem Leben nur weiterwachsen lassen."

„Hat sich jemand in der Gemeinde oder Schule entschieden, dir nicht zu vergeben und dir nicht wieder zu vertrauen?", fragte Alexandra. „Wie bist du damit umgegangen?"

„Es gab viele Leute, die Zeit brauchten, bevor sie mir wieder vertrauen konnten", nickte Ben. „Viele der Schüler, mit denen ich mich traf, vor allem Frauen, kamen eineinhalb Jahre später wieder auf mich zu und sagten: ‚Ich habe gewartet, um zu sehen, ob du das hier wirklich umsetzen würdest und ob es echt war. Danke, dass du das getan hast, wofür du dich entschieden hast. Ich danke dir, dass du geblieben bist. Danke, dass du dein Chaos aufgeräumt hast. Danke, dass du die Strukturen in dein Leben gebracht hast, die du jetzt hast. Und ich möchte dir nur sagen: Ich vergebe dir.' Im Moment kenne ich niemanden, der noch zornig auf mich ist."

Als ich sah, dass es an der Zeit war, die Sitzung abzuschließen, holte ich mir von Ben wieder das Mikrofon und sagte: „Wenn wir nun schließen, möchte ich, dass ihr zu dem zurückkehrt, was ihr aufgeschrieben habt, was ihr in dieser Situation getan hättet. Nachdem ihr gehört habt, wie Ben und Heather diesen Weg der Buße, Versöhnung und Wiederherstellung gegangen sind, was würdet ihr nun anders machen?

Die Leiter beugten sich erneut über ihre Papiere. Nach einer langen Pause sah ich Walters Hand hinten nach oben gehen. „Ich habe eine Frage an dich, Danny. *Was hättest du getan, wenn Ben nicht Buße getan hätte*?“

Kapitel 2

Das Bestrafungsparadigma

Immer wenn ich Geschichten von Umkehr, Versöhnung und Wiederherstellung wie die von Ben und Heather erzähle, zeigen die Menschen zwei grundlegende Reaktionen.

Erstens feiern sie diese Geschichten. Es sind die Art von Beziehungserfolgen, die wir uns alle erhoffen. Es gibt nichts Herzzerreißenderes als einen Vertrauensbruch und nichts Schöneres und Eindrucksvolleres als Menschen, die aus solchen Erfahrungen mit geheilten, erlösten und wieder zum Leben erweckten Beziehungen hervorgehen. Gläubige wissen, dass dies ein Wunder der Gnade ist. Es ist die praktische Auswirkung des Evangeliums Jesu.

Zweitens betrachten die Menschen diese Geschichten als Ausreißer. Häufiger begegnen wir Geschichten von Menschen, die nicht umkehren, von kaputten Beziehungen, die kaputt bleiben, und dem daraus resultierenden Trümmerfeld von Menschen, die in ungelöstem Leid leben. Und deshalb wollen die meisten Menschen, nachdem sie die Erfolgsgeschichten mit mir gefeiert haben, dass ich mich einer Frage zuwende, die sie als viel dringlicher empfinden: „Was tust du, wenn die Person nicht Buße tut?"

Die kurze Antwort auf diese Frage lautet: Solange jemand, der eine Beziehung missbraucht oder verraten hat, nicht Buße tut, kann es keine Versöhnung oder Wiederherstellung geben. In solchen Fällen hat man es mit einer Person zu tun, die sich weigert, ihren Schlamassel aufzuräumen oder sich zu ändern, und das bedeutet, dass sie erneut missbrauchen und verraten wird. Sie besteht darauf, als egoistisches Raubtier in ihren Beziehungen zu bleiben. Unsere wichtigsten Prioritäten im Umgang mit ihr werden meistens darin bestehen, dass wir mit uns selbst gut umgehen und – abhängig von unserer Autoritätsposition in ihrem Leben – geeignete Konsequenzen festlegen, die verhindern oder begrenzen, dass sie noch mehr Schaden anrichtet. Ich bin mit Menschen durch Prozesse gegangen, die zu Arbeitsplatzverlusten und Scheidungen führten, weil sie sich weigerten, sich zu ändern. Hätte Ben nicht Buße getan, wären diese beiden Konsequenzen in seiner Situation wahrscheinlich gewesen. Ich sollte noch klarstellen, dass in Fällen, in denen jemand gegen die Gesetze des Landes verstößt, er nicht mehr der Zuständigkeit der Gemeinde und der Familie unterliegt und den staatlichen Behörden übergeben werden muss. Dann werden diese dafür sorgen, dass bestimmte Konsequenzen für die Vergehen durchgesetzt werden. Ein Kinderschänder geht zu hundert Prozent ins Gefängnis, unabhängig davon, ob er Buße tut oder nicht. Es gab Situationen, sowohl während meiner ersten Berufstätigkeit in der Sozialarbeit als auch später als Pastor, in denen ich an die Strafverfolgungs- und Kinderschutzbehörden appelliert habe, sich um Menschen zu kümmern, die sich geweigert hatten, ihre Gewalttätigkeit gegenüber ihren Familienmitgliedern einzustellen. In Fällen, in denen sie Buße taten, begleitete ich sie weiterhin durch diesen Prozess, aber ich bestimmte oder beaufsichtigte die rechtlichen Konsequenzen für ihr Verhalten nicht.

Ich werde später in diesem Buch noch mehr darüber sagen, was zu tun ist, wenn Menschen nicht Buße tun. Aber zuerst müssen wir ein paar Schritte zurücktreten. Jeder ist bestrebt zu lernen, wie man mit einer unbußfertigen Person umgeht, ohne wirklich zu verstehen, wie wir dazu kommen, jemanden so zu etikettieren, oder warum sich so viele unserer Geschichten, die sich um Vertrauensbruch drehen, so entwickeln.

Eines der beeindruckendsten Dinge an Bens Geschichte ist, dass sie zwei sehr unterschiedliche Möglichkeiten aufzeigt, wie man auf eine Treulosigkeit reagieren kann. Er hatte zwei Affären. Beide Male war er Pastor, und die Gemeindeleitung übernahm die Rolle, ihn durch einen Prozess der Auseinandersetzung mit seiner Sünde zu führen. Doch während beide Prozesse letztlich zur Folge hatten, dass er in die Gemeindeleitung zurückkehrte und seine Familie intakt blieb, ging es erst im zweiten um echte Buße. Im ersten Prozess hätten Bens Leiter und die Gemeinde – und vielleicht sogar Ben selbst – ihn wahrscheinlich als „bußfertig“ bezeichnet. Aber wir wissen, dass, was auch immer er getan hat, es keine echte Buße war. Und warum? Weil er es zwölf Jahre später wieder tat. Echte Buße erkennt man immer an ihren Früchten, und ihre Früchte sind bleibende Veränderungen – eine Verwandlung. Zumindest (und es ist, wie wir sehen werden, noch viel mehr) sieht die durch echte Buße hervorgerufene Verwandlung so aus, dass die Person ihre Beziehungen nicht weiterhin in derselben Weise missbraucht.

Warum hat Ben beim ersten Mal nicht Buße getan? War es, weil er ein hartes, „unbußfertiges" Herz hatte? Ganz und gar nicht. Er legte seiner Gemeinde ein aufrichtiges Bekenntnis ab, entschuldigte sich bei ihr und bat seine Frau um Vergebung. Er fühlte sich wegen seiner Sünde schrecklich und hatte nicht die Absicht, ein zweites Mal zu betrügen. Er arbeitete zwölf Jahre lang hart, um nicht wieder in dieses Loch zu fallen. Der wahre Grund, warum er nicht wirklich Buße tat, war ein zweifacher:

1. Er wusste nicht, wie er Buße tun sollte.
2. Niemand in seinem Umfeld verlangte Buße oder führte ihn durch die Buße.

Aber dahinter steckt ein noch tieferer Grund. Im ersten Prozess, den Ben durchmachte, um sich mit seiner Sünde auseinanderzusetzen, war Buße nicht das Ziel oder die Priorität. In Wirklichkeit hat ihn seine Erfahrung auf sehr reale Weise davon abgehalten, tatsächlich Buße zu tun.

Vor und nach der Bestrafung

„Ich habe Angst, gesehen und gekannt zu werden, weil ich Angst habe, dass ich bestraft werde, wenn ich etwas falsch mache."

Als Ben dies als das Problem erkannte, das seinem Lebensstil der Abschottung und Distanz zugrunde lag, der dazu geführt hatte, dass er unrechtmäßig Trost und eine Beziehung zu seiner Praktikantin gesucht hatte, dauerte es nicht lange, bis er die Ironie seiner Situation erkannte. Was er nach seiner ersten Affäre erlebt hatte, war nach seinen Worten „Bestrafung". Doch die Furcht davor, diese Erfahrung noch einmal zu erleben, führte ihn schließlich wieder zu dem gleichen Verhalten zurück, das sie überhaupt erst verursacht hatte.

Wie konnte das geschehen?

Betrachten wir einmal die Art von Bens Bestrafung. Das Wort „Strafe“ erinnert oft an harte und schmerzhafte Konsequenzen wie körperliche Züchtigung, Geldstrafen, Gefängnis, Exkommunikation oder die Todesstrafe. Die Konsequenzen, die Ben durch seine Gemeindeleitung und andere Beziehungen auferlegt wurden, waren relativ milde. Er durfte in der Gemeinde und Mitarbeiter der Gemeinde bleiben. Es wurde ihm gestattet, nach einer gewissen Zeit in seine frühere Position zurückzukehren. Seine Frau hat sich nicht von ihm scheiden lassen.

Wir erwarten auch, dass „Täter“ wahrscheinlich bis zu einem gewissen Grad sich gegen ihre Strafe auflehnen. Aber Ben willigte in seinen Bestrafungsprozess ein. Er hörte mit allem schlechten Verhalten auf und zeigte nur noch gutes Verhalten. Er gestand vor der Gemeinde. Er diente treu in seinem Amt als Hausmeister der Gemeinde. Er blieb bei Heather und tat alles, was er konnte, um ihr ein guter Ehemann zu sein. Auch hier hatte er, soweit man beurteilen konnte, so gut es ihm möglich war, „Buße getan“.

Doch von dem Moment an, als seine Sünde ans Licht kam, war Ben mit einer unsichtbaren Scham gebrandmarkt. Bei jedem Schritt des Bestrafungsprozesses – beim Geständnis, der Entschuldigung und dem Verlassen des Dienstes für eine gewisse Zeit – prägte sich diese Scham noch tiefer in ihn ein. Er hatte eines der Zehn Gebote gebrochen. Er war ein Ehebrecher, ein gescheiterter Ehemann. Er war auch ein gescheiterter christlicher Leiter. Als Gemeindekind, das zu einem Pastor herangewachsen war, hatte er sein ganzes Leben in einer Kultur verbracht, in der man von gottesfürchtigen Leitern erwartete, dass sie keine Probleme mit Sünde haben würden.

Hinzu kam, dass Ben im Schmerz seiner Scham und Sünde verblieb, ohne echte Möglichkeit, Heilung zu finden. Keiner der Schritte, die Ben unternahm, half ihm, das Problem zu identifizieren, das die Ursache seiner Untreue war, oder befähigte ihn und Heather, den Bruch in ihrer Ehe zu beheben. Ebenso wenig hatte er die Ressourcen und Unterstützung, um einen gesunden Lebensstil aufzubauen, der darin besteht, mit Freunden und Kollegen des Vertrauens im Licht zu leben und ein authentischerer, transparenterer Leiter, Ehemann, Vater und Mann zu werden. Obwohl Heather ihm verziehen hatte, war das Beste, was sie tun konnten, die lädierten Stellen zu bandagieren und zu versuchen, vorwärts zu humpeln. Dasselbe galt auch für seine anderen Beziehungen und seine pastorale Rolle.

Bens Bestrafungserfahrung war, dass er in einem Umfeld erwischt wurde, in dem er für seinen Schlamassel beschämt wurde und ihn nicht in Ordnung bringen konnte. Und dann musste er auch noch versuchen, der Erwartung gerecht zu werden, dass er nie wieder Mist bauen würde. Was konnte Ben anderes tun, als zu dem Schluss zu kommen, *dass ich diesen Schmerz nie wieder durchmachen will. Ich denke, der einzige Weg, ihn zu vermeiden, ist, mich stärker zu bemühen, mich gut zu benehmen*?

Nach der Bestrafung verdoppelte Ben einfach seine Anstrengungen, um seinen alten Glauben auszuleben, dass er keine Probleme haben durfte, was letztendlich bedeutete, dass er lernte, *sich besser zu verstecken.* Wenn andere Leiter ihn fragten, wie es ihm ginge, hatte er immer die richtige Antwort parat: „Mir geht es super. Bestens." Das Gleiche tat er in seiner Ehe, indem er den starken Ehemann spielte, der immer da war, um sich um seine Frau zu kümmern, und der keine eigenen Bedürfnisse oder Kämpfe hatte. Er fuhr auch fort, sich vor Gott und sich selbst zu verstecken, was dazu führte, dass sich Ben in den über zwölf Jahren des intensiven Verhaltensmanagements nie wirklich genauer mit seinen ihn prägenden Überzeugungen und Motiven befasste. Er erkannte nicht, dass dieselben Themen, die zu seiner ersten Affäre geführt hatten – Scham, Isolation, Loslösung von seinem eigenen Herzen und die Angst vor Bestrafung – dieselben Themen waren, die hinter seiner „perfekten" Leistungsbilanz als Pastor und Ehemann standen.

Ben konnte auch nicht erkennen, dass selbst seine Furcht vor Bestrafung und seine Strategie, sich durch gutes Verhalten zu verstecken, mit einem grundlegenden Ziel verknüpft waren, das ganz natürlich dazu führte, seine Beziehungen schließlich zu verraten und zu missbrauchen – dem Ziel der Selbsterhaltung. Wenn unser Ziel Selbsterhaltung ist, trägt die Furcht vor Bestrafung nur dazu bei, das Feuer unseres eigennützigen Verhaltens zu schüren. Es mag uns zwar gelingen, bestimmte schlechte Verhaltensweisen zu unterbinden und gutes Verhalten zu zeigen, aber es wird trotzdem gutes Verhalten mit egoistischen Motiven sein, was auf lange Sicht nichts wirklich Gutes hervorbringen kann. Wir werden entweder nachgeben und wieder sündigen, wie Ben es schließlich getan hat, oder wir werden die schlimmste Art von „guten" Menschen werden – selbstgerechte, heuchlerische Pharisäer.

Zusammenfassend lässt sich sagen, dass Bens Erfahrung mit Bestrafung alles nur noch verstärkt hat, was bereits in ihm vorging, als er zum ersten Mal sündigte:

	Vor der Bestrafung	**Nach der Bestrafung**
Grundüberzeugung	Christliche Leiter dürfen keine Probleme haben.	Christliche Leiter dürfen keine Probleme haben.
Motiv	Furcht vor Bestrafung, Scham	Furcht vor Bestrafung, Scham
Verhaltensstrategie	Verbergen durch gutes Verhalten	Verbergen durch gutes Verhalten
Ziel	Selbsterhaltung	Selbsterhaltung

Auf diese Weise führte Bens Furcht vor Bestrafung dazu, dass er genau das tat, wofür er ursprünglich bestraft worden war. Bens Erfahrung mit Bestrafung zeigte ihm keinen Weg zur Buße auf. Bei der Buße geht es darum, die Grundüberzeugungen, die Motive und das Ziel unseres Herzens radikal zu verändern – das Einzige, was eine echte, dauerhafte Veränderung in unserem Verhalten bewirkt. Anstatt Ben zu ermutigen, diese Art von Veränderung anzustreben, *entmutigte* ihn die Bestrafung *aktiv,* sich zu verändern, indem sie das, was bereits in seinem Herzen vor sich ging, noch verstärkte.

Eine Kultur der Bestrafung

Bens Erfahrung mit und Reaktion auf Bestrafung ist bei Weitem nicht die Ausnahme. Sie ist allzu verbreitet und erkennbar – ja, sie ist das, was wir erwarten. Unsere vorherrschende Annahme ist, dass ein Täter erneut straffällig wird, auch wenn er sich sehr bemüht, es nicht zu tun. Das ist das, was in unserer Welt normalerweise passiert. Diese Annahme ist Teil der Überzeugungen, die unsere klassischen Reaktionen auf ein Vergehen bestimmen.

Wenn wir die Reaktionen der Zuhörer, die ich in Kapitel 1 vorgestellt habe, zugrunde legen, haben wir gesehen:

- Ein von Zorn geleiteter Wunsch, die Opfer zu rächen, indem der Täter bestraft wird (Chuck).
- Die Überzeugung, dass christliche Leiter keine Probleme haben sollten, insbesondere in einer „guten" Gemeinde (Alexandra).
- Scham, gerechte Entrüstung und Verurteilung der Sünde (Li).
- Die Notwendigkeit, den Täter zu disziplinieren, um ihn von zukünftigen Vergehen abzuhalten (Walter).
- Furcht vor Bestrafung (Carolyn und Bruce).

Stellen Sie sich vor, jemand hätte in einem Beitrag oder Artikel in den sozialen Medien den Teil von Bens Geschichte vor seiner Umkehr erzählt. Dann würde genau diese Art von Reaktionen den Kommentarteil *dominieren!* Die Möglichkeit, dass Menschen ihre Reaktionen auf Sünde und Vergehen grenzenlos verbal loslassen können, ist ja eines der wesentlichen Dinge, die die sozialen Medien geschaffen haben. Dies hat nur die unbestreitbare Tatsache ans Licht gebracht, dass unsere Reaktionen typischerweise etwas mit Bestrafung zu tun haben – der Wunsch nach Bestrafung, ein Aufruf zur Bestrafung, die Überzeugung, dass Bestrafung angemessen ist, oder die Angst davor, selbst bestraft zu werden.

Diese Reaktionen sind verständlich. Sie sind aber auch zutiefst problematisch – aus demselben Grund, aus dem auch Bens Bestrafungserfahrung problematisch war. Der Grund, warum wir uns zuerst Gedanken über Bestrafung statt über Buße machen, ist, dass wir in unserem Herzen die gleichen Dinge glauben, die Ben über Vergehen und Bestrafung glaubte. Sie sind von der gleichen Furcht vor Strafe und Scham motiviert. Wir versuchen, uns zu verstecken und möglichst kleine Zielscheiben zu bleiben, insbesondere durch gutes Verhalten. Und wir arbeiten mit dem gleichen Ziel der Selbsterhaltung. Im Inneren sind wir, in unterschiedlichem Maße, genau wie er. Wir handeln aus einem Überzeugungssystem heraus, das ich das *Bestrafungsparadigma* nenne.

Für die meisten von uns wurde das Bestrafungsparadigma in uns geformt, als wir noch klein waren. Wenn wir gegen die Regeln verstießen, Mist bauten oder etwas taten, was unsere Eltern missbilligten, wurden wir „gezüchtigt". Unsere Eltern haben uns irgendeine Form von Schmerz zugefügt, um die Botschaft zu vermitteln, dass unser Verhalten schlecht und inakzeptabel war. Man versohlte uns den Hintern, schrie uns an oder enthielt uns etwas vor, das wir wollten. Unsere Macht und unsere Freiheit wurden uns genommen. Wir wurden verängstigt, eingeschüchtert und kontrolliert. Und wir reagierten auf eine von zwei Arten. Wenn wir „willensstark" waren, rebellierten wir gegen die Bestrafung und verhielten uns weiterhin schlecht. Waren wir dagegen „angepasst" oder „gehorsam", haben wir „unsere Lektion gelernt" und unser Verhalten geändert. Aber beide Reaktionen waren von demselben Motiv getrieben: Angst vor Bestrafung. In Wahrheit haben wir alle die gleiche Lektion gelernt. Wir haben weder gelernt, schlechtes Verhalten abzulehnen, weil es uns selbst, Menschen oder Beziehungen verletzt, noch gutes Verhalten um seiner selbst willen anzustreben. Wir haben gelernt, Bestrafung zu fürchten.

Wir haben auch Scham erlebt. „Scham ist die Angst vor dem Beziehungsverlust", stellt Brené Brown fest. „Es ist die Angst, dass etwas, das wir getan oder nicht getan haben, ein Ideal, dem wir nicht gerecht geworden sind, oder ein Ziel, das wir nicht erreicht haben, uns der Beziehung unwürdig macht … *Scham ist das intensiv schmerzhafte Gefühl oder die schmerzliche Erfahrung zu glauben, dass wir fehlerhaft und deshalb der Liebe und Zugehörigkeit unwürdig sind."*[1] Als wir aufwuchsen, erlebten viele von uns, dass unser Fehlverhalten, unsere Fehler und unser Versagen mit Beziehungsverlust einhergingen – dem beziehungsbezogenen Schmerz der Ablehnung, Missbilligung, Verachtung und Kritik –, weil wir dafür bestraft wurden. Dies öffnete die Tür dafür, dass sich die Grundüberzeugung, wir seien unwürdig, in unseren Herzen einnisten konnte. Und dies wiederum begann eine Identität und ein Narrativ zu prägen, die von der Furcht vor Beziehungsverlust beeinflusst wurden.

Für einige klang das Scham-Narrativ so: „Um den Schmerz des Beziehungsverlustes zu vermeiden, darf ich meine Fehler oder Misserfolge nicht sehen lassen. Ich werde mich verbergen – vor allem durch (wie Brown es ausdrückt) ‚Gefallenwollen, Leistung und Perfektionierung'." Diejenigen von uns, die sich auf dieses Narrativ eingelassen

---

[1] Brené Brown, *Daring Greatly* (New York, NY: Avery, 2012), Kindle-Ausgabe, 78.

haben, haben oft Identitäten wie z. B. „das schüchterne Kind“, „der Überflieger“ oder „das brave Mädchen / der brave Junge“ angenommen.

Für andere lautete das Narrativ: „Ich kann meinen Mist nicht verbergen und werde es noch nicht einmal versuchen. Ich werde mich vor dem Schmerz des Beziehungsverlustes schützen, indem ich eine Welt schaffe, in der ich entweder vor Vergnügen betäubt bin, oder in der ich selbst die Regeln mache und die Leute dazu bringe, mich zu fürchten, anstatt umgekehrt.“ Diejenigen von uns, die sich diesen Lebensentwurf angeeignet haben, haben am Ende oft Identitäten wie „das wilde Kind“ oder „der Rebell“ angenommen.

Auch hier sehen wir zwei Verhaltensstrategien. Die eine besteht darin, die Regeln einzuhalten, „gut“ zu sein und zu versuchen, sich in die Menge einzufügen. Die andere besteht darin, die Regeln zu missachten oder neu zu definieren und sich zu weigern, sich anzupassen. Beide weisen jedoch letztlich auf dasselbe Ziel hin: Selbsterhaltung. Beide sind Versuche, unsere Interaktionen mit anderen Menschen zu kontrollieren und zu manipulieren, um einer Bestrafung zu entgehen.

Raten Sie mal, was letztlich eines der Dinge ist, mit denen wir dieses Ziel verfolgen? Bestrafung. Wenn andere Menschen uns Angst einjagen, uns beleidigen oder uns wehtun, drehen wir den Spieß um und wenden bei ihnen die gleichen Mittel an. Wenn es sich dabei um unsere Kinder handelt, schimpfen oder versohlen wir sie, geben Hausarrest oder entziehen ihnen Privilegien, um das schlechte Verhalten einzudämmen. Handelt es sich um unseren Ehepartner oder Freunde, greifen wir sie mit Kritik an oder gehen wir auf Distanz zu ihnen. Wenn es sich um jemanden handelt, der in den sozialen Medien nicht mit uns übereinstimmt, überbieten wir ihn mit einer bösartigen Widerrede. Handelt es sich um eine Führungsperson oder eine Persönlichkeit des öffentlichen Lebens, die unseren Erwartungen nicht gerecht wird und uns verunsichert oder machtlos macht, verdammen wir sie und fordern ihre Absetzung. Sind wir selbst eine Führungsperson, die sich von einem Gegner bedroht fühlt, entwickeln wir eine Strategie, um diesen zu Fall zu bringen. Je stärker die Furcht vor Bestrafung und die Stimme der Scham in unseren Herzen ist, desto mehr nutzen wir die Androhung von Bestrafung und Trennung, um uns zu schützen. Die härteste Bestrafung kommt von denen unter uns, die am meisten von Angst und Scham getrieben sind.

Hinter diesen Reaktionen verbirgt sich eine tiefe und eindringliche Überzeugung. Die Scham sagt uns, dass wir der Beziehung nicht würdig sind. Die logische Konsequenz daraus ist: Wir verdienen die Trennung. Wir verdienen Bestrafung. Das ist die Überzeugung, die *den Zorn* der Menschen schürt. Sie ist es, die einerseits rechtschaffene Empörung und Rache gegenüber den Vergehen anderer und andererseits Selbstkritik und jede Form der Selbstzerstörung uns selbst gegenüber hervorruft. Sie schürt auch die Hoffnungslosigkeit, dass sich Menschen – auch wir selbst – verändern können. Hinter unseren Bemühungen, Menschen zur Unterwürfigkeit und zu gutem Verhalten einzuschüchtern, und hinter unserem Bestreben, in uns selbst den Eindruck von Vollkommenheit zu erwecken, laufen wir vor einer Stimme davon, die uns sagt, dass wir die Fehler, die uns strafwürdig machen, nicht überwinden können und dass diese Strafe uns schließlich einholen wird.

Das Bestrafungsparadigma	
Grundüberzeugung	Meine Fehler und mein Versagen machen mich der Liebe, der Zugehörigkeit und der Beziehung unwürdig. Ich verdiene Trennung und Bestrafung. Das gilt auch für alle anderen Menschen mit Fehlern und Misserfolgen.
Motiv	Angst vor Bestrafung / Isolierung
Verhaltensstrategien	1. Ich vermeide Bestrafung – entweder indem ich mich verstecke und mich durch „Gefallenwollen, Perfektionierung und Leistung" anpasse oder indem ich mich weigere, mich anzupassen, und deshalb rebelliere und meine eigenen Regeln aufstelle. 2. Ich bestrafe andere, wenn sie mich ängstigen, verletzen oder beleidigen.
Ziel	Selbsterhaltung

Wie es auch bei Ben der Fall war, führt uns unsere Angst früher oder später direkt in die Erfahrung, die wir so unbedingt vermeiden wollen.

Das Leben im Bestrafungsparadigma ist eine Zwickmühle, ein endloser Kreislauf von Angst, Kontrolle, Versagen und Bestrafung, in dem wir schließlich wie Hiob sagen: *„Denn was ich gefürchtet habe, ist über mich gekommen, und wovor mir graute, hat mich getroffen"* (Hiob 3,25 LUT).

Doch die wahre Tragödie besteht nicht darin, dass wir stolpern, stürzen, Mist bauen oder bestraft werden, sondern darin, dass wir weiterhin in dem Bestrafungsparadigma versklavt bleiben, weil wir an dem einzigen Ort, an dem es möglich wäre, von unserer Angst vor Bestrafung, Scham und dem ganzen hoffnungslosen Projekt der Selbsterhaltung befreit zu werden, keine Einladung dazu erhalten – dieser Ort ist der Leib Christi.

Unsere Sucht konfrontieren

Als ich dem Hauptleitungsteam der Bethel Church beitrat, dauerte es nicht lange, bis ich mit Situationen, die „Gemeindezucht" erforderten, konfrontiert wurde. Meine Ausbildung und Erfahrung in der Sozialarbeit und Arbeit mit Pflegekindern sowie in der Seelsorge hatten mich mit bestimmten Werkzeugen, Fähigkeiten und der Erfahrung ausgestattet, um Menschen konfrontieren zu können, die in unserem Umfeld Mist bauten. Es gab jedoch Aspekte meines Ansatzes, die einige der anderen Hauptleiter etwas nervös machten. Die grundlegenden Richtlinien dieses Ansatzes waren Folgende:

1. Hauptziel der Konfrontation ist es, die Menschen einzuladen, den Weg der Buße, der Versöhnung und der Wiederherstellung von Vertrauen und Beziehung zu gehen.
2. Weigert sich die Person, diesen Weg einzuschlagen, behalten wir unsere Liebe bei und geben ihr zu verstehen, dass die Option zur Buße immer noch offen ist, es aber keine Versöhnung oder Wiederherstellung geben kann, solange die Person sich nicht für diese Option entscheidet. Wir werden daher angemessene Konsequenzen einführen, um ihr zu zeigen, dass sie sich in Wirklichkeit aus dem Vertrauen und der Beziehung gelöst hat.
3. Tut sie Buße, werden wir darauf mit Vergebung, Versöhnung und der Wiederherstellung von Vertrauen und Beziehung reagieren.

Das, was die anderen Leiter nervös machte, war, was in Punkt 3 fehlte: Bestrafung. Es gab keine vorgeschriebenen „Schritte", die die bußfertige Person unternehmen musste, um ihren Schlamassel zu bereinigen – kein vorgeschriebenes öffentliches Geständnis, kein Mindestmaß an Beurlaubung, während der sie „diszipliniert" werden konnte. Sicher, sie alle stimmten *theoretisch* mit der Predigt überein, die ich überall zu halten begann – „Unbestrafbar" – und in der ich die theologische und praktische Begründung für meinen Ansatz darlegte. Aber als ich begann, ihn umzusetzen, fragten sie mich: „Bist du sicher, dass das funktioniert?"

Ich versicherte ihnen, dass dies der Fall sein würde. Ja, ich wusste, dass dieser Ansatz in den meisten Gemeinden nicht die Norm war. Ich hatte noch keine erdrückende Liste von Beispielen wiederhergestellter Gemeindeleiter, die ich präsentieren konnte, um alle zu überzeugen. Aber ich wusste, dass es aus zwei Gründen funktionieren würde. Erstens glaubte ich, dass es sich mit der Wahrheit des Evangeliums deckt und mit der Art und Weise, wie es Menschen verwandelt. Zweitens hatte ich als Sozialarbeiter, der Eltern geschult hatte, und als Vater und Pflegevater selbst gesehen, wie wirksam (und sowohl für Eltern als auch für Kinder radikal transformierend) es war, Bestrafung als Mittel zur Disziplinierung von Kindern abzuschaffen und durch Methoden zu ersetzen, die es Kindern ermöglichten, aus den Folgen ihrer Entscheidungen zu lernen, während sie gleichzeitig ermutigt wurden, das Ziel der *Verbundenheit in der Beziehung zu* verfolgen. Umgekehrt hatte ich gesehen, wie wenig hilfreich Bestrafung als Mittel zur Disziplinierung von Kindern war. Immer wieder konnte ich sehen, was Bestrafung bewirkte:

- Sie positioniert dich als Gegner und nicht als Partner im Disziplinierungsprozess.
- Sie befähigt die Menschen nicht, ihren Schlamassel aufzuräumen.
- Sie erzeugt Scham und Distanz.
- Sie lenkt die Menschen davon ab, aus den tatsächlichen Folgen ihrer Entscheidungen etwas zu lernen. Stattdessen lernen sie nur die Angst vor Bestrafung kennen.

Situation um Situation wandte ich meinen Ansatz an. Traurigerweise, aber nicht überraschend, gab es Menschen, die den Weg der Buße,

Versöhnung und Wiederherstellung nicht einschlugen, als er ihnen angeboten wurde. Aber wunderbarerweise gab es auch viele, die es taten. Josh und Robin Biddlecomb, deren Geschichte ich in Kapitel 1 meines Buches *Kultur der Ehre* erzähle, waren ein herausragendes Beispiel dafür. Sie waren ein verlobtes Paar, beide Studenten an der *Bethel School of Supernatural Ministry,* die außerehelich schwanger wurden und einen unglaublichen, wundersamen Weg der Buße, Versöhnung und Wiederherstellung miteinander und mit der Schule gingen. Ben war natürlich ein weiteres Beispiel.

Im Laufe der Zeit, als ich im Reisedienst war und die „Unbestrafbar"-Botschaft predigte und eingeladen wurde, auf der ganzen Welt Gemeindeleiter bei verschiedenen Fällen von Gemeindezucht zu beraten, durfte ich miterleben, wie noch viele weitere Personen diesen Weg einschlugen. Und jede einzelne bewies dasselbe – dass diejenigen, die den Weg der Buße, Versöhnung und Wiederherstellung wählen, *nicht bestraft werden müssen.* Dieser Weg ist in der Tat derjenige, auf dem sie endlich von dem giftigen Bestrafungsparadigma befreit und befähigt werden, ein völlig neues Glaubenssystem, eine neue Identität, Motivation, Strategie sowie ein neues Narrativ und Ziel zu verfolgen.

Aber es ist nicht einfach, von dem Bestrafungsparadigma frei zu werden. Wenn in 1. Johannes 4,18 steht, dass die vollkommene Liebe die Furcht „austreibt", was mit Bestrafung zu tun hat, dann wird hier die Sprache der Befreiung aus einem Grund benutzt. Wir haben es hier in erster Linie mit geistlicher Kriegsführung zu tun, wenn wir die Menschen einladen, das Paradigma, das sie ihr ganzes Leben lang gelebt haben, von Gott verändern zu lassen. Als ich mich in diesen Kampf mit Menschen gewagt habe, die sich mutig dafür entscheiden, diesen Weg der Transformation zu gehen, hat sich gezeigt, wie tief das Bestrafungsparadigma in den Herzen der Gläubigen verankert ist.

Etwas, das ich wiederholt gesehen habe, ist, dass selbst wenn jemand Buße tut, Christen immer noch wollen, dass die Person bestraft wird. Als Heather nach seiner zweiten Affäre beschloss, bei Ben zu bleiben und für ihre Ehe zu kämpfen, war sie ziemlich überrascht, dass es ihre christlichen Freunde waren, die am meisten mit dieser Entscheidung zu kämpfen hatten, und sie drängten, sich von ihm scheiden zu lassen. Ihre nichtchristlichen Freunde akzeptierten und unterstützten ihre Entscheidung eher, ihm zu vergeben und sich mit ihm zu versöhnen. Ebenso ist meine Erfahrung, dass, wenn ich einem Gemeindeleitungsteam versichert habe, dass einer ihrer gefallenen Leiter sich für die Buße entschieden hat und auf dem Weg der Wiederherstellung ist, es gewöhnlich jemanden gibt, der darauf besteht, dass trotzdem noch bestimmte Strafmaßnahmen ergriffen werden – nicht aus dem Grund, um den Leiter wiederherzustellen, sondern um die Ängste der Gemeinde zu beruhigen und ihnen zu versichern, dass der Leiter diszipliniert wird.

Die Herausforderung bei der Auseinandersetzung mit dem Bestrafungsparadigma besteht, wie bei jeder Lüge, die wir glauben, darin, dass es sich für uns richtig anfühlt. Auch wenn die Realität der Bestrafung die Qualen der Angst, der Isolation, des Kämpfens, der Scham und aller anderen giftigen Dinge in unsere Herzen und unser Leben gebracht hat, können wir uns ein Leben ohne sie nicht vorstellen. Wir haben eine Liebschaft mit Bestrafung. Wir sind süchtig danach. Auch wenn wir Angst davor haben, auch wenn wir wissen, dass sie nicht funktioniert, auch wenn sie uns unglücklich macht, können wir sie nicht aufgeben. Warum?

Erstens sind wir süchtig nach dem falschen Gefühl von Macht, Kontrolle und Sicherheit, das uns die Strafe gibt. Wenn wir uns verängstigt, machtlos und voller berechtigter Wut gegenüber jemandem fühlen, ist Bestrafung das vertraute Mittel, das wir ergreifen, um uns zu schützen und zu versuchen, unsere Macht wiederzuerlangen.

Zweitens, wenn wir bestraft werden, verlangt das wirklich nichts von uns, außer dass wir uns wie ein Opfer, das Schmerzen erleidet, verhalten. Wie Ben sagte: „Bestrafung ist einfach." Wir müssen nicht um den Schmerz trauern, den wir anderen zugefügt haben, uns demütigen und um Vergebung bitten. Wir müssen uns nicht mutig mit den kaputten Stellen in uns auseinandersetzen, die dazu geführt haben, dass wir Mist gebaut haben. Wir müssen uns nicht verletzlich machen und unser gebrochenes Herz jemandem zeigen, der uns verletzt hat, und ihm verzeihen. Wir müssen nicht die Verantwortung übernehmen, unseren Schlamassel in Ordnung zu bringen, oder die aufopfernde Liebe aufbringen, jemanden zu begleiten, der seinen Schlamassel in Ordnung bringt. Wir müssen nicht lernen, wachsen oder uns verändern. Letztlich müssen wir nicht den schwierigen Wandel vollziehen, das Ziel der Selbsterhaltung hinter uns zu lassen und uns mutig an die Arbeit zu machen, das Ziel der Verbundenheit zu verfolgen.

Für diejenigen von uns, die ihr ganzes Leben lang in einem Bestrafungsparadigma gelebt haben, gibt es einen dritten Grund, warum wir es nicht aufgeben wollen: Wir wissen nicht, dass es eine andere Möglichkeit gibt. Wir haben vielleicht mitbekommen, dass Menschen über einen besseren Weg, mit Vergehen umzugehen, gesprochen haben – einen Weg, der sie nicht verharmlost oder vertuscht, der nicht im Zorn zurückschlägt, nicht an der Bitterkeit festhält und tatsächlich dazu führt, dass der Schmerz geheilt und das Unrecht in Ordnung gebracht wird. Aber viele von uns haben das nie wirklich selbst gesehen oder erlebt. Wir haben einfach keine Erfahrung damit, dass der straffreie Prozess zur Bereinigung unserer Schlamassel wirklich funktioniert.

In den vor uns liegenden Kapiteln möchte ich einen Weg aufzeigen, einen Weg zur Freiheit vom Bestrafungsparadigma und zu einem Leben in den straffreien Beziehungen zu Gott, zu uns selbst und zueinander, für die wir geschaffen wurden. Wir beginnen mit der biblischen Geschichte. Sie vermittelt uns die geistlichen Wurzeln des Bestrafungsparadigmas und den Grund, warum wir es so sehr mögen, und ebenso, wie das Evangelium uns dafür frei macht, im Paradigma der Liebe und Familie des Neuen Bundes zu leben. Dann werden wir uns mit der Praxis beschäftigen: wie wir den Weg der Buße, Versöhnung und Wiederherstellung in unserem eigenen Leben beschreiten und in unseren Häusern, Unternehmen, Gemeinden und Gemeinschaften eine „straffreie" Kultur aufbauen können, in der jeder eingeladen, ermutigt und unterstützt wird, diesen Weg ebenfalls zu gehen. Es ist an der Zeit, dass wir im Leib Christi unsere Liebesaffäre mit der Strafe beenden und lernen, in vollkommener Liebe zu leben.

Kapitel 3

Warum bestrafen wir so gerne?

Die Bibel zeigt uns, dass das Bestrafungsparadigma nicht irgendein gesellschaftlich konstruiertes, kulturelles Phänomen ist. Es ist eine universelle menschliche Erfahrung mit tiefen geistlichen Wurzeln. Tatsächlich entstand dieses Paradigma ganz am Anfang, als die Menschheit durch die Sünde von Gott abfiel. Schauen wir uns nochmals die Geschichte aus 1. Mose 3 an:

> *Und die Schlange war listiger als alle Tiere des Feldes, die Gott, der HERR, gemacht hatte; und sie sprach zu der Frau: Hat Gott wirklich gesagt: Von allen Bäumen des Gartens dürft ihr nicht essen? Da sagte die Frau zur Schlange: Von den Früchten der Bäume des Gartens essen wir; aber von den Früchten des Baumes, der in der Mitte des Gartens steht, hat Gott gesagt: Ihr sollt nicht davon essen und sollt sie nicht berühren, damit ihr nicht sterbt! Da sagte die Schlange zur Frau: Keineswegs werdet ihr sterben! Sondern Gott weiß, dass an dem Tag, da ihr davon esst, eure Augen aufgetan werden und ihr sein werdet wie Gott, erkennend Gutes und Böses. Und die Frau sah, dass der Baum gut zur Speise und dass er eine Lust für die Augen und dass der Baum begehrenswert war, Einsicht zu geben; und sie nahm von seiner Frucht und aß, und sie gab auch ihrem Mann bei ihr, und er aß* (1 Mose 3,1-6).

Beim Essen der Frucht des Baumes der Erkenntnis von Gut und Böse ging es nicht darum, eine Frucht zu essen, sondern darum, dass der Mensch versuchte, Gut und Böse, richtig und falsch für sich selbst zu definieren. Zur Sünde gehört immer, dass wir selbst die Regeln aufstellen wollen. Das bedeutet, dass wir über uns selbst bestimmen, unsere eigenen Götter sein wollen. Das ist *Götzendienst*, den die Bibel mit geistlichem *Ehebruch* gleichsetzt – wir verraten unsere Beziehung zu Gott und setzen einen anderen, nämlich uns selbst, an seine Stelle.

Wie kamen Adam und Eva dazu, die Seite zu wechseln und zu versuchen, die Regeln selbst festzulegen? Es begann mit einer Täuschung. Der Feind säte in ihre Gedanken Lügen über Gott ein. Sie kauften ihm seine Geschichte ab und glaubten, dass Gott ihnen etwas vorenthalten würde, dass er nicht gut sei, dass sie seinen Regeln und seiner Herrschaft in ihrem Leben nicht vertrauen könnten. Tim Keller schreibt:

> Sünde beginnt immer mit dem Rufmord an Gott. Wir glauben, dass Gott uns in eine Welt der Freuden versetzt hat, sich aber entschlossen hat, sie uns nicht zu geben, wenn wir ihm gehorchen. Das ist die Lüge der Schlange, die ursprüngliche Versuchung Satans von Adam und Eva, die den Sündenfall herbeigeführt hat (1 Mose 3,4-5). Die Schlange sagte der Menschheit, der Ungehorsam gegenüber Gott sei der einzige Weg, ihr volles Glück und Potenzial zu verwirklichen, und diese Täuschung ist tief in jedes menschliche Herz gesunken … Das ist wirklich die grundlegendste Versuchung, die es je in der Welt gegeben hat, und ist die Erbsünde. Konkrete Details können variieren, aber das tiefe Herzenslied „Ich muss mich um mich selbst kümmern“ ist immer da.[1]

„Ich muss mich um mich selbst kümmern“ – das ist das Motto der Selbsterhaltung. Während die Folgen der Sünde von Adam und Eva in 1. Mose 3 ihren Lauf nehmen, sehen wir, wie die Selbsterhaltung zusammen mit den anderen Elementen des Bestrafungsparadigmas ins Spiel kommt.

Nackt und ängstlich

Die erste Konsequenz, die Adam und Eva erfahren, ist das beschämende Bewusstsein ihrer Nacktheit: *„Da wurden ihrer beider Augen aufgetan, und sie erkannten, dass sie nackt waren; und sie hefteten Feigenblätter zusammen und machten sich Schurze“* (1 Mose 3,7).

---

[1] Keller, Timothy. *The Prodigal Prophet* (New York, NY: Penguin Publishing Group, 2018) Kindle-Ausgabe, S. 137-139.

Dieser Vers steht im Gegensatz zum letzten Vers von 1. Mose 2: *„Und sie waren beide nackt, der Mensch und seine Frau, und sie schämten sich nicht"* (1 Mose 2,25).

Hier findet ein interessantes hebräisches Wortspiel statt. Das Wort, das mit „nackt" übersetzt wird, stammt von demselben Wort, das zur Beschreibung der Schlange verwendet wird, „listig" (1 Mose 3,1), und bedeutet „nackt sein oder sich entblößen".[2] Die listige Schlange überzeugte Adam und Eva, dass sie die verbotene Weisheit, die Gott angeblich vor ihnen verbarg, „entblößen" würden und so ihm gleich werden würden. Stattdessen entblößten sie sich selbst und wurden wie die Schlange, nicht wie Gott.

Das hebräische Wort für „Scham" bedeutet „enttäuscht" und „beunruhigt".[3] Adam und Eva waren enttäuscht, als das, was sie sich durch den Verzehr der Frucht erhofft hatten, nicht eintrat. Ja, „ihre Augen wurden geöffnet", genau wie es die Schlange versprochen hatte. Aber anstatt zu erleben, irgendwie „wie Gott" zu sein, erlebten sie die Nacktheit. Das war *beunruhigend* – das Wort bedeutet „in Verwirrung stürzen".

Haben Sie jemals etwas versucht, von dem Sie völlig überzeugt waren, dass es funktionieren würde, und es hat nicht funktioniert? Sie dachten, Sie hätten einen narrensicheren Aktionsplan, aber die Ergebnisse waren das genaue Gegenteil von dem, was Sie erwartet hatten? Das habe ich ganz bestimmt – mehrmals – erlebt. Und ich kann Ihnen sagen, dass es nichts Enttäuschenderes und Beunruhigenderes gibt als die Erfahrung des Scheiterns. Sie gibt uns das Gefühl, *entblößt* zu sein.

Zum Beispiel erlebte ich vor über zwanzig Jahren einen der qualvollsten Misserfolge meines Lebens. Es war eine Situation, in der ich vollkommen davon überzeugt war, das Richtige zu tun … bis mir in einem Augenblick jemand zeigte, dass es absolut das Falsche war. Wie viele große Fehler war dies nicht das Werk eines Augenblicks, sondern eine Sache, die sich über mehrere Jahre hinweg entwickelte,

---

[2] H6191 – `aram – Strong's Hebrew Lexicon (KJV). Abgerufen von https://www.blueletterbible.org//lang/lexicon/lexicon.cfm?Strongs=H6191=KJV.

[3] H954 – buwsh – Strong's Hebrew Lexicon (NIV)". Blue Letter Bible. Abgerufen am 24. Juli 2019.
https://www.blueletterbible.org//lang/lexicon/lexicon.cfm?Strongs=H954=NIV

beginnend im Jahr 1995, als ich Bill Johnson als leitender Pastor einer kleinen Assemblies-of-God-Gemeinde in den Bergen Nordkaliforniens ablöste. Als ich diese Aufgabe übernahm, erhielt ich eine provisorische Zulassung als Pastor auf der Basis, dass ich ein zweijähriges Studium absolvieren würde, um offiziell als Pastor bei den *Assemblies of God* anerkannt zu werden und nach einigen weiteren Jahren im Dienst voll ordiniert zu werden. Da ich gerade erst acht Jahre an der Universität studiert und ein Praktikum absolviert hatte, um meinen Bachelor und Master in Sozialarbeit abzuschließen, fand ich eine weitere akademische Ausbildung jedoch nicht gerade attraktiv und glaubte auch nicht, dass ich sie brauchte. Also legte ich das Studium auf Eis und richtete meine ganze Aufmerksamkeit darauf, ein Leitungsteam aufzubauen, die Gemeinde zu stärken und die Gebäude auf dem Gemeindegelände zu erweitern.

Ich hatte die Qualifikation so gut wie vergessen, als ich aus heiterem Himmel einen Brief vom regionalen Büro der *Assemblies of God* erhielt, in dem stand: „Es sind jetzt fast fünf Jahre vergangen, und wir haben von Ihnen nichts über die Verpflichtung gehört, die wir Ihnen aufgetragen haben. Erinnern Sie sich an die Legitimation, die Sie benötigen, um die Position, die Sie innehaben, zu bekleiden?

Als ich den Brief las, lief mir ein Schauer über den Rücken. Für mich klang der Gedanke, wieder Bücher studieren zu müssen, so, als müsste ich die nächsten zwei Jahre jeden Tag Melone essen. Ich hatte als Pastor auch ohne sie bereits Erfolg. Die Gemeinde florierte, die Mitgliederzahlen stiegen und unser Gebäude war weniger als ein Jahr von der Fertigstellung entfernt. Die Erfüllung dieser lästigen Formalität hatte für mich überhaupt keine Priorität.

So kam ich auf eine Idee. Ich ging zu den Ältesten und schlug vor, dass wir aus dem Gemeindeverband austreten. Sie stimmten mir schnell zu, dass unsere Verbindung zum regionalen Büro schwach war und in erster Linie in der Zahlung von Mitgliedsbeiträgen bestand, was für den Erfolg der Gemeinde nicht wesentlich zu sein schien. Begeistert von ihrer Unterstützung für meinen Plan, der mein Legitimationsdilemma auf elegante Weise beseitigen würde, beschloss ich, ihn von Bill Johnson überprüfen zu lassen, bevor ich einen offiziellen Brief an das Bezirksbüro schickte, der unsere Verbindung mit den *Assemblies of God* beenden würde.

Einige Wochen später traf sich Bill mit unserem Leitungsteam, um sich über den aktuellen Stand der Dinge zu informieren. Nachdem ich ihn mit all den guten Nachrichten darüber erfreut hatte, was Gott in der Gemeinde tat, hatte ich den Eindruck, der richtige Moment sei gekommen, um das Problem der Legitimation und die Lösung, die ich mir ausgedacht hatte, zur Sprache zu bringen.

Bill nickte beim Reden mit dem Kopf, was darauf hinzudeuten schien, dass er die von mir vorgezeichnete Vorgehensweise verstand und billigte. Als ich fertig war, räusperte er sich und sagte: „Also, was du sagen willst, ist …“, gefolgt von einer Zusammenfassung meiner Erläuterung. Als ich bestätigt hatte, dass er mich verstanden hatte, nickte er weiter, während er sagte: „Du kannst tun, was du vorgeschlagen hast, wenn du dir sicher bist, dass du entehren willst, was andere Leute dreißig Jahre lang an Herzblut in das hineingegeben haben, was du jetzt ‚deinen Dienst‘ in der Gemeinde nennst. Du hast viel geerbt, für das du nichts getan hast. Wenn du dieses Erbe beschmutzen willst, dann tue, was du dir vorgenommen hast und löse deine Verbindung. Und wenn du in deine Leitungskultur Rebellion und Spaltung hineinsäen möchtest, dann genau so. Nur zu!“

Ich hatte das Gefühl, von einem Maultier in die Brust getreten worden zu sein. Mir schwirrte der Kopf. Das Ältestenteam war totenstill. Jeder im Raum wusste, dass Bills Einschätzung meines Plans absolut richtig war. Ich stand allein da, völlig entblößt, inmitten des Schlamassels, das ich angerichtet hatte. Bis zu diesem Moment war mir nicht bewusst gewesen, dass es ein Schlamassel war, denn vorher hatte niemand meinen Plan in Frage gestellt, sodass mich die Zuversicht, dass ich Recht hatte, geblendet hatte. Doch mit nur ein paar wenigen Sätzen zeigte mir Bills Zurechtweisung, was für ein furchtbarer Schlamassel es war. Das war *beunruhigend.*

Wellen von heißer Scham durchströmten mich. Mein Gesicht und meine Ohren fühlten sich an, als stünden sie in Flammen. Ich hatte Bill Johnson enttäuscht. Wenn es außer Jesus und meiner Frau jemanden gab, den ich nicht enttäuschen wollte, dann war es Bill. Ihn zu enttäuschen, bedeutete, dass ich mich selbst enttäuscht hatte, der Leiter und der Mann zu sein, der ich sein wollte. Ich war niedergeschmettert.

Als ich wieder atmen konnte, stotterte ich: „Was soll ich tun, Bill?“ Die Assemblies werden mein Zulassung widerrufen und mich als Pastor hier ersetzen.

„Du weißt, was zu tun ist“, sagte Bill ganz einfach.

„Ich werde …?“

„… Buße tun.“

Glücklicherweise habe ich genau das getan. Ich demütigte mich und entschuldigte mich bei Bill und seinem Vater Earl, der mir die provisorische Legitimation überhaupt erst besorgt hatte. Earl ging vor die Distriktversammlung und bat sie um Verständnis, dass ich die Kurse nicht abgeschlossen hatte. Sie stimmten zu, meine Gnadenfrist zu verlängern, und ich machte mich an die Arbeit, die Anforderungen zu erfüllen. Letzten Endes wurde mein Studium unterbrochen, als Bill mich einlud, als Mitarbeiter zur Bethel Church in Redding, Kalifornien, zu kommen, wo ich die Legitimation zum Pastor nicht benötigte. Was ich jedoch hatte, war eine unvergessliche Erfahrung des Versagens, der Scham und der Enttäuschung, die durch Buße in Lernen und Wachstum umgewandelt wurde.

Adam und Eva hingegen taten nach ihrem Schlamassel keine Buße. Sie blieben in diesem schmerzhaften Zustand der Nacktheit und Entblößung – nicht nur ihrer physischen Körper, sondern auch ihrer Seelen. Das Versagen in Form von Sünde kann unser Vertrauen und unsere Zuversicht in das, was wir über uns und die Welt wissen, erschüttern. Es gibt uns das Gefühl, dass etwas mit uns nicht stimmt. Eine Vertrauenserschütterung ist eine Erfahrung der *Trennung*. Im Fall von Adam und Eva führte die Sünde zur Trennung von Gott, ihnen selbst, einander und der Schöpfung. Durch dieses psychische und geistliche Trauma fühlten sie sich schutzlos, machtlos und bedroht, was wiederum Scham erzeugte – die Angst vor dem Verlassensein.

Verstecken und Schuldzuweisungen

Wie haben Adam und Eva auf diese Angst reagiert? Sie versteckten sich. Anstatt zu Gott zu laufen, damit er sie bedecken und beschützen konnte – und letztlich ihr zerbrochenes Vertrauen und ihre zerrüttete Verbindung wiederherstellen –, machten sie sich Bedeckungen. Sie waren sich beide einig, dass Selbstschutz der richtige Weg sei, und setzten diese Strategie fort, als Gott auftauchte und nach ihnen suchte:

> *Und sie hörten die Stimme Gottes, des HERRN, der im Garten wandelte bei der Kühle des Tages. Da versteckten sich der Mensch und seine Frau vor dem Angesicht Gottes, des HERRN, mitten zwischen den Bäumen des Gartens. Und Gott, der HERR, rief den Menschen und sprach zu ihm: Wo bist du? Da sagte er: Ich hörte deine Stimme im Garten, und ich fürchtete mich, weil ich nackt bin, und ich versteckte mich"* (1 Mose 3,8-10).

Es ist wichtig zu sehen, dass Adams und Evas Furcht vor Gott eine Folge der *Sünde* war. Gott tat nichts, um sie in irgendeiner Weise zu beschämen, zu erschrecken oder zu bestrafen. Er war nicht derjenige, der ihnen sagte, sie seien nackt. Das Einzige, was Gott getan hatte – außer sie in Freude zu erschaffen, sie mit Schönheit zu umgeben und sie zu ermächtigen, den Planeten mit ihm zu regieren und zu beherrschen – war, ihnen ein Gebot und einen sehr klaren Grund dafür zu geben: „*... aber vom Baum der Erkenntnis des Guten und Bösen, davon darfst du nicht essen; denn an dem Tag, da du davon isst, musst du sterben!"* (1 Mose 2,17). Und genau das geschah, als sie sich bedeckten und vor Gott versteckten. Nein, Adam und Eva „kehrten nicht zu Staub zurück" in dem Moment, als sie die Frucht aßen. Aber geistlich wurden sie von der Quelle des Lebens, Gott selbst, getrennt. In dem Moment, als „ihre Augen geöffnet wurden", fielen sie in geistliche Finsternis und konnten den Weg zurück zum Licht nicht mehr sehen. Da sie sich auf den Rufmord an Gott durch den Feind einließen, waren sie nicht mehr in der Lage, eine korrekte Sicht von ihm zu erlangen – und wurden in ihrer falschen Sicht des Universums und seines Schöpfers gefangen, und es war diese Sicht, die in ihren Herzen die Furcht vor Strafe hervorrief.

Die Gebundenheit Adams und Evas an ihre Täuschung war der „Tod", weil er sie daran hinderte, den Weg zurück zu Gott zu finden. Sie hielt sie in einem geistlichen Alptraum gefangen, einer verdunkelten, verzerrten Realität, in der die erneute Unterwerfung unter Gottes Autorität und die Wiederherstellung ihrer Verbundenheit – durch Buße und Versöhnung – beängstigend, unmöglich und sogar unerwünscht erschien. Dies war die Zwickmühle, in die der Feind sie hineingezogen hatte: aus der Deckung der Autorität Gottes herauszutreten, zu versuchen, ihre eigenen Regeln aufzustellen, zu erleben, dass dies fehlschlug und dann festzustellen, dass ihre Herzen durch Scham und Furcht an die Sucht gebunden waren, weiterhin zu versuchen, die Regeln ohne Gott aufzustellen, obwohl dies nur noch mehr Trennung, Scham und Furcht hervorrief.

Wir sehen, wie sich diese Gebundenheit in den Antworten von Adam und Eva abspielt, als Gott sie fragte, ob sie die Frucht gegessen hätten:

> *Und er sprach: Wer hat dir erzählt, dass du nackt bist? Hast du etwa von dem Baum gegessen, von dem ich dir geboten habe, du solltest nicht davon essen? Da sagte der Mensch: Die Frau, die du mir zur Seite gegeben hast, sie gab mir von dem Baum, und ich aß. Und Gott, der HERR, sprach zur Frau: Was hast du da getan! Und die Frau sagte: Die Schlange hat mich getäuscht, da aß ich* (1 Mose 3,11-13).

Bis zu diesem Zeitpunkt hatten Adam und Eva beim Anrichten dieses Schlamassels und beim Versuch, es zu bewältigen, zusammengearbeitet – beim Essen der Früchte, bei der Herstellung von Kleidung aus Feigenblättern und beim Verstecken. Aber als Gott Fragen stellte, um sie zur Rechenschaft zu ziehen, schalteten sie voll in den Modus „Jeder für sich selbst" um und intensivierten ihr neues Ziel der Selbsterhaltung, indem sie die Schuld aufeinander schoben und sich gegenseitig unter die Räder brachten. Adam bereute nicht nur nicht, sondern gab Eva und Gott die Schuld, als hätten sie sich gegen ihn verbündet.

Adam macht sich so zum ersten „Opfer" in der Geschichte der Menschheit. Er stellt sich selbst als machtlos gegenüber seiner Entscheidung dar, schiebt die Verantwortung von sich und beschuldigt die einzigen anderen beiden Wesen auf dem Planeten für seine Situation. Dies dient nur dazu, die Keile der Trennung, die sie zwischen sich selbst, Gott und einander geschlagen haben, zu erweitern. Das ist die selbstsabotierende Dynamik der Scham. Nachdem sie sich durch die Sünde von Gott getrennt und den Schmerz der Scham erfahren haben, führt die Angst von Adam und Eva vor dem Beziehungsverlust dazu, dass sie auf eine Weise reagieren, die die Verbindung weiter untergräbt und verletzt.

Derselbe Kreislauf spielt sich in unserem Leben immer dann ab, wenn wir uns entscheiden, machtlose Opfer zu sein, selbst in den scheinbar harmlosesten Situationen. Ein häufiges Beispiel, das ich benutze, ist ein Paar, das mitten in der Nacht vom Schreien seines Babys geweckt wird. Keiner von beiden bewegt sich, während sie darauf warten, wer sich als erster freiwillig um das Kind kümmert. Der Ehemann hört die Stimme seines Herzens, die ihn anstößt: *Steh auf. Kümmere dich um das Baby und lass' deine Frau schlafen. Sie ist müde.* Aber er hört nicht auf diese Stimme, und in dem Augenblick, in dem er das Eigeninteresse über die Beziehung stellt, erhebt sich eine andere innere Stimme – die Stimme der Schuld und der Selbstrechtfertigung. *Sieh sie dir an – sie steht auch nicht auf. Welche Mutter würde daliegen und ihr Baby weinen lassen? Eine schlechte Mutter. Eine faule Mutter. Welche Ehefrau würde zulassen, dass ihrem Mann, der so hart für seine Familie arbeitet, der Schlaf geraubt wird? Eine schlechte Ehefrau. Eine selbstsüchtige Ehefrau.*

Ehe er sich versieht, hegt dieser Mann ernsthaft verleumderische Lügen über die Frau, die er zu lieben und zu ehren gelobt hat. Und warum? Weil er in dem Moment, als er sein Herzen verriet, indem er sich weigerte, auf die Stimme des Herzens, die Stimme der Liebe, zu hören, die Tür zu Scham und Täuschung öffnete. Durch das Konstrukt dieser Täuschung wird seine Frau zum Bösewicht und er zum machtlosen Opfer, das nun jedes Recht hat, weiterhin im Bett zu liegen. Die Trennung von seinem Herzen führt ihn dazu, sich von seiner Frau zu trennen und seine Entscheidung durch Schuldzuweisungen und Selbstrechtfertigung zu verteidigen. Wenn er nicht umkehrt und sich dafür entscheidet, stark zu sein, indem er auf die Stimme der Liebe hört, wird er den Weg der Zerstörung seiner Ehe weitergehen.

Wenn Bestrafung ins Spiel kommt

Gott tut drei Dinge als Antwort auf dieses Gespräch mit Adam und Eva. Erstens gibt er eine Reihe von Erklärungen heraus, in denen er die verschiedenen Arten von Konflikten, Schmerzen und Kämpfen beschreibt, die sie aufgrund ihrer Sünde erleben werden. Im Grunde sollte alles, wofür er den Menschen geschaffen und was er ihm aufgetragen hatte – in der Gemeinschaft mit ihm über die Tiere zu herrschen, den Boden zu kultivieren, fruchtbar zu sein und sich zu vermehren –, jetzt voller Schmerz und Leid sein (vgl. 1 Mose 3,14-19). Dann ersetzte

Gott die Feigenblattbedeckungen, die Adam und Eva für sich selbst gemacht hatten, durch solche aus Fellen (vgl. 1 Mose 3,21). Und schließlich verbannte Gott Adam und Eva aus dem Garten, um sie daran zu hindern, vom Baum des Lebens zu essen.

Auch hier ist es wichtig, sich bewusst zu machen, dass Adam und Eva für ihre Sünde nicht Buße taten. Sie klammerten sich an ihre Scham, ihre Schuldzuweisungen sowie ihre Distanz zu Gott und zueinander. Ohne Buße konnte es keine Versöhnung und Wiederherstellung geben. Deshalb erklärte Gott, wie das Leben für sie aussehen würde, wenn sie diese Entscheidung beibehalten würden, und zeigte ihnen, dass er trotzdem noch bei ihnen war und die Folgen bis zu einem gewissen Grad abmilderte. Er sagte im Wesentlichen: „Ich habe euch so geschaffen, dass ihr aus der Verbindung mit mir und miteinander funktioniert. Wenn ihr euch für Selbstschutz statt für die Wiederherstellung der Beziehung entscheidet, schneidet ihr euch von der einzigen Sache ab, die euch in jedem Lebensbereich aufblühen lässt, und das bedeutet, dass das Leben für euch sehr schwer sein wird." Die Absicht in den anderen beiden Handlungen Gottes zeigt uns seinen Ton in dieser Ankündigung. Adam und Eva zu kleiden und sie aus dem Garten zu verbannen, waren väterliche Handlungen der Versorgung und des Schutzes. Er schützte sie vor der Katastrophe, vom Baum des Lebens zu essen und dauerhaft dem Feind, der Sünde und dem Tod versklavt zu sein, und er versorgte sie mit besseren Kleidern für das Leben unter den härteren Bedingungen außerhalb des Gartens. Selbst als er ihnen die harten Folgen ihrer Sünde verkündete, sorgte er für sie. Mit seinen Worten zeigte ihnen der Vater: „Es tut mir wirklich leid um euch."

Wir können uns aber auch vorstellen, dass diese Folgen Adam und Eva, die getäuscht und unbußfertig waren, wie eine Strafe vorkamen. Und, wie wir gleich sehen werden, waren sie biblisch gesehen auch Bestrafung. Tatsächlich ist es die schlimmste Strafe, die wir als Menschen erleben können, in einem Zustand der Trennung von Gott, anderen und uns selbst zu sein. Das Problem war, dass dies ein Zustand war, in den Adam und Eva sich selbst versetzt hatten, und aus diesem Zustand herauszukommen war … kompliziert.

Einen Hinweis auf diese Kompliziertheit sehen wir in der nächsten Geschichte in 1. Mose. Eine Frage, die sich an dieser Stelle natürlich stellt, lautet: *Hätten* Adam und Eva im Garten für die Sünde Buße tun *können?* Hätten sie Versöhnung und Wiederherstellung mit Gott erleben und das lange währende Erbe der Menschheit – unter der Knechtschaft von Sünde, Scham und Tod zu sein – verhindern können? Nun, in 1. Mose 4 sehen wir, wie sich in der zweiten Generation der Familie von Adam und Eva eine Antwort darstellte. In dieser Geschichte erleben wir die Geburt der Religion – die Versuche der Menschheit, in ihrem gefallenen Zustand mit Gott in Kontakt zu kommen. Kain und Abel bringen Gott jeweils ein Opfer aus den Früchten ihrer Arbeit. Aus welchem Grund auch immer, sieht Gott Abels Opfergabe wohlwollend an, nicht aber die von Kain, und Kain ist darüber *nicht glücklich.* Gott konfrontiert Kain mit dessen Zorn, indem er sagt: *„Warum bist du zornig, und warum hat sich dein Gesicht gesenkt? Ist es nicht so, wenn du recht tust, erhebt es sich? Wenn du aber nicht recht tust, lagert die Sünde vor der Tür. Und nach dir wird ihr Verlangen sein, du aber sollst über sie herrschen"* (1 Mose 4,6-7). Gott deutet an, dass Kain die Wahl hat, sein Verhalten zu ändern – Buße zu tun – und wieder angenommen und verbunden zu sein. Wenn er dies tue, werde er *über die Sünde herrschen.*

Doch Kain nutzt diese Gelegenheit nicht. Er gibt seinem Zorn und seinen Sünden nach, indem er seinen Bruder ermordet. Als Gott ihn dann zum zweiten Mal konfrontiert, versucht Kain, wie seine Eltern im Garten, sich der Verantwortung zu entziehen: *„Ich weiß nicht. Bin ich meines Bruders Hüter?"* (1 Mose 4,9). Wieder antwortet Gott, indem er die Folgen von Kains Sünde und fehlender Buße ankündigt: Er wird von seiner Arbeit als Ackerbauer entlassen und dazu verurteilt, *„unstet und flüchtig auf Erden"* zu sein (1 Mose 4,12). Gott setzt eine weitere Grenze, wie er es bei Kains Eltern getan hat.

Kains nächste Worte enthalten die erste Erwähnung von „Strafe" in der Bibel:

> *Da sagte Kain zu dem HERRN: Zu groß ist meine Strafe, als dass ich sie tragen könnte. Siehe, du hast mich heute von der Fläche des Ackerbodens vertrieben, und vor deinem Angesicht muss ich mich verbergen und werde unstet und flüchtig sein auf der Erde; und es wird geschehen: Jeder, der mich findet, wird mich erschlagen* (1 Mose 4,13-14).

Das hebräische Wort, das mit „Strafe" übersetzt wird, ist hier avon, was im Allgemeinen auch mit „Perversität, Verderbtheit, Ungerechtigkeit, Schuld" übersetzt wird. Das Wort umfasst sowohl den Akt der

Sünde als auch ihre Folgen. Der Bibelwissenschaftler Tim Mackie erklärt dies:

> [*Avon*] bezieht sich nicht nur auf verkehrtes Verhalten, sondern auch auf dessen verdrehte Folgen – verletzte Menschen, zerbrochene Beziehungen, Zyklen der Vergeltung. Man findet diesen Gedanken in dem biblischen Ausdruck „bestrafen", der im biblischen Hebräisch „jemandes *Avon* auf ihn bringen" bedeutet – das heißt, ihn die Konsequenzen seiner verkehrten Entscheidungen spüren zu lassen … Dies ist übrigens die vorherrschende Art und Weise, wie biblische Autoren über Gottes Reaktion auf die menschliche Sünde sprechen – *indem sie* Menschen die verdrehten Folgen ihrer Entscheidungen erfahren *lassen.* Das ist die Bedeutung des üblichen biblischen Satzes „deine Missetat tragen", oder im Hebräischen, dein *Avon zu* „tragen". Gott achtet die Menschen so sehr, dass er sie die Folgen ihrer schlechten Entscheidungen tragen lässt.[4]

Sehen Sie sich an, wie Kain seine Strafe empfindet und interpretiert. Er sagt, von seinem Land vertrieben zu werden, bedeute, dass er vor Gottes Angesicht verborgen ist. Das heißt, er wird nicht nur nicht mehr in der Lage sein, als Ackerbauer zu arbeiten, sondern er wird dazu verdammt sein, in Scham und Isolation zu leben. Und in seinem neuen Leben als „ruheloser Wanderer" wird er von dem unendlichen Gefühl des drohenden Unheils heimgesucht werden, dass ihm das, was er seinem Bruder angetan hat, gleichermaßen widerfahren wird: *„Jeder, der mich findet, wird mich erschlagen."*

Gottes Antwort ist interessant: *„Der HERR aber sprach zu ihm: Nicht so, jeder, der Kain erschlägt – siebenfach soll er gerächt werden! Und der HERR machte an Kain ein Zeichen, damit ihn nicht jeder erschlüge, der ihn fände"* (1 Mose 4,15). Gott sagt nicht: „Ich werde jeden rächen, der dich tötet", sondern indem er Kain kennzeichnet, schafft er einfach eine Möglichkeit, um die Menschen wissen zu lassen: „Wenn du diesem Mann das antust, was er seinem Bruder angetan hat, wird es für dich siebenmal schlimmer ausfallen."

---

[4] „Avon", The Bible Project https://www.youtube.com/watch?v=w1zkwkI9oAwist=PLH0Szn1yYNecl OdfwWBawnNT5ZkGFHxBfndex=14=182s.

Es ist eine Warnung davor, dass die Gewalt eskaliert und diese Zyklen von Vergeltung und Strafe hervorruft. Doch trotz dieser Warnung gehen die Menschen weiterhin den Weg der Sünde. Innerhalb weniger Generationen sehen wir, wie Lamech, einer von Kains Ur-Ur-Urenkeln, die Sünde Kains begeht und sich die Warnung Gottes als Bedrohung aneignet, um sich selbst zu schützen:

> *Und Lamech sprach zu seinen Frauen: Ada und Zilla, hört meine Stimme! Frauen Lamechs, horcht auf meine Rede! Fürwahr, einen Mann erschlug ich für meine Wunde und einen Knaben für meine Strieme. Wenn Kain siebenfach gerächt wird, so Lamech siebenundsiebzigfach* (1 Mose 4,23-24).

1. Mose 4 zeigt uns, dass selbst dann, wenn Gott die Menschen einlud, umzukehren und sich zu verändern, sie nicht darauf eingingen, sondern nur noch tiefer in die Knechtschaft der Sünde und ihrer Bestrafung in Form von zerstörerischen Folgen fielen. Dieses Muster setzte sich fort, bis *„die Bosheit des Menschen auf der Erde groß und alles Sinnen der Gedanken seines Herzens nur böse den ganzen Tag war"* und die Erde so verdorben und voller Gewalt wurde, dass *„... es den HERRN reute, dass er den Menschen auf der Erde gemacht hatte"* (1 Mose 6,5-6).

Kontrollsüchtig

Das Fortschreiten des menschlichen Verhaltens, das wir in 1. Mose 3–6 sehen, ist genau das, was Paulus in Römer 1 ausführlich beschreibt:

> *Gott lässt nämlich auch seinen Zorn sichtbar werden. Vom Himmel her lässt er ihn über alle Gottlosigkeit und Ungerechtigkeit der Menschen hereinbrechen. Denn mit dem Unrecht, das sie tun, treten sie die Wahrheit mit Füßen. Dabei ist doch das, was man von Gott erkennen kann, für sie deutlich sichtbar; er selbst hat es ihnen vor Augen gestellt. Seit der Erschaffung der Welt sind seine Werke ein sichtbarer Hinweis auf ihn, den unsichtbaren Gott, auf seine ewige Macht und sein göttliches Wesen. Die Menschen haben also keine Entschuldigung, denn trotz allem, was sie über Gott wussten, erwiesen sie ihm nicht die Ehre, die ihm zukommt, und blieben ihm den Dank schuldig. Sie verloren sich in sinnlosen Gedankengängen,*

> *und in ihren Herzen, denen jede Einsicht fehlte, wurde es finster. Weil sie sich für klug hielten, sind sie zu Narren geworden. An die Stelle der Herrlichkeit des unvergänglichen Gottes setzten sie das Abbild des vergänglichen Menschen und die Abbilder von Vögeln, vierfüßigen Tieren und Kriechtieren. Deshalb hat Gott sie den Begierden ihres Herzens überlassen und der Unsittlichkeit preisgegeben, sodass sie ihre eigenen Körper entwürdigten ... Aus diesem Grund hat Gott sie entehrenden Leidenschaften preisgegeben ... Und da die Menschen es nach ihrem eigenen Urteil nicht nötig hatten, Gott anzuerkennen, hat Gott sie ihrem Verstand preisgegeben, der zu keinem vernünftigen Urteil mehr fähig ist, sodass sie Dinge tun, die sie nie tun dürften. Es gibt keine Art von Unrecht, Bosheit, Gier oder Gemeinheit, die bei ihnen nicht zu finden ist* (Röm 1,18-24.26.28-29).

Dieser Abschnitt bringt auf den Punkt, was mit uns los ist und wie wir in dem Zustand gelandet sind, in dem wir uns befinden. Erstens: Die Wahrheit darüber, wer Gott wirklich ist, sein Wesen und sein Charakter, ist in unserer Welt kein Geheimnis. Gott ist gut, mächtig und gütig. Wir weigern uns nur, es zu sehen und zu glauben. Wir klammern uns an die falsche Darstellung des Feindes, wer Gott ist, und verfallen in geistliche Blindheit. Das führt uns in die Götzenanbetung, indem wir uns an die Stelle Gottes setzen.

Der Satz „*Und da die Menschen es nach ihrem eigenen Urteil nicht nötig hatten, Gott anzuerkennen, hat Gott sie ihrem Verstand preisgegeben, der zu keinem vernünftigen Urteil mehr fähig ist*“ nennt uns den Ausgangspunkt für die Grundüberzeugung des Bestrafungsparadigmas: „Meine Fehler und mein Versagen machen mich der Liebe, der Zugehörigkeit und der Beziehung *unwürdig*. Ich verdiene Trennung und Bestrafung. Das gilt auch für alle anderen mit Fehlern und Misserfolgen.“ Gott stellt den höchsten Wert des Universums dar, von dem alles, was er geschaffen hat, seinen Wert ableitet. Unsere Unwilligkeit, ihn gebührend zu ehren, und unser Versuch, anderen Dingen (einschließlich uns selbst) den höchsten Wert zuzuschreiben, hat Scham, den schmerzlichen Glauben an unsere eigene Unwürdigkeit, ins Leben gerufen.

Diese Scham etablierte die Furcht vor Strafe mit ihrem Ziel der Selbsterhaltung als treibende Motivation unserer Herzen. Die Heilige

Schrift hilft uns unter anderem, die Furcht vor Bestrafung zu erkennen, indem sie sie einer anderen Art von Furcht gegenüberstellt, die „Gottesfurcht" genannt wird. Gottesfurcht ist das Gegenteil der Furcht vor Strafe. Ihr Ziel ist der Schutz der Verbindung, nicht das Streben nach Selbsterhaltung, und nirgendwo setzt sie Bestrafung als Strategie ein, um dieses Ziel zu erreichen. Die Gottesfurcht führt uns zu Gott hin, nicht von ihm weg. Die Furcht vor Strafe lässt uns hingegen entweder vor Gott weglaufen, oder versuchen, eine sichere Distanz zu ihm zu wahren. Dazu gehört immer der zweischneidige Versuch, die Bestrafung zu umgehen, während wir sie gleichzeitig als Werkzeug der Kontrolle und des Selbstschutzes gegenüber anderen einsetzen wollen. Wie Adam und Eva und wie Kain versuchen wir, uns zu verstecken und zu bedecken, während wir andere zur Zielscheibe der Schuld, des Zorns und der Vergeltung machen.

Die Gottesfurcht ist vor allem eine Reaktion auf die Wahrhaftigkeit von Gottes Charakter, während die Furcht vor Strafe von den Lügen des Feindes bestimmt wird. Deshalb führt uns die Furcht vor Strafe zum Rufmord an Gott, indem wir unsere schlechten Motive und unser schlechtes Verhalten auf ihn projizieren. Klassischerweise stellen wir uns Gott entweder als einen abwesenden Gott vor, der uns verlassen hat und sich nicht in die schmutzigen Machenschaften der sündigen Menschen einmischen will, oder, wenn er sich doch einmischt, dann als zorniger Richter und Bestrafer. Durch die Augen unserer Furcht sehen wir ihn denselben Tanz des Vermeidens und Rächens tanzen wie wir selbst. Und wir benutzen diese falsche Karikatur Gottes, um sowohl unsere Sünden als auch unsere Strafe zu rechtfertigen.

Was wirklich geschieht, ist jedoch eine andere Geschichte. Gott sitzt nicht im Himmel und verschließt die Augen vor unserer Sünde oder spielt „Wie du mir, so ich dir" und versucht, uns durch Einschüchterung zu gutem Benehmen zu bewegen. Nach Paulus drückt sich Gottes „heiliger Zorn" dadurch aus, dass er „seine Einhalt gebietende Hand wegnimmt" und „uns den Folgen unseres Götzendienstes überlässt", wodurch wir in eine Abwärtsspirale der Verderbtheit geraten, die unser Menschsein zersetzt und zerstört. Er „bestraft", indem er den freien Willen anerkennt, den er uns gegeben hat: Er lässt uns unsere eigene Grube graben und dann in sie hineinfallen. Daraus folgt, dass seine Grundeinstellung uns gegenüber so ist, dass er uns helfen möchte, die Sünde und ihre Folgen einzudämmen. Und im weiteren Verlauf der Geschichte sehen wir, wie weit Gott bereit ist zu gehen, um uns aus der Grube der Sünde und der Strafe zu retten, in die wir gefallen waren.

Jeder, der eine Beziehung zu einem Süchtigen hatte, weiß, wie es ist, einer Person zuzuschauen, die auf ihre eigene Zerstörung fixiert scheint. Das Einzige, was man oft tun kann, ist, die Person sich selbst in den Abgrund treiben zu lassen. Das ist genau das, was Paulus am Ende von Römer 1 beschreibt, außer dass er von der ganzen Menschheit spricht. Im vorigen Kapitel habe ich gesagt, dass wir süchtig nach Bestrafung sind, aber jetzt sehen wir, dass dies unsere wahre geistlichen Sucht nur zum Teil widerspiegelt. Wonach wir wirklich süchtig sind, ist der Versuch, unsere eigenen Götter zu sein. Wir wollen die Regeln machen. Wir wollen die Kontrolle haben. Wir wollen darüber bestimmen, welche Schlamassel wir anrichten wollen, und dann wollen wir die Bedingungen diktieren, unter denen sie bereinigt werden – oder auch nicht.

Unter den endlosen Beispielen, die ich dafür anführen könnte, wie sich unsere menschliche Sucht nach Bestrafung in unserer gegenwärtigen Kultur auswirkt, möchte ich hier eines nennen, das wir leicht ignorieren und minimieren: Unterhaltung. Die Ausprägung der Unterhaltung einer Kultur spiegelt immer unsere tiefsten Grundwerte und Übereinkünfte wider. Unsere beliebtesten Filme, Sportarten und Videospiele sind voller Darstellungen gewaltsamer Bestrafung derjenigen, die sie „verdienen". Die größten Sportveranstaltungen wie (in den USA) die Footballliga, die Eishockeyliga, die UFC[5] oder das Boxen müssen neue Stufen der bestrafenden Interaktion finden oder sie verlieren an Einschaltquoten. Unsere Filme und Fernsehsendungen brauchen mehr Tote, Blut und Rache, oder sie werden nicht erfolgreich sein. Viele Videospiele sind das neue Übungsfeld für spektakuläre Grade respektloser menschlicher Interaktionen unter unserer sehr jungen, beeinflussbaren, unbeaufsichtigten nächsten Generation. Es ist, als würde unsere Psyche nach mehr Nachschub und Extremen im respektlosen Umgang miteinander schreien.

[5] Ultimate Fighting Championship (UFC) ist eine US-amerikanische Mixed-Martial-Arts-Organisation (Wikipedia, 11.06.2020).

Doch wie alle Süchtigen werden wir letztlich umso mehr kontrolliert, je mehr wir unseren Appetit auf Bestrafung – also unseren Appetit auf Kontrolle – nähren. Je mehr wir Bestrafung als Mittel einsetzen, um uns mächtig zu fühlen, desto mehr bestimmt die Angst vor Bestrafung unser Leben. Und Gott ist bereit, uns den Tiefpunkt erreichen zu lassen, damit wir aus erster Hand erfahren, welch schreckliche Regenten des Planeten oder unseres eigenen Lebens wir ohne ihn sind.

Aber er lässt uns nicht darin stecken bleiben. Über Jahrhunderte hinweg führt er einen groß angelegten Plan aus, um uns aus dem Götzendienst, der Scham und der Zerstörung des Bestrafungsparadigmas herauszuholen und zurück zu einem Ort des Vertrauens und der Verbundenheit mit ihm, uns selbst und untereinander zu führen. Wie wir im nächsten Kapitel sehen werden, ist das gesamte Alte Testament eine Geschichte, in der Gott sich ein Volk erwählt, das er nicht loslassen wird. Während es seinen eigenen Weg geht, unternimmt er immer wieder einen neuen Versuch, um die Verbindung zu seinem Volk wiederherzustellen, unabhängig davon, wie es sich ihm gegenüber verhält.

TEIL 2

Unser Ruf zum Bund der Liebe

Kapitel 4

Der Gott, der Bünde schließt

„Hey, Danny, ich brauche deine Hilfe." Dem Klang seiner zitternden Stimme nach war mein Freund Jerry über etwas zutiefst bestürzt.

„Was ist los?", fragte ich.

„Maria verbrachte die Nacht bei ihrer Freundin Becky. Offenbar fanden sie eine Flasche Wodka, betranken sich und beschlossen, zu Beckys Nachbarn zu gehen und seine Gartenmöbel in den Pool zu werfen. Das habe ich herausgefunden, weil der Nachbar zufällig mein Chef ist. Er rief mich gleich an, nachdem Maria heute Morgen nach Hause gekommen war, und erzählte mir, was die Mädchen getan haben. Ich habe gerade versucht, mit ihr zu reden, aber es ist nicht gut gelaufen. Du musst mir sagen, was ich tun soll."

„Okay, Mann, ich komme vorbei", sagte ich. „Ich kann hören, dass du darüber ziemlich verärgert bist. Lass uns darüber reden, wie du ihr dein gebrochenes Herz zeigen kannst, anstatt deinen Ärger."

„Danke, Danny …" Jerry klang unsicher. „Wir sehen uns gleich."

Als ich bei Jerry ankam, gab er zu, dass er seiner fünfzehnjährigen Tochter bereits im Zorn bestraft hatte. Nachdem sein Chef angerufen hatte, war er mit seiner Kaffeetasse in der Hand in ihr Zimmer gegangen und hatte sie gefragt: „Und? Wie war es, betrunken zu sein?" Maria hatte ihm ins Gesicht geschaut und gesagt: „Es fühlte sich super an. Ich fand es toll." Auf diese Antwort war Jerry nicht vorbereitet. Er hatte sich bereits machtlos und gedemütigt gefühlt, und jetzt war er verletzt, dass sie keinen Wunsch verspürte, sich zu entschuldigen oder ihr Verhalten zu ändern. Voller Wut hatte er seine Kaffeetasse durch den Raum geschleudert und ihren Spiegel im Schrank zerbrochen.

Das bedauerte er, war aber immer noch damit beschäftigt, wie er seine Tochter unter Kontrolle bringen konnte. Ich ermutigte ihn, Buße zu tun und seinen Schlamassel mit seiner Tochter zu bereinigen. Leider war der Schaden bereits angerichtet. Sein strafender Zorn hielt Maria nicht nur davon ab, sich zu ändern, sondern verhärtete ihr Herz ihm gegenüber noch. Sie steigerte sich heftig in eine Teenager-Rebellion hinein, die fortdauerte, bis sie von zu Hause auszog. Es vergingen viele Jahre, bevor Vater und Tochter ihre Beziehung in Ordnung bringen konnten.

Bis heute sehen viele Menschen Gott – vor allem so, wie er im Alten Testament dargestellt wird – als einen zornigen und strafenden Vater wie meinen Freund. Nur dass er, anstatt Kaffeetassen in den Spiegel zu werfen, Überschwemmungen, Feuer, Krankheiten und Hungersnöte schickt, um rebellische Menschen zu vernichten, die seine Heiligkeit missachten.

Wenn wir versuchen, ihn in die Matrix des Bestrafungsparadigmas einzuordnen, wird jedoch schnell klar, dass er da nicht hineinpasst. Gottes Handeln ist nicht durch Scham oder die Furcht vor Bestrafung motiviert. Er versucht nicht, seine eigene Heiligkeit durch göttliche Selbsterhaltung zu schützen. Er ist nicht unsicher, kontrollierend oder rachsüchtig. Wenn wir uns also die Vorfälle in der Bibel ansehen, in denen Gott Menschen „bestraft", müssen wir uns davor hüten, unser eigenes Bestrafungsparadigma auf ihn zu projizieren, und lernen, die Bedeutung seines Verhaltens im Kontext der biblischen Geschichte zu verstehen. Wie wir in diesem und im nächsten Kapitel sehen werden, zeigt uns die Bibel von vorne bis hinten, dass Gottes umfassende Mission in der Menschheitsgeschichte darin besteht, uns vom Bestrafungsparadigma zu befreien und uns ein völlig neues, straffreies Beziehungsparadigma mit ihm, uns selbst und anderen zu schenken.

Nur ein „Reset"

Fahren wir mit der Geschichte der Bibel dort fort, wo wir aufgehört haben, kurz nachdem Kain in 1. Mose 4 sein Vermächtnis des Mordes und der Vergeltung in seiner Familienlinie beginnt. Wenn wir zu 1. Mose 6 kommen, erfahren wir, dass sich dieses Vermächtnis in der ganzen Menschheit fortgepflanzt und vervielfacht hat und die Erde mit Gewalt bedeckte (1 Mose 6,13). Offenbar sind die Menschen ohne göttliches Eingreifen, das die exponentielle Verwüstung von *Avon – Sünde* und ihre Folgen – aufhalten könnte, so korrupt geworden, dass *„die Bosheit des Menschen auf der Erde groß war und alles Sinnen der Gedanken seines Herzens nur böse den ganzen Tag"* (1 Mose 6,5). Das passiert mit der Welt, wenn Gott die Menschheit „bestraft", indem er sie ihrem Versuch überlässt, ihre eigenen Götter zu sein und Gut und Böse für sich selbst zu definieren. Es gibt dann keine Gerechtigkeit, Rechtschaffenheit oder Barmherzigkeit, sondern nur das hemmungslos Böse, Gewalt und Korruption.

Das Erste, was uns die Heilige Schrift über Gottes Reaktion auf diesen Zustand auf seinem Planeten sagt, ist nicht, was er getan hat, sondern was er *fühlte*: *„Und es reute den HERRN, dass er den Menschen auf der Erde gemacht hatte, und es bekümmerte ihn in sein Herz hinein"* (1 Mose 6,6). Seine Reaktion auf eine Erde voller Korruption und Gewalt – die Sintflut – war nicht durch Strafe im Zorn oder Rachsucht motiviert, sondern durch Betroffenheit. Die Menschheit wurde ja bereits durch ihre eigene Verderbtheit bestraft. Als er reinen Tisch machte, indem er die Erde säuberte, ging es ihm nicht darum, die Menschen zu bestrafen, sondern darum, den Teufelskreis der Bestrafung, in dem sie gefangen waren, zu beenden und der Menschheit einen Neuanfang zu ermöglichen. Deshalb hat er die Menschheit nicht völlig zerstört, sondern mit Noah und seiner Familie neu begonnen.

Doch obwohl Noah „rechtschaffen" genannt wurde, war er nicht immun gegen Sünde. Gott selbst erklärte nach der Sintflut: *„... das Sinnen des menschlichen Herzens ist böse von seiner Jugend an"* (1 Mose 8,21). Das bedeutete, dass diese neue Menschheit immer noch die alten Probleme hatte und unweigerlich am Ende dasselbe Vermächtnis von Korruption, Bosheit und Gewalt hinterlassen würde. Gott sagte jedoch nicht: „Nun ja, besser, ich lösche einfach alles aus und fange jedes Mal neu an, wenn die Dinge schlimm genug werden." Unsere Gesellschaft liebt es, apokalyptische Phantasien darüber zu hegen, dass die Welt durch einen Atomkrieg oder Naturkatastrophen ausgelöscht wird. Viele Menschen, die sich mit dem Klimawandel befassen, haben für die Zukunft alle möglichen katastrophalen Ereignisse vorhergesagt, die die Bevölkerung drastisch reduzieren und dem Planeten einen „Reset" verpassen werden. Aber nach der Sintflut legte Gott fest, er werde nicht auf diese Weise mit uns zusammenarbeiten. Stattdessen versprach er Noah, er werde die Erde nie wieder überschwemmen, und leitete ein neues Kapitel in der Geschichte ein, ein Kapitel, in dem er begann, auf andere Weise in menschliche Angelegenheiten einzugreifen und sich einzumischen.

Vier Bünde

> *Denn ich, siehe, ich bringe die Wasserflut über die Erde, um alles Fleisch unter dem Himmel, in dem Lebensodem ist, zu vernichten; alles, was auf der Erde ist, soll umkommen. Aber mit dir will ich meinen Bund aufrichten, und du sollst in die Arche gehen, du und deine Söhne und deine Frau und die Frauen deiner Söhne mit dir* (1 Mose 6,17-18).

In diesen Worten Gottes an Noah wird zum ersten Mal in der Bibel das Wort „Bund“ erwähnt. In der altorientalischen Kultur waren Bünde rechtliche Partnerschaften – in erster Linie zwischen Königen oder Herrschern –, die in der Regel eine Reihe von Versprechen und Verpflichtungen beinhalteten und durch eine Art „Schneidezeremonie“ oder ein Bundesmahl feierlich begangen wurden.[1] Das Alte Testament hält vier Hauptbünde fest, die Gott mit Menschen eingeht:

Bund 1: Gott und Noah

Bund 2: Gott und Abraham

Bund 3: Gott und Mose bzw. das Volk Israel

Bund 4: Gott und David

Jeder Bund trägt zu einer fortschreitenden Offenbarung von Gottes Plan zur Wiederherstellung der gefallenen Menschheit und unserer Beziehung zu ihm bei. Der erste Bund mit Noah besteht lediglich aus einer Verheißung und einem Zeichen – der Regenbogen ist eine bleibende Erinnerung daran, dass Gott die Erde nie wieder überschwemmen wird (vgl. 1 Mose 9,9-17). Gott verlangt nichts von Noah und seiner Familie auf ihrer Seite der Partnerschaft, obwohl er ihnen befiehlt,

---

[1] Das hebräische Wort für Bund, *beriyth*, kommt von *bara*, „schneiden, essen“ (Strong’s H1285).

den Wert der Menschen, die nach dem Bilde Gottes geschaffen sind, aufrechtzuerhalten:

> *Jedoch euer eigenes Blut werde ich einfordern; von jedem Tiere werde ich es einfordern, und von der Hand des Menschen, von der Hand eines jeden, nämlich seines Bruders, werde ich die Seele des Menschen einfordern. Wer Menschenblut vergießt, dessen Blut soll durch Menschen vergossen werden; denn nach dem Bilde Gottes hat er den Menschen gemacht* (1 Mose 9,5-6).

Getreu seinem Wort zerstört Gott die Nachkommen Noahs nicht, als diese sich wieder einmal verschwören, ihre eigenen Götter zu sein und sich einen Namen zu machen, indem sie den Turm zu Babel bauen, sondern er zerstreut sie, indem er ihre Sprachen verwirrt. Nach dieser Zerstreuung wählt Gott sich Abram als Bundespartner. Er verheißt, ihm einen Erben und viele Nachkommen zu schenken, die das Land Kanaan besitzen werden. Für die erste Bundeszeremonie lässt Gott Abram Tiere in zwei Hälften schneiden und geht zwischen ihnen hindurch, als er seine Verheißung gibt, Abrams Nachkommen das Land Kanaan zu geben (1 Mose 15,17-21). Das Hin- und Hergehen zwischen den Stücken verkündet symbolisch: „Wenn ich meine Bundesversprechen nicht halte, soll mir geschehen, was diesen Tieren angetan worden ist." Gott sandte Abram die Botschaft: „Es gibt nichts, was du tun kannst, um aus diesem Bund ausgeschlossen zu werden. Ich übernehme die volle Verantwortung für diese Versprechen, und du kannst absolut sicher sein, dass ich tun werde, was ich gesagt habe."

Trotz Gottes Zusicherungen versucht Abram, Gottes Bundesversprechen zu seinen eigenen Bedingungen zu erfüllen, indem er mit seiner Sklavin einen Sohn zeugt. Als Gott dann jedoch auftaucht, um sein Versprechen zu halten, weist er Abram nicht zurecht oder straft ihn, sondern leitet eine weitere Bundeszeremonie ein, in der er Abrams Namen in Abraham ändert und verspricht, ihn zu einem Vater vieler Völker zu machen und seinen Bund mit allen Nachkommen Abrahams, angefangen mit seinem zukünftigen Sohn Isaak, festzuschreiben (1 Mose 17,1-21). Dieses Mal geschieht die „Beschneidung" nicht an den Tieren, sondern an Abrahams eigenem Fleisch durch den Akt der Beschneidung – ein Zeichen dafür, dass jedes Kind, das von da an durch Abraham geboren wird, zu diesem ewigen Bund gehört. Die Weitergabe dieses Zeichens an jede Generation scheint das Einzige zu sein, was Gott von Abraham bei diesem Bund verlangt. Später erscheint Gott Isaak und dann Isaaks Sohn Jakob, dessen Namen er in Israel ändert, um seine Bundesverheißungen mit ihnen zu erneuern (vgl. 1. Mose 26,3-4.24; 28,13-15; 35,10-12).

Wie in der Geschichte Noahs taucht Strafe in der Bundesgeschichte Abrahams mit Gott eigentlich gar nicht auf, obwohl die Erzählungen der vier Generationen dieser Familie in 1. Mose 12–50 *eine Menge* sündiger Schlamassel enthalten. Abraham lügt in Bezug auf seine Frau Sarah, um sich selbst zu schützen, und nennt sie seine Schwester; und sein Sohn Isaak macht später dasselbe mit seiner Frau Rebekka. Abraham und Sarah verschwören sich, Hagar sexuell zu benutzen, um einen Sohn zu bekommen. Rebekka und Jakob willigen ein, Isaak zu täuschen und Esau um seinen Segen zu betrügen. Und Jakobs Söhne ermorden die Männer einer ganzen Stadt, um ihre Schwester zu rächen, und verkaufen ihren Bruder Joseph in die Sklaverei. Diese „Väter des Glaubens" waren voller Selbsterhaltung, Kontrolle, Manipulation, Furcht, Betrug und Vergeltung, aber nicht ein einziges Mal schritt Gott ein, um sie zu richten oder zu bestrafen. Er strebte einfach die ganze Zeit treu nach einer Beziehung zu ihnen, gab ihnen riesige Verheißungen und schützte und segnete sie. Der Hauptzweck dieses Bundes war es zu offenbaren, dass Gottes Herz danach verlangte, eine Bundesfamilie für sich heranzuziehen.

Der Alte Bund – Hartherzigkeit entlarven

Das 2. Buch Mose beginnt damit, dass Abrahams Nachkommen in Ägypten zu Sklaven werden und vierhundert Jahre lang unter der schweren Unterdrückung durch den hartherzigen Pharao schmachten. Gott sendet Mose, um sie zu befreien, indem er die Götter und Armeen Ägyptens auf dramatische Weise herausfordert und das Volk durch das sühnende Blut des Passahlamms und die Wassertaufe im Roten Meer herausführt (vgl. 1 Kor 10,2). Danach bringt Mose das Volk zum Berg Sinai zu einer weiteren Bundesfeier. Dieser Bund unterscheidet sich in einigen wesentlichen Punkten von den Bünden mit Noah und Abraham. Zum einen lädt Gott weder einen einzelnen Mann noch eine Familie, sondern eine ganze Nation ein, eine Bundespartnerschaft mit ihm einzugehen. Zum anderen will er, dass sie in dieser Partnerschaft eine besondere, viel komplexere Rolle spielen. Daher hat er einige spezifische Anforderungen, die er an sie stellt:

> *Mose aber stieg hinauf zu Gott. Und der HERR rief ihm vom Berg aus zu: So sollst du zum Haus Jakob sagen und den Söhnen Israel mitteilen: Ihr habt gesehen, was ich den Ägyptern angetan und wie ich euch auf Adlerflügeln getragen und euch zu mir gebracht habe. Und nun, wenn ihr willig auf meine Stimme hören und meinen Bund halten werdet, dann sollt ihr aus allen Völkern mein Eigentum sein; denn mir gehört die ganze Erde. Und ihr sollt mir ein Königreich von Priestern und eine heilige Nation sein. Das sind die Worte, die du zu den Söhnen Israel reden sollst* (2 Mose 19,3-6).

Gottes Wunsch und Absicht für seine Bundespartner war, dass sie für ihn etwas ganz Besonderes sein und von allen anderen Menschen auf der Erde ausgesondert sein sollten. Er wollte sie auch zu seinen Priestern machen – sie sollten ihm dienen und seine Repräsentanten für den Rest der Welt sein.

Dies war eine viel höhere Berufung als das, worum er Abraham, Isaak und Jakob gebeten hatte, die nicht mehr getan hatten, als Gottes Verheißungen und Segen zu empfangen und auf seine Anweisungen hin einige bemerkenswerte Taten des Gehorsams zu vollbringen. Nun wollte Gott, dass eine ganze Nation in Beziehung zu ihm lebte und dem Rest der Welt zeigte, wie er war.

Diese Berufung stellte eine steile Lernkurve für Menschen dar, die als Sklaven in einer heidnischen Kultur aufgewachsen waren und die den Herrn gerade erst kennengelernt hatten. Sie konnte nur dann funktionieren, wenn sie bereit waren, zuzuhören und seinen Anweisungen zu gehorchen, wie ihr Teil des Bundes zu erfüllen war. Das war der Zweck dieses Treffens auf dem Sinai – Gott wollte ihnen als seinem Volk ihre Bundeskultur darlegen und in ihrer Beziehung zu ihm diese brandneue Lebensweise initiieren.

Es gibt einen wichtigen Moment zu Beginn dieses Prozesses, einen Bund einzugehen, der ausschlaggebend dafür war, was später passierte. Nachdem das Volk zu Gottes Einladung, sein „kostbares Eigentum", sein „Königreich von Priestern" und seine „heilige Nation" zu sein, Ja gesagt hat, weist Mose es an, sich darauf vorzubereiten, dem Gespräch beizuwohnen, in dem Gott seine Bundesanweisungen darlegen wird. Sie reinigen sich, nähern sich dem Berg und sehen mit

Ehrfurcht zu, wie Gottes Gegenwart mit Feuer, Blitz, Rauch und Hörnerschall herabsteigt:

> *Und das ganze Volk nahm den Donner wahr, die Flammen, den Hörnerschall und den rauchenden Berg. Als nun das Volk das wahrnahm, zitterten sie, blieben von ferne stehen und sagten zu Mose: Rede du mit uns, dann wollen wir hören! Aber Gott soll nicht mit uns reden, damit wir nicht sterben. Da sagte Mose zum Volk:* ***Fürchtet euch nicht! Denn nur um euch zu prüfen, ist Gott gekommen, und damit die Furcht vor ihm euch vor Augen sei, damit ihr nicht sündigt*** (2 Mose 20,18-20; Betonung vom Autor).

Auf den ersten Blick scheint der Befehl Moses ein Widerspruch in sich zu sein. Er sagt ihnen, sie sollten sich nicht fürchten, weil Gott wolle, dass sie seine Furcht vor Augen hätten. Aber hier sehen wir in einem Vers die beiden Arten von Furcht, die in der gesamten Heiligen Schrift einander gegenübergestellt werden: die Furcht vor Strafe, die uns dazu bringt, Abstand von uns selbst und von Gott zu nehmen, und die Gottesfurcht, die uns davon abhält zu sündigen, d. h. die Beziehung zu ihm, zu uns selbst und zu anderen zu verletzen. Die Furcht vor Strafe führt zum Bestrafungsparadigma, während die Gottesfurcht, die in Wirklichkeit eine Dimension der Liebe ist, hinter dem beziehungsbasierten Bundesparadigma Gottes steht.

Von Anfang an sehen wir, dass es Gott um die *Herzen* seines Volkes geht. Hier muss die grundlegende Veränderung geschehen, um sie aus ihrer alten Sklavenhaltung herauszuholen und in die Beziehungskultur zu bringen, die er mit ihnen etablieren will. Im Laufe der Geschichte sehen wir jedoch immer wieder, dass Gottes Volk diesen inneren Wechsel von der Furcht vor Strafe zur Gottesfurcht nicht vollzieht. Ihre Herzen ändern sich nicht. Fast unmittelbar nachdem sie Mose gesagt haben: *„Alles, was der HERR geredet hat, wollen wir tun und gehorchen"* (2 Mose 24,7), brechen sie die ersten beiden Gebote, die Gott ihnen gegeben hat, indem sie ein Götzenbild bauen und anbeten – der Anfang des Verhaltensmusters, das sich über Tausende von Jahren wiederholt.

Das Gespräch, das Gott mit Mose auf dem Berg führt, während die Israeliten unten sind und das goldene Kalb anbeten, offenbart die besondere Situation, in die Gott sich gebracht hat, indem er einen Bund mit einem Volk schloss, das diesen Bund immer wieder brechen würde. *„Weiter sagte der HERR zu Mose: Ich habe dieses Volk gesehen, und siehe, es ist ein halsstarriges Volk ...“* (2 Mose 32,9). Das Wort „halsstarrig“ bedeutet „hart“ oder „rau“ – es ist dasselbe Wort, das in 2. Mose schon früher verwendet wurde, um die „harte“ Arbeit zu beschreiben, der die Israeliten unterworfen waren, und das „harte“ Herz des Pharaos, als er Gott widerstand.[2] In der Konfrontation mit den zehn Plagen gab Gott dem Pharao mehrere Gelegenheiten zur Umkehr, aber jedes Mal verhärtete dieser sein Herz – bis Gott ihn schließlich dauerhaft diesem Zustand übergab[3]. Und nun deutet die Geschichte darauf hin, dass die Israeliten den gleichen Weg des Widerstandes gegen Gott einschlagen werden, der zu ihrer Zerstörung führt.

Doch Gott erlaubt Mose, der Israels Teil des Bundes repräsentiert, ihren Fall zu vertreten und ihn zu bitten, um seines Bundes mit Abraham, Isaak und Jakob willen mit ihnen in Beziehung zu bleiben. *„Da gereute den HERRN das Unheil, von dem er gesagt hatte, er werde es seinem Volk antun“* (2 Mose 32,14). Er verspricht jedoch, dass er sein Volk für seine Sünden zur Rechenschaft ziehen wird: *„Am Tag meiner Heimsuchung, da werde ich ihre Sünde an ihnen heimsuchen“* (2 Mose 32,34). Diese kombinierte Reaktion aus Barmherzigkeit und Gerechtigkeit zeigt, was Gott Mose später erklärt, als er ihn in einem Felsen versteckt und seinen Namen – die Beschreibung seines Wesens – im Vorübergehen bekanntmacht:

> *Und der HERR ging vor seinem Angesicht vorüber und rief: Jahwe, Jahwe, Gott, barmherzig und gnädig, langsam zum Zorn und reich an Gnade und Treue, der Gnade bewahrt an Tausenden von Generationen, der Schuld, Vergehen und Sünde vergibt, aber keineswegs ungestraft lässt, sondern die Schuld der Väter heimsucht*

---

[2] „H7186 - qasheh - Strong's Hebrew Lexicon (NIV).“ Blue Letter Bible. Abgerufen am 24. Juli 2019.
https://www.blueletterbible.org//lang/lexicon/lexicon.cfm?Strongs=H7186=NIV

[3] In 1. Mose 15, als Gott den Bund mit Abram schließt, spricht er in einem Traum zu Abram und sagt ihm, seine Nachkommen würden vierhundert Jahre lang versklavt und misshandelt werden, Gott werde aber die Nation, die sie versklavt hat, „strafen“ und sie herausführen. Er tut dies, indem er den Pharao seinem harten Herzen „übergibt“, als dieser sich weigert, Buße zu tun. Gott fixiert ihn in diesem unbußfertigen Zustand und lässt zu, dass er seine eigene Zerstörung herbeiführt.

an den Kindern und Kindeskindern, an der dritten und vierten Generation (2 Mose 34,6-7).

Diese Aussage bringt die grundlegende Spannung zum Ausdruck, mit der Gott als ein guter Gott umgehen muss, der treu darin ist, seinen Teil des Bundes einzuhalten und seine Bundespartner für ihren Teil zur Rechenschaft zu ziehen. Sein Herz gegenüber seinem Volk ist voller Liebe, Mitgefühl und Gnade. Aber wenn er sie nicht zur Rechenschaft zieht, wenn sie ihren Bund brechen, hört er selbst auf, ein treuer Bundespartner zu sein. Die Schuldigen zur Rechenschaft zu ziehen, ist ein Ausdruck der Bundesliebe. Und es gibt zwei Möglichkeiten, wie er auf die Schuldigen reagieren kann: Vergebung und Strafe.

Gott benutzt dieses Beziehungsdilemma mit Israel, um den Kern seines Dilemmas mit der gesamten Menschheit zu offenbaren. Seine Beziehung zu den Menschen war von Anfang an ein Bund – eine Partnerschaft mit Richtlinien, Verantwortlichkeiten und Segen. Er schuf die Menschen nach seinem Bild und ernannte uns zu Herrschern über die Schöpfung. Dadurch ist er dafür verantwortlich, dass er uns diese Autorität gegeben hat und dass er uns zur Rechenschaft ziehen muss, wenn wir sie missbrauchen. Wenn wir unsere Beziehung zu Gott, zu uns selbst und zu anderen durch Sünde verraten, laden wir eine geistliche Schuld auf uns, und es gibt nur einen Weg, wie diese Schuld beglichen werden kann. Entweder wir, die Person, die die Schuld auf sich genommen hat, müssen sie zurückzahlen, d. h. bestraft werden, oder Gott, die Person, der sie geschuldet wird, muss sie vergeben, d. h. die Zahlung selbst übernehmen. Gott ist in seiner Güte sowohl barmherzig als auch gerecht, weil er seine Verantwortung, uns in unserer Beziehung zu ihm zur Rechenschaft zu ziehen, nicht aufgibt. Sein Wesen verlangt, dass er etwas gegen unseren sündigen Verrat unternimmt – entweder dass er uns vergibt oder dass er uns bestraft.

An diesem Punkt wirft die Geschichte der Bibel einige wichtige Fragen auf. Erstens: Unter welchen Bedingungen kann Gott Sünden vergeben – was bedeutet eigentlich „die Übernahme der Zahlung"? Und zweitens, was ist Gottes Anliegen und Ziel im Umgang mit Sünde? Will er bestrafen oder vergeben? Welche Art von Beziehung möchte er zu seinem Volk haben?

Der Zweck des Bundesbuches – das wir normalerweise lediglich als eine lange Liste von Regeln ansehen – bestand darin, diese Fragen zu beantworten und Gottes Bundespartnern zu verstehen helfen, wie er sich vorstellte, dass die Dinge zwischen ihnen funktionieren sollten. Die allgemeine Botschaft der Gesetze, die Mose auf dem Berg empfing, lautete, dass der sündlose, heilige Gott eine treue, liebevolle Beziehung zu einem sündigen Volk wollte. Deshalb zeigt er ihnen auf, was Sünde ist (Gesetze zur moralischen Reinheit), stellt ihnen einen Möglichkeit zur Verfügung, um ihre Sünde durch Ersatzopfer zu sühnen, damit er ihnen vergeben kann (Opfergesetze), und führt ein Anbetungszentrum (Stiftshütte) und kulturelle Praktiken ein, die sie regelmäßig an seine Heiligkeit und das heilige Leben erinnern, zu dem er sie berufen hat (zeremonielle bzw. rituelle Reinheitsgesetze). All diese Unterweisungen (*Torah*) vermittelten die Botschaft, dass es Gottes feste Absicht war, in Beziehung zu seinem Volk zu leben. Er lud sie in eine Bundeskultur ein, in der sie die Möglichkeit hatten zu lernen, aufrecht vor ihm zu leben und wiederhergestellt zu werden, wenn sie gesündigt hatten, anstatt zerstört zu werden.

Trotz seines Ja zu Gottes Bundesangebot zeigt Israel jedoch immer wieder, dass es nicht das gleiche Ziel der Beziehung zu Gott hat. Es wird weiterhin seinem Ruf als „halsstarriges" Volk gerecht, das Gott dazu zwingt, seinem Namen als Sündenbestrafer gerecht zu werden. Allein in dieser ersten Generation kommt es mehrmals vor, dass sie sich beschweren, nicht gehorchen und rebellieren, was Gott dazu veranlasst, die Schuldigen und Unbußfertigen zu bestrafen. Schließlich sind sie aufgrund ihrer Weigerung, treu mit Gott zu leben, dazu verurteilt, in der Wüste umherzuwandern, bis sie sterben. Dann richtet Gott seine Aufmerksamkeit auf die nächste Generation und bietet dieser die Chance, aus dem Versagen ihrer Eltern zu lernen und sich dafür zu entscheiden, treu zu sein, wo diese es nicht waren.

Davids Nachkomme und der Neue Bund

Für die nächsten ein bis zwei Jahrtausende folgt Israel in seinem Bund mit Gott dem gleichen Muster. Josua übernimmt den Stab von Mose und führt eine treue Generation in das Gelobte Land. Nach seinem Tod verfällt das Volk dem Götzendienst und bricht seinen Bund, was, wie Gott es gewarnt hatte, in die Unterdrückung durch seine Feinde führt. Schließlich schreien sie zu Gott, und er gibt ihnen Richter, um das Volk zu befreien und es zur Bundestreue zurückzuführen, aber jedes Mal folgen auf Zeiten des Erfolgs Zeiten des Verrats.

Später ernennt Gott Könige, um Israel zu führen; der berühmteste unter ihnen ist David, der Mann „nach seinem Herzen" (1 Sam 13,14). Obwohl David ein paar der größten Schlamassel in der Bibel anrichtet, sticht er als einer hervor, dessen Herz *nicht* hart gegenüber Gott war. Im Gegensatz zu König Saul tut David Buße, als er mit seiner Sünde konfrontiert wird. Ja, er erlebt einige ziemlich verheerende Folgen seiner Sünde – sein erster Sohn mit Bathseba stirbt, und zwei seiner anderen Söhne, Amnon und Absalom, sterben später, nachdem sie in der Familie und in der Nation ein verheerendes Unheil angerichtet haben. Doch wird David nicht von seinem Posten entfernt und wie Saul später getötet. Anstatt ihn zu bestrafen, schließt Gott einen Bund mit ihm und verspricht, Davids Geschlecht zu festigen und einen Nachkommen aufstehen zu lassen, der für immer auf seinem Thron sitzen soll:

> *So verkündige ich dir nun, dass der HERR dir ein Haus bauen wird. Und es wird geschehen, wenn deine Tage erfüllt sind, sodass du zu deinen Vätern hingehst, dann werde ich deinen Nachkommen nach dir aufstehen lassen, der von deinen Söhnen sein wird, und werde seine Königsherrschaft festigen. Der wird mir ein Haus bauen; und ich werde seinen Thron festigen für ewig. Ich will ihm Vater sein, und er soll mir Sohn sein. Und ich will meine Gnade nicht von ihm weichen lassen, wie ich sie von dem habe weichen lassen, der vor dir war. Und ich will ihm Bestand geben in meinem Haus und in meiner Königsherrschaft auf ewig; und sein Thron soll fest stehen für ewig* (1 Chr 17,10-14).

Nach David übernimmt dessen Sohn Salomo den Thron und baut Gott später ein Haus – den Tempel – und lässt es kurze Zeit so aussehen, als könne er derjenige sein, der diese Verheißung erfüllt. Aber obwohl er derjenige ist, der das Buch der Sprüche schreibt und anerkennt: *„Die Furcht des HERRN ist der Weisheit Anfang"* (Spr 9,10), wird Salomos Herz durch seine fremden Frauen von der Liebe Gottes weggelockt, und er führt die Nation in den Götzendienst zurück. Von diesem Zeitpunkt an versagen die Könige Israels (mit wenigen

Ausnahmen) darin, das Volk in der Treue zu ihrem Bund zu leiten, und schließlich landet das Volk Gottes im Exil. Das Alte Testament endet damit, dass Gott einen Überrest in das Land zurückbringt, aber es scheint keine Garantie dafür zu geben, dass Israel seinen Bund nicht wieder bricht. Die letzten Worte des Alten Testaments sprechen davon, dass Gott einen Propheten schicken werde, um die Herzen der Generationen „umzukehren“ (vgl. Mal 3,24), aber zu diesem Zeitpunkt hat nichts, was wir in der Bibel sehen, zu einer dauerhafter Bundestreue in den Herzen des Volkes Gottes geführt.

Es ist sehr verlockend, das menschliche Versagen als das beherrschende Thema des Alten Testaments zu sehen. Jedes Mal, wenn Gott versucht, mit uns Menschen in einer Bundesbeziehung zu leben, fallen wir am Ende in die alte Versuchung, unsere eigenen Götter zu sein, verhärten unsere Herzen gegen ihn und bringen ihn in die Situation, mit unserem Vertrauensbruch fertig werden zu müssen. Aber Gott ist der Held der Bibel, nicht wir. Die Bibel ist die Geschichte seiner Bundestreue, nicht unseres Verrats. Er hat nie auch nur ein einziges Mal seine Liebe uns gegenüber abgeschaltet oder aufgehört, eine Beziehung zu uns zu suchen. In seiner Bundesgeschichte sehen wir eine fortschreitende Offenbarung dessen, wie er das Problem sieht und definiert, das uns von der Beziehung abhält, die er gerne mit uns hätte – und von der Lösung, die er für dieses Problem vorgesehen hat.

Zwei große Verheißungen des Alten Testaments weisen auf diese Lösung hin. Erstens erklärt Gott durch die Propheten Hesekiel und Jeremia, dass er mit seinem Volk einen Neuen Bund schließen will – einen Bund, in dem alle Sünden vergeben werden und in dem Gott ein neues Herz und einen neuen Geist in uns legt:

> *Siehe, Tage kommen, spricht der HERR, da schließe ich mit dem Haus Israel und mit dem Haus Juda einen Neuen Bund: nicht wie der Bund, den ich mit ihren Vätern geschlossen habe an dem Tag, als ich sie bei der Hand fasste, um sie aus dem Land Ägypten herauszuführen – diesen meinen Bund haben sie gebrochen, obwohl ich doch ihr Herr war, spricht der HERR. Sondern das ist der Bund, den ich mit dem Haus Israel nach jenen Tagen schließen werde, spricht der HERR: Ich werde mein Gesetz in ihr Inneres legen und werde es auf ihr Herz schreiben. Und ich werde ihr Gott sein, und sie werden mein Volk sein. Dann wird nicht mehr einer*

> *seinen Nächsten oder einer seinen Bruder lehren und sagen: Erkennt den HERRN! Denn sie alle werden mich erkennen von ihrem Kleinsten bis zu ihrem Größten, spricht der HERR. Denn ich werde ihre Schuld vergeben und an ihre Sünde nicht mehr denken* (Jer 31,31-34).
>
> *Und ich werde euch ein neues Herz geben und einen neuen Geist in euer Inneres geben; und ich werde das steinerne Herz aus eurem Fleisch wegnehmen und euch ein fleischernes Herz geben. Und ich werde meinen Geist in euer Inneres geben; und ich werde machen, dass ihr in meinen Ordnungen lebt und meine Rechtsbestimmungen bewahrt und tut* (Hes 36,26-27).

Was daraus folgt, ist klar: Das Problem mit dem Alten Bund lag an den Herzen der Menschen. Ein Herz aus Fleisch – ein Herz, das mit dem Geist des Lebens verbunden ist – ist weich, ansprechbar, vertrauensvoll und bereit zuzuhören. Ein Herz aus Stein dagegen widersteht der Verbindung mit dem Geist. Es wird von anderen Stimmen verführt, getäuscht und eingeschüchtert und schottet sich ab. Ein hartes Herz ist das, was uns in der unheiligen Furcht und Selbsterhaltung des Bestrafungsparadigmas, welches die Matrix der Sünde ist, gefangen hält. Gott, der der einzige rechtmäßige Bestrafer der Sünde im Universum ist und der sie bestraft, weil er dem Bund verpflichtet ist, ist nicht daran interessiert, die sündige Menschheit in einem Zustand zu halten, in dem sie fortwährend Bestrafung verdient. Er beabsichtigt, ein für alle Mal das Sündenproblem und damit das Problem der Bestrafung zu lösen.

Die zweite Verheißung ist, dass der Messias, der wahre Sohn Davids, kommen wird, um das Volk Gottes zu retten und es in Bundestreue zu leiten. Im Gegensatz zu Salomo, der den Bund und die Furcht vor dem Herrn aufgab, wird dieser treue König im Geist wandeln und sich an der Furcht des Herrn erfreuen:

> *Und ein Spross wird hervorgehen aus dem Stumpf Isais, und ein Schössling aus seinen Wurzeln wird Frucht bringen. Und auf ihm wird ruhen der Geist des HERRN, der Geist der Weisheit und des Verstandes, der Geist des Rates und der Kraft, der Geist der Erkenntnis und Furcht des HERRN; und er wird sein Wohlgefallen haben an der Furcht des HERRN* (Jes 11,1-3a).

Jesaja sagte später voraus, dass dieser König auch der leidende Knecht sein würde, der die Sünden des Volkes wegnehmen würde:

> *Jedoch unsere Leiden – er hat sie getragen, und unsere Schmerzen – er hat sie auf sich geladen. Wir aber, wir hielten ihn für bestraft, von Gott geschlagen und niedergebeugt. Doch er war durchbohrt um unserer Vergehen willen, zerschlagen um unserer Sünden willen. Die Strafe lag auf ihm zu unserm Frieden, und durch seine Striemen ist uns Heilung geworden. Wir alle irrten umher wie Schafe, wir wandten uns jeder auf seinen eigenen Weg; aber der HERR ließ ihn treffen unser aller Schuld* (Jes 53,4-6).

Im nächsten Kapitel werden wir uns damit befassen, wie Jesus diese großartigen Verheißungen erfüllte und Gottes epische Lösung für das Problem herbeiführte, das uns dran hindert, in ununterbrochener Verbindung mit ihm zu leben.

Kapitel 5

Der Neue Bund

Dass Gott in der Geschichte immer wieder Bünde mit den Menschen eingeht, kommt auf atemberaubende Weise zu ihrem Höhepunkt. Getreu den Prophetien, die er durch Hesekiel und Jeremia ausgesprochen hat, schließt Gott einen *Neuen Bund*, und das Wichtigste und Dramatischste dabei ist, mit *wem* er diesen Bund schließt. Beide dieser Prophetien weisen auf die Ankunft eines neuen Menschengeschlechts auf dem Planeten hin – Menschen, die den Herrn kennen, sein Gesetz in ihre Herzen geschrieben haben, Herzen aus Fleisch und nicht aus Stein haben und den Geist Gottes in sich tragen. Diese Menschheit 2.0 wird entstehen, weil Gott wahrmacht, was er in Jeremia 31,34 gesagt hat: *„Denn ich werde ihre Schuld vergeben und an ihre Sünde nicht mehr denken."* Er wird also eine Beziehung herbeiführen, in der die Sünde und ihre Folgen – die Bestrafung – durch seine Vergebung für immer ausgelöscht worden sind. In diesem Neuen Bund wird die Vergebung die Tür zu unserer völligen Verwandlung öffnen und uns für immer aus dem Bestrafungsparadigma herausführen.

Das zentrale Thema des Neuen Testaments ist, dass dieses neue Menschengeschlecht mit der Geburt Jesu Christi auf der Erde ankam. Er ist der Zweite und Letzte Adam (vgl. 1 Kor 15,45), *„... das Bild des unsichtbaren Gottes, der Erstgeborene aller Schöpfung"* (Kol 1,15). Das große Geheimnis seiner Identität besteht darin, dass er sowohl ganz Mensch als auch ganz Gott ist, was bedeutet, dass wir in ihm nicht nur sehen, wozu wir geschaffen wurden, sondern auch, wer Gott wirklich ist. Wir sehen den treuen Menschensohn, der unsere menschliche Seite des Bundes mit Gott vollkommen erfüllt und nicht nur die Buchstaben des Gesetzes, sondern auch dessen Absicht auslebt, die Beziehung zu Gott, sich selbst und anderen zu ehren und zu schützen. Wir sehen auch den treuen Gottessohn, der uns das Herz des Vaters vollkommen offenbart und die Bundespartnerschaft aufzeigt, die Gott sich von Anfang an mit uns gewünscht hat. Durch Jesus wird ein Bund möglich, den es noch nie gegeben hat – ein Bund zwischen dem Vater und dem Sohn und zwischen dem Vater und dem neuen Menschengeschlecht, das *im* Sohn ist.

Ein neue Weise, mit Sündern umzugehen

Indem er den Vater offenbarte, konfrontierte und entlarvte Jesus systematisch die falschen Vorstellungen der Menschheit von Gott – insbesondere die Vorstellung von Gott als einem Bestrafer, der das menschliche Bestrafungsparadigma befürwortet – und enthüllte gleichzeitig seinen Plan, das Bestrafungsparadigma durch die Vergebung der Sünden zu beseitigen. Anstatt sich zum Beispiel an den traditionellen gesellschaftlichen Bestrafungen der damaligen Zeit für Sünder, Zöllner, ethnisch Unreine und andere, die als „unrein“ oder „Außenseiter“ galten – die alle aus religiösen Gründen in der Kultur gerechtfertigt waren – zu beteiligen, hieß er diese willkommen, aß mit ihnen und zählte sie zu seinen Anhängern. Er tadelte seine Jünger, als sie vorschlugen, er könnte doch „Feuer auf ein Samariterdorf herabrufen“, das ihn nicht willkommen hieß (vgl. Lk 9,52-56). Und in einer der sicherlich dramatischsten Szenen des Neuen Testaments weigerte er sich, an der Bestrafung teilzunehmen, als eine Gruppe von Pharisäern eine Frau zu ihm brachten, die beim Ehebruch ertappt worden war:

> *Jesus aber ging zum Ölberg. Früh am Morgen war Jesus wieder im Tempel. Das ganze Volk versammelte sich um ihn, und er setzte sich und begann zu lehren. Da kamen die Schriftgelehrten und die Pharisäer mit einer Frau, die beim Ehebruch ertappt worden war. Sie stellten sie in die Mitte, sodass jeder sie sehen konnte. Dann wandten sie sich an Jesus. „Meister“, sagten sie, „diese Frau ist eine Ehebrecherin; sie ist auf frischer Tat ertappt worden. Mose hat uns im Gesetz befohlen, solche Frauen zu steinigen. Was sagst du dazu?“ Mit dieser Frage wollten sie Jesus eine Falle stellen, um dann Anklage gegen ihn erheben zu können. Aber Jesus beugte*

> *sich vor und schrieb mit dem Finger auf die Erde. Als sie jedoch darauf bestanden, auf ihre Frage eine Antwort zu bekommen, richtete er sich auf und sagte zu ihnen: „Wer von euch ohne Sünde ist, der soll den ersten Stein auf sie werfen." Dann beugte er sich wieder vor und schrieb auf die Erde. Von seinen Worten getroffen, verließ einer nach dem anderen den Platz; die ältesten unter ihnen gingen als Erste. Zuletzt war Jesus allein mit der Frau, die immer noch da stand, wo ihre Ankläger sie hingestellt hatten. Er richtete sich auf. „Wo sind sie geblieben?", fragte er die Frau. „Hat dich keiner verurteilt?" – „Nein, Herr, keiner", antwortete sie. Da sagte Jesus: „Ich verurteile dich auch nicht; du darfst gehen. Sündige von jetzt an nicht mehr"* (Joh 8,2-11).

Hier sehen wir eine Sünderin, ihre „Bestrafer", die ebenfalls Sünder sind, und den sündlosen Sohn Gottes, der allein das wahre Recht hat, Sünde zu bestrafen und die Sünder zur Rechenschaft zu ziehen. In einem Satz entmachtet Jesus die Bestrafer vollständig, indem er sie daran erinnert, dass sie in Wirklichkeit auf der gleichen Stufe stehen wie die Sünderin, die sie bestrafen wollen. Im nächsten Satz sagt Jesus zu dieser Sünderin: „Ich bin auch nicht dein Bestrafer." Nachdem er festgestellt hat, dass keine Bestrafer in Sicht sind, entlässt er die Sünderin in ein Leben der Freiheit von Sünde. Die Botschaft war klar. Als die Pharisäer sagten: „Mose hat uns gesagt, dass wir so mit Sündern umgehen sollen", antwortete Jesus: „Wir machen es nicht mehr so. Ich führe ein neues Paradigma ein, in dem Sünder nicht bestraft werden, sondern einen Ausweg aus ihrem sündigen Lebensstil angeboten bekommen."

Was war dieses neue Paradigma, und wie hat Jesus es eingeführt, der ja nicht gekommen war, um das, was Mose und die Propheten geschrieben hatten, abzuschaffen, sondern um es zu erfüllen?

Vergebung erfordert ein Opfer

Gott sagte Mose, er reagiere auf Sünde auf zwei Arten: *„... der Schuld, Vergehen und Sünde vergibt, aber [die Schuldigen] keineswegs ungestraft lässt ..."* (2 Mose 34,7). Seine erste und wichtigste Handlung gegenüber der Sünde ist, dass er sie als Ausdruck der Liebe und Treue des Bundes vergibt – auf diese Weise bleibt er mit sündigen Menschen in Beziehung. Aber das bedeutet nicht, dass er Menschen einfach so davonkommen lässt. Was die Realität der Sünde und ihre Bestrafung angeht, muss etwas getan werden. Das ist kein Widerspruch in Gottes Charakter, sondern eine Einladung, die Sünde, die Bestrafung und das, was erforderlich ist, damit Gott die Sünde vergibt, zu verstehen.

Das hebräische Wort für „verzeihen" – *nasa'* – weist uns darauf hin, wie Vergebung funktioniert. Es bedeutet „heben, ertragen, tragen, nehmen".[1] Wenn Gott uns vergibt, hebt er die Last unserer Sünde hoch und trägt sie fort. Dr. Tim Mackie erklärt:

> „*Avon* (Sünde bzw. Ungerechtigkeit) tragen" ist die gebräuchliche hebräische Redewendung für Gottes Vergebung. Wie in Psalm 32, wo der Dichter sagt: „Ich verbarg mein *Avon nicht*, sondern bekannte es, und du trugst das *Avon* meiner Sünde". Das ist eigentlich schockierend, wenn man darüber nachdenkt. Gott vergibt den Menschen, indem er die Verantwortung für ihr *Avon* übernimmt.[2]

Wir hatten schon gesehen, das *Avon* sowohl die Sünde als auch ihre Bestrafung umfasst. Die Vorstellung, dass Gott unser *Avon* trägt, bedeutet, dass er die Strafe für die Sünde auf sich nimmt. Das ist es, was es für ihn bedeutet zu vergeben – eine Realität, die durch das Opfersystem Israels seit Jahrhunderten symbolisiert wird. Zusätzlich zu den Opfern, die Menschen für ihre eigenen Sünden brachten, opferten die Priester jedes Jahr am Versöhnungstag zwei Ziegen als Opfer für die Sünden der ganzen Nation. Die eine Ziege wurde geschlachtet, und ihr Blut wurde auf den Deckel (den „Gnadenthron" oder „Versöhnungsdeckel") der Bundeslade gesprenkelt. Die andere Ziege wurde zum Sündenbock – diejenige, auf die der Hohepriester seine Hände legte, um die Sünden der Nation zu übertragen, und die er dann in die Wüste schickte, um die Sünden wegzutragen. Zusammen erzeugten die beiden Ziegen das Bild, dass Gott die Sünde seines Volkes durch ein Blutopfer (Leben) bedeckte und von ihnen wegtrug – d. h. er trennte sie nicht nur von ihrem Schlamassel, sondern brachte ihn auch in Ordnung.

---

[1] https://www.blueletterbible.org/lang/lexicon/lexicon.cfm?Strongs=H5375=NIV

[2] „Avon", Das Bibelprojekt, https://www.youtube.com/watch?v=w1zkwkI9oAwist=PLH0Szn1yYNecl OdfwWBawnNT5ZkGFHxBfndex=14=182s.

Dieses System war jedoch vorläufig – das Leben eines Tieres konnte die Sünde der Menschen nie vollständig sühnen, sondern erinnerte die Menschen nur daran, dass Gott Barmherzigkeit zeigte, weil er einen Plan hatte, ihre Sünden in der Zukunft mit anderen Mitteln zu bedecken und fortzutragen. Als der Fall der Königreiche Juda und Israel näherkam, bei dem der erste Tempel und sein Opfersystem zerstört wurden, offenbarte Gott, dass er einen „gerechten Knecht" als „Sündenopfer" schicken würde:

> *Er war verachtet und von den Menschen verlassen, ein Mann der Schmerzen und mit Leiden vertraut, wie einer, vor dem man das Gesicht verbirgt. Er war verachtet, und wir haben ihn nicht geachtet. Jedoch unsere Leiden – er hat sie getragen, und unsere Schmerzen – er hat sie auf sich geladen. Wir aber, wir hielten ihn für bestraft, von Gott geschlagen und niedergebeugt. Doch er war durchbohrt um unserer Vergehen willen, zerschlagen um unserer Sünden willen. Die Strafe lag auf ihm zu unserm Frieden, und durch seine Striemen ist uns Heilung geworden. Wir alle irrten umher wie Schafe, wir wandten uns jeder auf seinen eigenen Weg; aber der HERR ließ ihn treffen unser aller Schuld. Er wurde misshandelt, aber er beugte sich und tat seinen Mund nicht auf wie das Lamm, das zur Schlachtung geführt wird und wie ein Schaf, das stumm ist vor seinen Scherern; und er tat seinen Mund nicht auf. Aus Bedrängnis und Gericht wurde er hinweggenommen. Und wer wird über seine Generation nachsinnen? Denn er wurde abgeschnitten vom Lande der Lebendigen. Wegen des Vergehens seines Volkes hat ihn Strafe getroffen. Und man gab ihm bei Gottlosen sein Grab, aber bei einem Reichen ist er gewesen in seinem Tod, weil er kein Unrecht begangen hat und kein Trug in seinem Mund gewesen ist. Doch dem HERRN gefiel es, ihn zu zerschlagen. Er hat ihn leiden lassen. Wenn er sein Leben als Schuldopfer eingesetzt hat, wird er Nachkommen sehen, er wird seine Tage verlängern. Und was dem HERRN gefällt, wird durch seine Hand gelingen. Um der Mühsal seiner Seele willen wird er Frucht sehen, er wird sich sättigen. Durch seine Erkenntnis wird der Gerechte, mein Knecht, den Vielen zur Gerechtigkeit verhelfen, und ihre Sünden wird er sich selbst aufladen. Darum werde ich ihm Anteil geben unter den Großen, und mit Gewaltigen wird er die Beute*

teilen: dafür, dass er seine Seele ausgeschüttet hat in den Tod und sich zu den Verbrechern zählen ließ. Er aber hat die Sünde vieler getragen und für die Verbrecher Fürbitte getan (Jesaja 53,3-12).

Jesajas Worte beschreiben, wie dieser „gerechte Knecht" die Last der Sünde bedecken und wegtragen wird, und bringen die Nuancen der Bestrafung der Sünde zum Vorschein. Dieser Knecht wird nicht einfach getötet werden – er wird Schmerz, Leid, Durchbohren, Zerschlagen und Wunden ertragen. Die Sünde bringt den Zerfall von Geist, Seele, Körper und Beziehungen mit sich. Ihre Bestrafung ist das Zerbrechen und der Verlust von *Shalom* – der ganzheitlichen Beziehung zu Gott, uns selbst, einander und der Erde, auf der wir leben und gedeihen sollen. Die Erfahrung dieses Zerfalls und dieser Zerbrochenheit in uns und um uns herum ist nichts weniger als schmerzhaft, furchterregend, quälend und erdrückend, und es ist diese Erfahrung, die dieser Diener für uns auf sich nehmen wird – bis hin zu seiner eigenen Zerstörung.

Die größere Offenbarung, die Jesus enthüllte, war, dass er, der verheißene Diener, in Wirklichkeit Gott selbst war, im Fleisch gekommen. Eines der Dinge, die die Zuhörer Jesu während seines Dienstes am meisten schockierten, war seine Unverfrorenheit, den Menschen zu sagen: „Deine Sünden sind dir vergeben." Die Gesetzeslehrer, die ihn dies sagen hörten, wussten, dass er damit behauptete, Gott gleichgestellt zu sein. Andererseits waren die Jünger Jesu, die davon überzeugt waren, dass er der Sohn Gottes *war*, ebenso schockiert – und am Boden zerstört – als er sich bereitwillig verraten, verhaften, misshandeln, schlagen, durchbohren, verspotten, geißeln, zerschlagen und auf einem der schrecklichsten und schändlichsten menschlichen Folterinstrumente hinrichten ließ. Es dauerte Jahre, bis sie endlich begannen, diese Zusammenhänge zu verstehen – dass Jesus, als er jemandem sagte, seine Sünden seien vergeben, dies in dem Wissen getan hatte, dass er in Kürze das versprochene „Sündopfer" werden würde, das es Gott ermöglichen würde, die Sünde der Menschheit ein für alle Mal vollständig und endgültig zu vergeben. Gott, der Sohn, hatte mit Gott, dem Vater, zusammengearbeitet, um ihren Plan auszuführen, Sünde, Strafe und Tod zu besiegen und abzuschaffen und uns aus dem Reich der Finsternis zu befreien und in das Reich des Sohnes zu versetzen.

Wer hat Jesus bestraft?

Es sind viele Bücher geschrieben worden, die die Bedeutung von Christi Leiden und Tod erklären und aufzeigen, dass sein Opfer den Zorn Gottes gegenüber der Sünde befriedigt hat. Dieses Thema wirft uralte Fragen auf: Klingt der Gedanke, dass der Vater Jesus bestraft, nicht wie göttlicher Kindesmissbrauch? Warum sollte ein liebender Gott seinen eigenen Sohn töten? Wenn Gott so liebevoll ist, warum ist er dann so voller Zorn? Verdammt er wirklich Menschen zur ewigen Strafe in der Hölle?

Bevor wir uns mit diesen Fragen befassen und mit dem, was durch die Kreuzigung auf der göttlichen Ebene geschah, ist es wichtig, die menschliche Ebene zu beachten. Die Geschichte, die wir in den Evangelien lesen, macht zwei Dinge vollkommen klar: Erstens, es waren Menschen, die Jesus bestraften und töteten, und zweitens, er ließ es freiwillig geschehen. Konkret waren es die religiösen Führer der damaligen Zeit – die Hüter des alten Bundes –, welche die Bestrafung Jesu geplant und angestiftet haben. Warum haben diejenigen, die fleißig das Gesetz und die Propheten studierten und am bereitwilligsten den verheißenen Messias hätten empfangen sollen, ihn schließlich abgelehnt und gekreuzigt? Jesus selbst hat uns gesagt, warum. Er wusste genau, wer seine Hinrichtung planen würde und aus welchem Grund, und er sagte es ihnen mutig ins Gesicht.

Zwei der Gleichnisse Jesu zeigen auf, warum die religiösen Führer sich von Jesus so bedroht und erzürnt fühlten, dass sie beschlossen, ihn wegzuschaffen. Das erste ist sein Gleichnis über den Besitzer eines Weinbergs, der einen Knecht nach dem anderen schickte, um die Ernte seines Landes einzusammeln. Jedes Mal schlugen die Pächter, die das Land bearbeiteten, die Knechte und schickten sie mit leeren Händen weg. Schließlich schickte der Besitzer seinen Sohn zu den Pächtern, in der Hoffnung, dass sie ihm endlich Respekt entgegenbringen würden. *„Doch als die Pächter den Sohn sahen, sagten sie zueinander: ‚Das ist der Erbe. Kommt, wir bringen ihn um, dann gehört das Erbe uns!' Und sie packten ihn, stießen ihn zum Weinberg hinaus und brachten ihn um"* (Mt 21,38-39).

Die Symbolik war den Zuhörern Jesu klar: Er war der Sohn, und die religiösen Führer waren die rebellischen Pächter, die ihn töten wollten. *„Als die führenden Priester und die Pharisäer diese Gleichnisse* *hörten, war ihnen klar, dass sie damit gemeint waren"* (Mt 21,45). Und was war das „Erbe" des Sohnes? Es war seine geistliche Autorität und Macht. Dies war das Erbe, das der Feind Adam und Eva im Garten erfolgreich gestohlen hatte, indem er sie davon überzeugte, sie könnten Götter sein ohne Gott. Es war das Erbe, das er dann erfolglos versuchte, dem Letzten Adam in der Wüste zu stehlen, indem er ihm die Reiche der Erde zeigte und sagte: *„Alle diese Macht und Herrlichkeit will ich dir geben. Denn mir ist das alles übergeben, und ich gebe es, wem ich will. Du brauchst mich nur anzubeten, und alles gehört dir"* (Lk 4,6-7). Als diese Versuchung scheiterte, wandte sich der Feind anderen Mitteln zu, um Jesu Bedrohung seiner Autorität entgegenzutreten – Menschen, die er verführt hatte zu glauben, *sie* hätten geistliche Autorität. Allein Jesus sah klar, was sich hinter der Selbstgerechtigkeit der religiösen Führer verbarg – *„Ihr stammt vom Teufel; der ist euer Vater. Und was euer Vater wünscht, das führt ihr bereitwillig aus"* (Joh 8,44a).

Das zweite Gleichnis – das Gleichnis vom verlorenen Sohn – wirft ebenfalls ein Schlaglicht auf die Täuschung der religiösen Führer, was ihre geistliche Autorität anging und wie sie dadurch seine Mission als Messias nicht nur nicht erkannten, sondern sich ihr auch widersetzten. Vor einem gemischten Publikum aus zwei Gruppen – „Zöllnern und Sündern" und „Pharisäern und Gesetzeslehrern" (Lk 15,1-2) – erzählte Jesus die Geschichte von den zwei Söhnen. Beide Söhne wollten ihr Erbe von ihrem Vater haben, versuchten aber auf unterschiedliche Weise, es zu bekommen. Der jüngere Sohn sagte dem Vater im Grunde: „Ich wünschte, du wärst jetzt tot", forderte sein Erbe, verließ das Land und vergeudete es. Der Ältere arbeitete im Stillen auf dem Nachlass des Vaters und sagte schweigend: „Ich werde mich unauffällig verhalten und darauf warten, dass du stirbst, damit ich erben kann." Schließlich tat der jüngere Sohn Buße und beschloss, nach Hause zum Vater zu kommen. Als der ältere Sohn hörte, dass der Vater seinen jüngeren Bruder rehabilitiert hatte und seine Rückkehr feierte, zeigte er sein wahres Gesicht. Die Maske des guten, treuen Sohnes fiel ab und enthüllte einen zornigen Sohn, der zutiefst beleidigt war, dass sein Vater seinem rebellischen jüngeren Bruder vergeben und ihm Zugang zur Familie und zum Erbe gewährt hatte. Er beleidigte den Vater ins Gesicht hinein, weil dieser Barmherzigkeit gezeigt hatte, und gab mehr oder weniger zu, dass alles, was er für den

Vater tat, dadurch motiviert war, dass er bekam, was ihm als „rechtschaffenem“ Sohn zustand.

Die Botschaft Jesu war kühn, aber klar. Sünder und Pharisäer sind beide Söhne des Vaters mit demselben Problem. Sie sind beide vom Vater getrennt und von dem Ziel der Selbsterhaltung getrieben. Beide benutzen den Vater, um von ihm zu bekommen, was sie wollen, und beide wollen ihn im innersten Herzen *tot* und aus dem Weg haben, damit sie tun können, was ihnen beliebt. Weil sie dasselbe Problem haben, brauchen sie dieselbe Lösung: Buße und Versöhnung mit dem Vater. Das Beispiel des jüngeren Bruders in der Geschichte zeigt die Verheißung Jesu auf, dass sie, wenn sie diese Lösung wählen, im Herzen des Vaters keine Bestrafung finden werden – nur seine Freude am Vergeben und an der Wiederherstellung der Beziehung zu ihnen. Aber Jesus beendet dieses Gleichnis so, dass die Pharisäer mit der spannenden Frage konfrontiert sind: „Euer Problem ist, dass ihr kein Problem habt … aber ihr habt eins. Was werdet ihr also tun? Werdet ihr zugeben, dass ihr genauso weit weg von Gott und eigennützig seid wie diese Zöllner und Sünder, sodass ihr in Zukunft eine Verbindung mit dem Vater anstrebt? Werdet auch ihr umkehren?“

Natürlich sind es nicht die reuigen Sünder, sondern die unbußfertigen, selbstgerechten, richtenden und bestrafenden religiösen Führer, die am Ende Jesus hinrichten. Sie wollen ihr Bestrafungsparadigma nicht aufgeben. Sie lassen nicht zu, dass der Sohn die Matrix ihrer Macht betritt und anfängt, die Regeln zu ändern – indem er nicht nur den Sündern, sondern auch ihnen Vergebung und Versöhnung anbietet und damit entlarvt, dass sie keine moralisch überlegenen Richter sind, die die Autorität haben, Gott zu spielen, sondern dass sie stattdessen Buße tun und Barmherzigkeit empfangen und schließlich auf ihr Recht, zu richten und zu bestrafen, verzichten müssen. Sie erkannten zu Recht, dass das Kommen seines Reiches, des Reiches der Buße, der Vergebung und der Versöhnung zwischen Gott und Mensch, das Ende ihrer Herrschaft bedeutete. Sie bestraften und töteten Jesus als allerletzten Versuch – angezettelt und ermächtigt vom Feind, der sie getäuscht hatte – ihn zu zwingen, sich ihrer falschen geistlichen Autorität und ihrem gestohlenen Königreich zu unterwerfen.

Die Kreuzigung Jesu war in der Tat der Höhepunkt der Rebellion, die im Garten begonnen hatte, der extremste Versuch, den wir Menschen als getäuschte Marionetten des Feindes unternehmen konnten, um Gott endgültig zu stürzen und ohne ihn unser eigenes Reich der Finsternis auf der Erde zu errichten. Es war das Ausrufezeichen des Bestrafungsparadigmas – die destruktive Entfesselung all unserer Angst vor Strafe im endgültigen Akt der Selbsterhaltung, um uns endlich von Gott loszulösen. Denn, wie wir schon gesehen haben, ist unsere Sucht nach Bestrafung Ausdruck unserer Sucht danach, unsere eigenen Götter zu sein, und das ist die Knechtschaft der Sünde. Bestrafung ist die verlogene Macht des Feindes, die wir als Sklaven seines Reiches ausüben. Einen größeren Schachzug hätte es nicht geben können, den wir mit dieser Macht hätten anstellen können, als den, Gott selbst zu bestrafen.

Aber auch dies war für Jesus keine Überraschung. Tatsächlich kam er auf die Erde, um unsere Rebellion zum Gipfel zu führen, als wolle er sagen: „Ihr wollt eure eigenen Götter sein? Wollt ihr meinen Tod? Nun, ich komme leibhaftig zu euch, damit ihr das endlich durchziehen könnt. Lasst all euren Zorn, eure Bitterkeit, Beleidigung, euer Verurteilen, euren Schmerz und eure Angst an mir aus! Tötet mich!" Was Jesu Bestrafer jedoch nicht sehen konnten, war, dass er, indem er „unsere Strafe auf sich nahm" (was nicht nur bedeutet, „an unserer Stelle bestraft zu werden", sondern auch, „uns zu erlauben, ihn zu bestrafen"), alles untergraben würde, was das Bestrafungsparadigma am Leben erhielt. Jesus war weder ein von Scham erfülltes Opfer noch ein wütender Rächer. Er hatte absolut keine Angst vor Bestrafung in sich. Er machte keine Anstalten, irgendjemanden zu kontrollieren oder zu manipulieren. Und sein Ziel war offensichtlich nicht die Selbsterhaltung, da er den äußersten Akt der Selbstaufopferung beging, um unsere Sünde zu beseitigen und das Ziel einer neuen Verbundenheit mit uns zu verfolgen.

Keine Trennung

Der Glaube, die Motive, das Verhalten und das Ziel Jesu standen dem Bestrafungsparadigma in jeder Hinsicht entgegen, denn weder er noch der Vater oder der Geist handeln auf Grundlage dieses Paradigmas. Sobald wir dies verstehen, wird die Vorstellung absurd, der Vater habe seinen Sohn am Kreuz bestraft. Obwohl wir ihn *„für bestraft, von Gott geschlagen und niedergebeugt"* (Jes 53,4) hielten, arbeiteten

Vater, Sohn und Geist in Wirklichkeit zusammen, um sowohl unsere Sünde als auch deren Bestrafung auf sich zu nehmen und sie von uns „wegzutragen“. Und sie konnten dies tun, weil das Paradigma, aus dem heraus sie handeln – das Paradigma der Liebe – stärker ist als Sünde und Strafe.

Viele Menschen interpretieren Jesu Zitat aus Psalm 22 am Kreuz – „Mein Gott, mein Gott, warum hast du mich verlassen?“ – so, als hätte der Vater sein Gesicht abgewendet und seinen Sohn dem Leiden und Tod überlassen. Sie glauben, Jesus habe zugelassen, dass unsere Sünde ihn vom Vater trennte, wie sie uns von ihm getrennt hat. Aber die Sünde trennt uns nicht von Gott in der Weise, wie wir normalerweise denken. Wenn wir sündigen, wendet Gott sein Angesicht nicht von uns ab, aber weil wir von der Sünde getäuscht sind, stellen wir uns vor, dass er es tut. Diese mutmaßliche Ablehnung und Bestrafung erzeugt die Furcht vor Strafe, die uns dazu bringt, vor Gott zu fliehen und uns vor ihm zu verstecken, wie Adam und Eva es im Garten taten. Die Trennung von Gott ist die falsche Realität, der wir am Ende verfallen, wenn wir den Lügen und Anschuldigungen des Feindes über Gott und uns selbst Glauben schenken.

Am Kreuz ließ Jesus zu, dass er sich in unsere von der Sünde verzerrte Sicht des Vaters begab, um unsere panische Angst und unsere Scham zu spüren, sodass er endlich diesen Alptraum als das entlarven konnte, was er war – eine völlige Lüge – und die Wahrheit als das, was sie ist: dass uns nichts von der Liebe Gottes trennen kann. Als Jesus sich dem Tod ergab, unterwarf er sich nicht der Bestrafung seines Vaters, sondern der unseren, während er darauf vertraute, dass der Vater ihn durch die Tortur des Todes hindurch und wieder ins Leben zurückbringen würde. Anders als Adam und Eva im Garten vertraute er bis zum Ende voll und ganz auf die Güte seines Vaters, und sein Glaube wurde belohnt. Der Vater holte ihn aus dem Grab. Und durch Jesu Akt des Opfertodes und den Akt des Vaters, der ihn wieder zum Leben erweckte, ratifizierten und vollendeten sie gemeinsam den Neuen Bund und legten dabei die Bedingungen dieser Beziehung fest und wie wir in sie eintreten können. Wir folgen einfach den Fußstapfen Jesu, der uns den Weg des Vertrauens vorausgegangen ist, und glauben, dass er ein für alle Mal das Opfer für Sünde und Strafe war, das Gott in die Lage versetzt, uns freie und volle Vergebung zu gewähren und uns wieder in eine lebendige Beziehung zu ihm zu bringen.

Bevor wir uns jedoch mit der unglaublichen Realität des Lebens in diesem Neuen Bund befassen, ist es wichtig, die Frage des Zorns und der ewigen Strafe – die Hölle – anzusprechen. Jesus kam, um der Sünde und der Strafe ein Ende zu setzen, aber er sprach auch mehr als jeder andere in der Bibel von der Hölle. Warum? Weil er wollte, dass wir verstehen, wo wir landen, wenn wir Gottes zahlreiche freundliche Angebote, Buße zu tun, zu vergeben und uns mit ihm zu versöhnen, ablehnen. Wie der Pharao und wie die Israeliten, die in der Wüste starben, können wir uns dafür entscheiden, unsere Herzen immer wieder vor Gott zu verhärten, und der letztendliche Ausdruck seines Zorns besteht darin, uns schließlich unserem selbstgewählten Zustand zu „überlassen" (vgl. Röm 1,24.26). Das Einzige, was uns am Ende von seiner Liebe trennen kann, ist, dass wir selbst diese Trennung willentlich wählen. Und wenn wir das bis in die Ewigkeit wählen, enden wir in der ewigen Strafe – der Hölle.

Tim Keller fasst die Realität der Hölle und wie wir dort landen kurz und bündig zusammen:

> [Hölle] ist einfach, wenn jemand sich freiwillig für immer für eine Identität ohne Gott entscheidet. Wir sehen diesen Prozess „im Kleinformat" in der Abhängigkeit von Drogen, Alkohol, vom Glücksspiel oder von Pornographie. Zuerst findet ein Zerfall statt, da man mit der Zeit immer mehr von der süchtig machenden Substanz braucht, um den gleichen Kick zu bekommen, was zu immer weniger Befriedigung führt. Zweitens gibt es die Isolation, da man zunehmend anderen und den Umständen die Schuld gibt, um sein Verhalten zu rechtfertigen. „Keiner versteht mich! Alle sind gegen mich!" wird in immer größerem Selbstmitleid und immer größerer Selbstbezogenheit gemurmelt. Wenn wir unser Leben auf etwas anderes als auf Gott aufbauen, dann wird diese Sache – selbst wenn es eine gute Sache ist – zu einer versklavenden Sucht, etwas, das wir haben *müssen,* um glücklich zu sein. Persönlicher Zerfall geschieht in einem immer größeren Maß. In der Ewigkeit dauert dieser Zerfall ewig an. Es gibt eine zunehmende Isolierung, Leugnung, Verblendung und Selbstbezogenheit. Verliert man jegliche Demut, dann verliert man den Bezug zur Realität. Niemand bittet jemals darum, die Hölle zu verlassen. Die bloße Vorstellung vom Himmel erscheint ihnen als Illusion.

In seinem Fantasieroman *Die große Scheidung* beschreibt C. S. Lewis eine Busladung von Menschen aus der Hölle, die an den Rand des Himmels kommen. Dort werden sie gedrängt, die Sünden, die sie in der Hölle gefangen hielten, hinter sich zu lassen – aber sie weigern sich. Lewis' Beschreibungen dieser Menschen sind bemerkenswert, weil wir in ihnen die Selbsttäuschung und Selbstbezogenheit erkennen, die in unseren eigenen Abhängigkeiten „im Kleinformat" enthalten sind:

> Die Hölle beginnt mit einer nörglerischen Stimmung, und du selbst bist noch verschieden von ihr, du kritisierst sie vielleicht. Und du selbst, in einer dunkeln Stunde, magst wohl diese Stimmung wollen und annehmen. Ihr könnt bereuen und wieder herauskommen. Aber es mag der Tag kommen, da du das nicht mehr kannst. Denn dann wird kein „du" übrig sein, die Stimmung zu kritisieren noch auch sie zu genießen, sondern nur das Nörgeln selbst, das unaufhörlich wie eine Maschine fortgeht.[3]

Es geht nicht darum, dass Gott uns in die Hölle „schickt". In jedem von uns wächst etwas, das zur Hölle wird, wenn es nicht im Keim erstickt wird. Die Menschen in der Hölle sind unglücklich, aber Lewis zeigt uns, warum. Wir sehen, wie ihr Stolz, ihr Wahn, ihr Selbstmitleid, ihre Gewissheit, dass alle anderen Unrecht haben und dass alle anderen Idioten sind, wie unkontrollierte Flammen lodern! Jegliche Demut ist verschwunden, und damit auch ihr gesundes Denkvermögen. Sie sind ganz und gar, endgültig in einem Gefängnis ihrer eigenen Egozentrik eingesperrt, und ihr Stolz breitet sich allmählich zu einem immer größeren Wolkenpilz aus. Sie fahren fort zu zerfallen und geben allen anderen die Schuld, nur sich selbst nicht. Die Hölle ist das – im Großformat. Deshalb ist es ein Zerrbild, sich vorzustellen, Gott werfe Menschen in eine Grube, die schreien: „Es tut mir leid! Lasst mich raus!" Die Menschen im Bus aus der Hölle in Lewis' Parabel haben lieber ihre „Freiheit", wie sie sie definieren, als die Erlösung. Ihr Wahn ist, dass sie, wenn sie Gott verherrlichen würden, irgendwie Macht und Freiheit verlieren würden, aber in einer überwältigenden und tragischen Ironie hat ihre Entscheidung ihr eigenes Potenzial für Größe zerstört. Die Hölle ist, wie

[3] C. S. Lewis, Die große Scheidung, S. 80/81.

Lewis sagt, „das größte Monument der menschlichen Freiheit“. Wie es in Römer 1,24 heißt, „gab Gott sie … ihren Begierden hin“. Alles, was Gott letzten Endes mit den Menschen tut, ist, ihnen das zu geben, was sie am meisten wollen, einschließlich der Freiheit von ihm. Was könnte gerechter sein als das? Lewis schreibt:

> Am Ende gibt es nur zwei Arten von Menschen: die, die zu Gott sagen: „Dein Wille geschehe“, und die, zu denen Gott am Ende sagt: *„Dein* Wille geschehe.“ Alle, die in der Hölle sind, erwählen sie. Ohne diese Selbstwahl könnten sie nicht in der Hölle sein. Keine Seele, die ernstlich und inständig nach Freude verlangt, wird sie verfehlen. Die, welche suchen, finden. Denen, die klopfen, wird aufgetan.[45]

Das ist die ernüchternde Realität, mit der wir alle rechnen müssen – dass wir, trotz allem, was Gott getan hat, um uns von der Sklaverei der Sünde und Bestrafung zu befreien, immer noch wählen können, ewig in der Dunkelheit des Bestrafungsparadigmas eingesperrt zu bleiben, süchtig nach unserer Opferrolle, nach Rache, Scham, Angst, Kontrolle und Selbsterhaltung. Wenn wir nicht den Weg der Buße wählen, entscheiden wir uns für eine lebenslange Strafe, statt für ein Leben ohne Strafe im Neuen Bund. Wir wählen die Hölle statt den Himmel.

Das Paradigma des Neuen Bundes

Wenn wir durch den Glauben an Jesus in den Neuen Bund eintreten, werden wir zu Mitgliedern der Menschheit 2.0. Unsere Identität und unsere Natur ändern sich radikal, wenn durch den Sohn unsere Beziehung zum Vater wiederhegestellt wird. Und auf der Grundlage dieser neuen Identität und durch die Kraft dieser neuen Natur beginnen wir zu lernen, in dem neuen Beziehungsparadigma der Liebe zu leben. Dabei erkennen wir mit immer größerer Klarheit, dass unser Leben im alten Bestrafungsparadigma auf einer falschen oder mangelnden Identität beruhte – wir waren Waisen. Jetzt sind wir Söhne und Töchter, die am

---

[4] C. S. Lewis, a.a.O., S. 78.

[5] Timothy Keller, *The Reason for God* (New York, NY: Penguin Publishing Group, 2018) Kindle-Ausgabe, S. 77-78.

Wesen und dem Geist Christi und seinem Zugang zum Vater teilhaben. All das führt dazu, dass wir eine Reihe ganz anderer Grundüberzeugungen, Motive, Verhaltensweisen und Ziele übernehmen:

Das Bestrafungsparadigma	
Identität	Waise/Sklave
Grundüberzeugung	Meine Fehler und mein Versagen machen mich der Liebe, der Zugehörigkeit und der Beziehung unwürdig. Ich verdiene Trennung und Bestrafung. Das gilt auch für alle anderen mit Fehlern und Misserfolgen.
Motiv	Angst vor Bestrafung / Isolierung
Verhaltensstrategien	1. Ich vermeide Bestrafung – entweder indem ich mich verstecke und mich durch „Gefallenwollen, Perfektionierung und Leistung" anpasse oder indem ich mich weigere, mich anzupassen, und deshalb rebelliere und meine eigenen Regeln aufstelle. 2. Ich bestrafe andere, wenn sie mich ängstigen, verletzen oder beleidigen.
Ziel	Selbsterhaltung

Das Paradigma des Neuen Bundes	
Identität	Sohn bzw. Tochter Gottes
Grundüberzeugung	Durch Jesus bin ich ein Sohn bzw. eine Tochter geworden, die der Liebe, der Zugehörigkeit und der Verbindung würdig ist. Meine Fehler disqualifizieren mich nicht von der Liebe des Vaters. Stattdessen sind es genau sie, wodurch ich lerne, dass die Tiefe seiner Liebe, Vergebung und Hingabe mich in ein reifes Kind verwandeln, das Jesus gleicht.
Motiv	Liebe
Verhaltensstrategien	Streben nach Verbundenheit, auch wenn es beängstigend, schmerzhaft oder beleidigend ist.
Ziel	Verbundenheit / Beziehung

Beachten Sie, dass im Paradigma des Neuen Bundes sowohl die Überzeugung, dass wir Strafe verdienen, als auch die Angst vor Bestrafung und das Bestrafungsverhalten verschwinden. Im Neuen Bund der Liebe gibt es keine Bestrafung. Deshalb sagt Johannes: *„Wo die Liebe regiert, hat die Angst keinen Platz; [Gottes] vollkommene Liebe vertreibt jede Angst. Angst hat man nämlich dann, wenn man mit einer Strafe rechnen muss. Wer sich also noch [vor dem Gericht] fürchtet, bei dem ist die Liebe noch nicht zum vollen Durchbruch gekommen"* (1 Joh 4,18). Die Bestrafung verschwindet, nicht weil die Sünde (schon) verschwindet, sondern weil es in diesem Neuen Bund nur eine Antwort auf die Sünde gibt: Vergebung. Dies hat zwei kritische Folgen, die das Fundament unseres Denkens als Söhne und Töchter in diesem Bund bilden müssen:

Zunächst müssen wir verstehen, dass wir als Gläubige des Neuen Bundes immer noch sündigen können und auch sündigen werden. Ja, das ultimative Entwicklungsziel unseres Reifens in Christus besteht darin, dass wir im Denken und Handeln frei von Sünde sein werden, genau wie er. Aber um dorthin zu gelangen, müssen wir der Sünde in unserem Leben entgegentreten und sie verlernen. Wir werden Mist bauen, aber weil wir in einem Bund der Vergebung leben, ist unsere Erfahrung der Sünde eine völlig andere als die, wenn wir im Bestrafungsparadigma gefangen sind. Anstatt von der Verurteilung und Scham des Feindes erdrückt zu werden, die nur Öl in die Flammen unserer Angst vor Strafe und unseres selbstsüchtigen, selbstzerstörerischen Verhaltens gießen, erfahren wir die liebevolle Überführung des Heiligen Geistes, dass wir unsere Beziehung zu Gott, zu uns selbst und zu anderen verletzen; wir erleben seine Erinnerung an die Wahrheit darüber, wer wir wirklich sind, und seine Kraft, Buße zu tun und versöhnt und wiederhergestellt zu werden. Statt der Strafe für die Sünde begegnen wir nur seiner Liebe und Vergebung, wodurch unsere Sünde tatsächlich zum Ausgangspunkt für eine tiefere Offenbarung seiner Vergebung und Liebe in unserem Leben wird und uns somit ihm näher bringt und uns zu seinem Ebenbild reifen lässt. Wie Paulus betonte, bedeutet das natürlich nicht, dass wir absichtlich sündigen sollten – es bedeutet einfach, dass wir nicht bestraft werden, wenn wir sündigen (und das werden wir, während wir in Christus heranwachsen), sondern wir werden mit Liebe zu größerer Sündenfreiheit diszipliniert.

Die andere offensichtliche Folgerung, nämlich dass Vergebung die einzige Antwort auf Sünde im Neuen Bund ist, besteht darin, dass wir anderen immer vergeben müssen – etwas, worin wir immer besser werden sollten, wenn wir seine Vergebung für uns selbst inmitten unserer sündigen Schlamassel empfangen. Es ist demütigend und Ehrfurcht gebietend, sich bewusst zu machen, dass Christus uns tatsächlich seine Autorität zur Vergebung der Sünden gegeben hat: *„Wem ihr die Sünden vergebt, dem sind sie vergeben; wem ihr sie nicht vergebt, dem sind sie nicht vergeben"* (Joh 20,23). Es ist ebenso ernüchternd zu erkennen, dass wir, wenn wir anderen nicht vergeben, aus dem Schutz des Neuen Bundes heraustreten, unsere eigene Vergebung einbüßen und wieder unter Verdammnis kommen und dann wieder dem Bestrafungsparadigma unterliegen und dem Feind, der uns dazu ermächtigt.

Jesus betonte in seinem Gleichnis über den Knecht, dem eine große Schuld erlassen wurde, wie ernst es ist, nicht zu vergeben:

> *Mit dem Himmelreich ist es wie mit einem König, der mit den Dienern, die seine Güter verwalteten, abrechnen wollte. Gleich zu Beginn brachte man einen vor ihn, der ihm zehntausend Talente schuldete. Und weil er nicht zahlen konnte, befahl der Herr, ihn mit Frau und Kindern und seinem ganzen Besitz zu verkaufen und mit dem Erlös die Schuld zu begleichen. Der Mann warf sich vor ihm nieder und bat auf den Knien: „Hab Geduld mit mir! Ich will dir alles zurückzahlen." Da hatte der Herr Mitleid mit seinem Diener; er ließ ihn frei, und auch die Schuld erließ er ihm. Doch kaum war der Mann zur Tür hinaus, da traf er einen anderen Diener, der ihm hundert Denare schuldete. Er packte ihn 'an der Kehle], würgte ihn und sagte: „Bezahle, was du mir schuldig bist!" Da warf sich der Mann vor ihm nieder und flehte ihn an: „Hab Geduld mit mir! Ich will es dir zurückzahlen". Er aber wollte nicht darauf eingehen, sondern ließ ihn auf der Stelle ins Gefängnis werfen, [wo er so lange bleiben sollte,] bis er ihm die Schuld zurückgezahlt hätte. Als das die anderen Diener sahen, waren sie entsetzt. Sie gingen zu ihrem Herrn und berichteten ihm alles. Da ließ sein Herr ihn kommen und sagte zu ihm: „Du böser Mensch! Deine ganze Schuld habe ich dir erlassen, weil du mich angefleht hast. Hättest du da mit jenem anderen Diener nicht auch Erbarmen haben*

> *müssen, so wie ich mit dir Erbarmen hatte?" Und voller Zorn übergab ihn der Herr den Folterknechten, bis er ihm alles zurückgezahlt hätte, was er ihm schuldig war. So wird auch mein Vater im Himmel jeden von euch behandeln, der seinem Bruder nicht von Herzen vergibt* (Mt 18,23-35).

Es liegt auf der Hand, dass der Vater diese Frage der Vergebung in unserem Leben ernst nimmt. Unsere Schuld ihm gegenüber konnte nur durch den Schrecken des Kreuzes und des Grabes bezahlt werden, und das hat er gerne ertragen, um uns Vergebung anzubieten. Anderen für ihre Vergehen gegen uns die Vergebung zu verweigern, zeugt von einem verhärteten Herzen, das von Gottes aufopfernder Liebe völlig unbeeindruckt ist, und Gott reagiert auf eine solche Herzenshärte, indem er uns dem Gefängnis der Bestrafung „aushändigt". Bestrafung ist auch dann wiederum der Ort, an dem wir landen, wenn wir uns weigern, an seinem Bund der Vergebung teilzuhaben.

Praktische Umsetzung

Unsere Verwandlung von Waisen zu reifen Söhnen und Töchtern ist eine lebenslange Reise, und das Empfangen und Gewähren von Vergebung sind wesentliche, fortwährende Übungen auf dieser Reise. Wissen Sie was? Das bedeutet, dass das Leben im Neuen Bund nicht ohne Probleme abgeht. Wir alle stehen in dem Prozess, Gott zu erlauben, die Lügen, die Ängste und den Egoismus des Bestrafungsparadigmas in unseren Herzen demontiert und neue Herzen aus Fleisch formt, die lieben können, wie er liebt. Wir sind alle dabei zu lernen, der Liebe zu gestatten, die Angst zu vertreiben, und uns umschulen zu lassen, sodass wir *jedes Mal* Verbundenheit statt Selbsterhaltung wählen. Wir alle entdecken, was es bedeutet, Buße zu tun, sich zu versöhnen und in unseren Beziehungen zu Gott, uns selbst und anderen wiederhergestellt zu werden.

Das Schöne am Leben im Neuen Bund ist jedoch, dass unsere Verwandlung nicht *trotz* unserer Schlamassel stattfindet, sondern *durch sie.* Indem er uns die Angst vor Bestrafung genommen hat, eröffnete der Vater uns einen Weg, uns mit ihm zusammen unsere Sünde, unsere Fehler, unseren Schmerz und unsere Gebrochenheit anzuschauen und den Sieg des Kreuzes in unseren eigenen Geschichten, Beziehungen, Familien, Gemeinden und Wohnorten zu erleben.

In der zweiten Hälfte dieses Buches werden wir uns ansehen, wie wir unsere Schlamassel im Neuen Bund praktisch aufarbeiten können. Wir werden die klassischen Fragen behandeln, mit denen die meisten von uns zu kämpfen haben, während wir versuchen, in einer straffreien Weise in der Beziehung zu Gott, uns selbst und anderen zu wachsen:

- Wie konfrontieren wir andere effektiv?
- Was ist Buße? Wie gehen wir es praktisch an? Wie erkennt man, ob jemand Buße getan hat?
- Was ist Versöhnung? Welches sind die Schritte zur Versöhnung in einer Beziehung?
- Was ist Wiederherstellung? Woher weiß man, wann eine Person oder Beziehung wiederhergestellt ist?

Um diese Fragen zu beantworten, werde ich die wichtigsten praktischen Erkenntnisse und Erfahrungen weitergeben, die ich in den vielen Jahren gelernt habe, in denen ich Menschen begleitete, die in einem dieser Schlamassel stecken, sowie Geschichten, die veranschaulichen, was man tun und was man nicht tun sollte. Dabei möchte ich Sie mit Frieden, Glauben und Hoffnung ausrüsten, damit Sie auf Ihrem eigenen Weg der Reife vorankommen und diese straffreie Kultur des Neuen Bundes konsequent leben und kultivieren können.

Kapitel 6

Disziplinierung im Neuen Bund

An einem Freitagabend, als mein Sohn Taylor sechzehn Jahre alt war, kam er nicht nach Hause. Es war vereinbart, dass er um Mitternacht zu Hause sein sollte. Um 1 Uhr morgens schrieb ich ihm eine SMS und fragte ihn, wann er zu Hause sein würde. Keine Antwort. Um 3 Uhr morgens schrieb ich ihm: „Bist du schon unterwegs oder soll ich die Polizei rufen?“ Keine Antwort.

Als ich morgens kurz vor sieben Uhr aufstand, fragte ich Sheri: „Ist Taylor in seinem Bett? „Nein“, versicherte sie.

„Er ist gestern Abend nicht nach Hause gekommen.“

Sofort begann Sheri damit, alle Eltern von Taylors Freunden anzurufen, um herauszufinden, wo er sich aufhalten könnte – genau die Art von Anruf, mit dem jeder Elternteil gerne an einem Samstagmorgen aufwacht.

Eine Stunde später kam Taylor durch die Vordertür herein. Ich begegnete ihm mit ausgestreckter Hand und sagte ganz ruhig zwei Worte. „Schlüssel. Handy.“

Als er sie mir übergab, fing Taylor mit Ausreden an. „Ich bin in Jakes Haus eingeschlafen. Ich hatte kein Ladegerät und Jake auch nicht. Ich hatte keine Möglichkeit, anzurufen.“

Ich blieb wortlos und sah ihn an, bis er aufgab und in sein Schlafzimmer ging. Fünf Stunden später, um ein Uhr nachmittags, tauchte Taylor in seiner Unterwäsche wieder auf und wirkte, als sei er einem Gefangenenlager entflohen. Anscheinend war er, nachdem er „die ganze Nacht bei Jake geschlafen“ hatte, immer noch erschöpft gewesen. Ich sah mir sein Gesicht näher an und dachte: *Das ist nicht der Junge, mit dem ich reden möchte. Der Junge hat kein Problem. Er ist weit davon entfernt, für irgendetwas Buße zu tun. Der Junge ist ein Opfer.* Ich schwieg, und nach einer Weile kehrte er in sein Zimmer zurück.

Um 15.00 Uhr rief einer von Taylors Freunden auf unserem Festnetz an. Sekunden, nachdem Taylor den Hörer abgenommen hatte, sah ich, wie sich der Flüchtling wieder in einen lebhaften Teenager verwandelte. „Oh, Mann, ich hatte vergessen, dass das heute war! Alles klar, okay." Anscheinend hatte ihn sein Freund daran erinnert, dass sie für diesen Abend ein großes Videospiel-Turnier geplant hatten – sie hatten sogar die gleichen Hemden dafür gekauft. Das Turnier sollte um 19 Uhr beginnen, somit hatte Taylor noch vier Stunden Zeit, um zu versuchen, seine Situation zu retten. Fünfzehn Minuten später war er geduscht und angezogen und kehrte mit seinem charmantesten Lächeln, das Sheri und mir galt, ins Wohnzimmer zurück.

Das ist der Junge, mit dem ich genau an diesem Punkt sprechen möchte, dachte ich. *Er will etwas. Er hat Hoffnung.*

„Hey, Dad", sagte Taylor. „Könnten wir vielleicht reden?"

Das war es, wofür ich gebetet hatte. Ich führte ihn auf die hintere Terrasse hinaus und fragte leise: „Worüber wolltest du denn sprechen?"

„Oh, ich wollte nur sagen, dass es mir leid tut, dass ich gestern Abend nicht nach Hause gekommen bin."

„Okay. Warum ist das wichtig?"

Taylor sah ratlos aus. „Ich weiß es nicht. Ich dachte nur … Ich meine, du willst, dass ich abends nach Hause komme. Ich hätte nach Hause kommen sollen."

„OK, und was tut dir leid?"

„Es … tut mir leid, dass ich nicht nach Hause gekommen bin?" Er sah verwirrt aus.

„Tay, ich glaube, ich verstehe einfach nicht, wofür du dich entschuldigen willst." Mein Tonfall war ruhig, leise und neugierig.

„Ich entschuldige mich, weil ich nicht nach Hause gekommen bin. Und das hätte ich tun sollen."

„Warum ist das wichtig?"

„Ich weiß es nicht. Ich dachte nur, es wäre so."

„Nun, ich weiß wirklich nicht genau, wofür du dich entschuldigen willst."

Taylor stöhnte frustriert auf. „Manno! Warum machst du es mir so schwer?"

„Du warst derjenige, der sich entschuldigen wollte. Ich frage mich nur, wofür du dich entschuldigen willst. Du kannst mir nicht einmal sagen, warum, also weiß ich gar nicht, was wir hier draußen eigentlich machen."

An diesem Punkt wurde unser Gespräch durch einen Anruf meines Anwalts unterbrochen. „Ich muss diesen Anruf annehmen", sagte ich zu Taylor, „aber ich komme wieder."

Als wir schließlich wieder zusammenkamen, war es 17 Uhr, und Taylor sah schon ein wenig verzweifelt aus. „Okay, Dad, es tut mir leid", begann er. „Ihr wart wahrscheinlich besorgt und wusstet nicht, ob ich tot oder lebendig war oder so. Und das verursachte eine Menge Stress. Das tut mir sehr leid."

„Warum ist es wichtig, wenn wir die ganze Nacht wach sind und uns Sorgen machen, wo du bist?", bedrängte ich ihn. „Warum ist das wichtig?"

„Ich habe das Gefühl, ich bin jemand in deinem Büro, dem du einfach all diese Fragen stellst!", brach es aus ihm heraus.

„Taylor, ich verstehe nicht, warum du nicht verstehst, was das Problem ist."

„Ich weiß nicht, was das Problem ist! Ich weiß nicht, was ich sagen soll!"

„Soll ich dir dabei helfen?"

Taylor machte eine Pause. Er sagte: „Ja."

„Okay, gut, Taylor, ich erzähle dir einfach, wie ich dich erlebt habe", begann ich, indem ich ihn direkt ansah, meinen Ton noch immer leise und sanft. „Ich fühle mich so respektlos behandelt, als sei ich in deinem Leben gar nicht wichtig. Das ist sehr verletzend. Ich habe das Gefühl, dass ich bei dem, was dir wichtig ist, ungefähr an der zwanzigsten Stelle stehe. Und ich weiß nicht, wie das passiert ist. Ich weiß nicht, wie Mom und ich auf deiner Prioritätenliste auf Nummer zwanzig herabsinken konnten. Aber gestern Abend war ein Beispiel dafür. Es sieht so aus, als seien dir zwanzig Dinge wichtiger als ich und Mom."

„Fühlst du dich wirklich so?", fragte Taylor mit großen Augen.

„Ja, so fühle ich mich. Gestern Abend war nur ein eklatantes Beispiel dafür, wie wenig wichtig dir unsere Beziehung ist."

Er schüttelte den Kopf. „Aber das stimmt nicht. Du und Mom seid die wichtigsten Menschen in meinem Leben."

„Gestern Abend war es aber nicht so“, wiederholte ich.

„Nun, das tut mir leid“, sagte er aufrichtig. „Es tut mir leid, dass ich respektlos war. Und das wird nie wieder vorkommen.“

Ich schaute ihn mit einem hoffnungsvollen Lächeln an. „Das ist wirklich alles, was ich hören musste. Willst du dein Handy und deine Schlüssel?“

Eine Stunde später machte sich Taylor auf den Weg zu seinem Videospiel-Turnier. Und er blieb nie wieder die ganze Nacht weg.

Bestrafung vs. Disziplinierung[1]

Was passierte in dieser Geschichte? Zuerst möchte ich herausstellen, was *nicht* passiert ist: Bestrafung. Ich habe Taylor die Schlüssel und das Handy nicht abgenommen, um ihn dafür zu bestrafen, dass er Sheri und mich in Angst versetzt und verletzt hat. Ich tat es, um ein Druckmittel zu haben, dadurch dass ich eine Konsequenz für seine schlechte Entscheidung einführte. Ich wollte ihn an den Wert und die Bedeutung seiner Beziehung zu uns erinnern, und deshalb lenkte ich seine Aufmerksamkeit auf mich, indem ich etwas an mich nahm, das ihm wichtig war – und das er nur hatte, weil wir seine Eltern waren –, bis er bereit war, die Spannung und den Schmerz durchzustehen, das Problem zu finden, die persönliche Verantwortung dafür zu übernehmen und um Vergebung zu bitten. Mein Ziel war es die ganze Zeit, ihm zu vergeben, aber ich wusste, dass er nicht in der Lage sein würde, die Vergebung zu empfangen, bis er mit dem in Berührung kam, was vergeben werden musste. Am Ende hat seine Entscheidung, die Konsequenzen auf sich zu nehmen und zu entdecken, was wirklich auf dem Spiel stand, nämlich unsere Verbindung zu schützen, den Wert unserer Verbindung in seinem Herzen gestärkt. Sollten sich in der Zukunft Gelegenheiten ergeben, in denen er unsere Verbindung verletzen könnte, hatte er nun sowohl eine neue Sicht für den Wert unserer Verbindung als auch eine neue Motivation, sie zu schützen, wodurch diese Gelegenheiten unattraktiv wurden.

Was in dieser Geschichte geschah, war *Disziplinierung*. Obwohl „Disziplinierung“ und „Bestrafung“ oft synonym verwendet werden,

[1] In den deutschen Bibelübersetzungen meist mit *Züchtigung* oder *Erziehung* übersetzt. Anm. d. Hrsg.

handelt es sich dabei biblisch gesehen um völlig verschiedene Erfahrungen, die zu sehr unterschiedlichen Ergebnissen führen. Wie wir in Kapitel 1 gesehen haben, stellte Ben Armstrong den krassen Unterschied in seinem eigenen Fall fest: „... als die erste Affäre geschah, wurde ich bestraft ... Beim zweiten Mal wurde ich diszipliniert." Bestrafung brachte ihn dazu, erneut zu versagen, aber Disziplinierung befähigte ihn, aus seinem Versagen zu lernen und es zu überwinden.

Disziplinierung kommt vom selben Wort wie Jünger (engl. „disciple"), was „Lernender" bedeutet. Aber was genau lernen wir? Der berühmte Abschnitt über Disziplinierung in Hebräer 12 zeigt uns, was, wie und warum wir lernen:

> *lasst uns jede Last ablegen und die Sünde, die uns so leicht umstrickt, und lasst uns mit Ausdauer laufen in dem Kampf, der vor uns liegt ... Achtet doch auf ihn, der solchen Widerspruch von den Sündern gegen sich erduldet hat, damit ihr nicht müde werdet und den Mut verliert! ...*
> *Ihr habt noch nicht bis aufs Blut widerstanden im Kampf gegen die Sünde und habt das Trostwort vergessen, das zu euch als zu Söhnen spricht:*
> *„Mein Sohn, achte nicht gering die Züchtigung des Herrn und verzage nicht, wenn du von ihm zurechtgewiesen wirst! Denn wen der Herr lieb hat, den züchtigt er, und er schlägt jeden Sohn, den er annimmt."*
> *Wenn ihr Züchtigung erduldet, so behandelt euch Gott ja als Söhne; denn wo ist ein Sohn, den der Vater nicht züchtigt? Wenn ihr aber ohne Züchtigung seid, an der sie alle Anteil bekommen haben, so seid ihr ja unecht und keine Söhne! ...*
> *Alle Züchtigung aber scheint uns für den Augenblick nicht zur Freude, sondern zur Traurigkeit zu dienen; danach aber gibt sie eine friedsame Frucht der Gerechtigkeit denen, die durch sie geübt sind* (Hebr 12,1.3-8.11 SLT).

Das Erste, was hier auffällt, ist, dass die Disziplinierung im Neuen Bund eine auf Beziehung beruhende Interaktion zwischen dem (himmlischen) Vater und seinen Kindern ist. Obwohl wir im Leib Christi Disziplinierung durch menschliche Autoritätsfiguren wie Eltern und Leiter erfahren, funktioniert diese Art von Disziplinierung nur dann richtig, wenn diese Personen das Herz des Vaters genau repräsentieren und die Menschen anleiten und ausrüsten, sich tiefer mit ihm zu verbinden. Bei jedem Fall von Disziplinierung geht es zuallererst um diese Beziehung.

Die zweite Sache, die wir sehen müssen, ist das Ziel des Vaters in diesem Austausch. Er möchte uns von unseren Wunden heilen, uns trainieren, die Sünde zu überwinden, und unseren Charakter umwandeln, damit wir reife Söhne und Töchter werden, die Jesus gleichen. Mit anderen Worten: Im Neuen Bund ist die Disziplinierung darauf ausgerichtet, demjenigen zu nützen, der den Schlamassel angerichtet hat. Im Bestrafungsparadigma liegt der Schwerpunkt auf dem Schutz der Interessen aller, nur nicht des Verursachers, aber im Neuen Bund ist es so, dass Gerechtigkeit und Heilung für alle Beteiligten letztlich nur dadurch herbeigeführt wird, dass man dem Verursacher hilft, seinen Schlamassel in Ordnung zu bringen. Anstatt ihn zu beseitigen oder vom Täter zu verlangen, dass er mit den Folgen allein fertig wird, ist es das Herz des Vaters, ihn durch die Konsequenzen seines Tuns zu begleiten und ihm Trost, Korrektur, Weisheit und Mut zu geben, während er die Sache bereinigt. Dies ist der Prozess des Vaters, um seinen Kindern zu helfen, das Bestrafungsparadigma zu verlernen und ihr Leben in seinem straffreien Beziehungsparadigma der Liebe, des Vertrauens und der Freiheit neu aufzubauen. Wo sonst als in unseren Schwierigkeiten und Fehlern könnte er uns besser zeigen, dass es nicht sein Wunsch ist, uns zu bestrafen, sondern unsere Scham wegzunehmen, uns zu vergeben, uns von der Furcht vor Strafe zu befreien und uns in eine liebevolle, sichere Beziehung zu ihm zu führen? Wo sonst können wir am besten wachsen und lernen, als dadurch, dass wir sehen, wie unser Vater unsere Fehler wieder gut macht und sie dazu benutzt, uns weise zu machen?

Nun schreckt der Hebräerbrief nicht vor der Realität zurück, dass es schmerzhaft ist, mit dem Vater die Konsequenzen unseres Schlamassels auf uns zu nehmen. Schmerz ist in der Tat das Element, das Bestrafung und Disziplinierung gemeinsam haben. Der Unterschied besteht darin, dass unsere Schmerzerfahrung bei einer Bestrafung die Furcht davor nur verstärkt und dazu führt, dass wir unsere Herzen noch mehr verhärten. Aber bei Disziplinierung sorgt der Schmerz dafür, dass unsere Herzen sich öffnen und weich werden. Mit anderen Worten: Der Schmerz, den wir in einem Bestrafungsprozess erfahren, ist der Schmerz der Angst, der Scham, der Sorge, der Einschüchterung und der Trennung, und typischerweise reagieren wir auf diesen Schmerz auf eine Weise, die am Ende zu einer Verstärkung der Verhaltensweisen führt, welche ihn überhaupt erst verursacht haben. Im Disziplinierungsprozess kommt unser Schmerz aus dem Bewusstsein, dass wir unsere Beziehung zu Gott, zu uns selbst und zu anderen verletzt haben. Es ist der Schmerz der Trauer – was Paulus „göttliche Traurigkeit" nennt – der zu Buße und Veränderung führt, durch die wir lernen, wie wir verhindern können, dass wir zukünftig noch mehr Schmerz verursachen. Das ist die „Ernte der Gerechtigkeit und des Friedens", die nur dadurch kommt, dass der Vater uns diszipliniert.

Hier nun eine grundlegende Aufschlüsselung der Hauptunterschiede zwischen Bestrafung und Disziplinierung:

Bestrafung	**Disziplinierung**
Aufrechterhaltung der Regeln	Wiederherstellung der Beziehung
Schmerz wird zugefügt/auferlegt	Schmerz wird angenommen
Weltliche Traurigkeit	Göttliche Traurigkeit
Buße ist irrelevant	Buße ist unerlässlich
Vergebung ist irrelevant	Vergebung ist wesentlich
Erfordert, dass man die Kontrolle abgibt	Erfordert, dass man Verantwortung übernimmt, und Selbstbeherrschung
Schlechtes Verhalten stoppen	Das Herz verwandeln
Gutes Verhalten ist unterwürfig und manipulativ	Gutes Verhalten ist eine Frucht der Liebe
Machtlos	Stark
Angstmotiviert	Durch Liebe motiviert
Ziel: Selbsterhaltung	Ziel: Verbundenheit, Beziehung
Äußeres Gesetz	Inneres Gesetz

Drei Dimensionen der geistlichen Reife

Obwohl dieses Buch für jedermann geschrieben wurde, besteht eine meiner größten Hoffnungen darin, dass es dazu beiträgt, Führungspersonen, insbesondere zu Hause und in der Gemeinde, dazu zu befähigen, das Herz des Vaters gegenüber denjenigen zu repräsentieren, die sündhafte Schlamassel anrichten. Leiter sind dafür verantwortlich, eine Kultur zu schaffen und zu schützen. Es ist nicht abwegig zu sagen, dass unreife Leiterschaft der Hauptgrund dafür ist, dass so viele Menschen im Leib Christi entweder auf Bestrafung oder auf einen Mangel an gesunder Disziplinierung gestoßen sind, wenn sie Fehltritte getan haben. Wir brauchen dringend Leiter, die in der Praxis der straffreien Konfrontation und Disziplinierung geschult und erfahren sind, um eine Kultur zu schaffen, in der die Schlamassel-Verursacher auf den Weg der Buße, Versöhnung und Wiederherstellung eingeladen und dann auch begleitet werden.

Im Galaterbrief sagt Paulus: *„Liebe Brüder, wenn auch jemand sich von einem Fehltritt hat übereilen lassen, so bringt ihr Geistesmenschen den Betreffenden mit dem Geist der Sanftmut wieder zurecht, und gib dabei auf dich selbst acht, damit du nicht auch in Versuchung gerätst!"* (Gal 6,1). Im nächsten Kapitel werden wir uns damit befassen, wie man jemanden in einem „Geist der Sanftmut" konfrontiert und ihn auf den Weg der Wiederherstellung führt. Doch zunächst möchte ich klarstellen, mit wem Paulus spricht, wenn er „ihr Geistesmenschen" sagt. Er meint damit „ihr, die ihr geistlich reif seid". Nach meiner Erfahrung und Beobachtung gibt es drei Dimensionen geistlicher Reife, die nötig sind, um jemand Hilfe anzubieten, der „sich von einem Fehltritt hat übereilen lassen": demütige Selbsterkenntnis, liebevolles Unterscheidungsvermögen und Weisheit in Bezug auf Beziehungen.

Wenn Paulus sagt: *„... gib dabei auf dich selbst acht, damit du nicht auch in Versuchung gerätst",* weist er uns an, demütige Selbstwahrnehmung zu üben. Das Wort „gib acht" kommt von demselben Wort wie „skeptisch". Viele von uns haben die irregeleitete Vorstellung, dass die geistlich Reiferen diejenigen sind, die in ihrem eigenen Leben nicht mehr mit Sünde zu kämpfen haben. Das biblische Bild ist jedoch, dass die geistlich Reiferen diejenigen sind, die – auf gute Weise – über ihre Schwachstellen desillusioniert sind, weil sie ihren eigenen Weg der Disziplinierung mit dem Vater gegangen sind. Sie haben einen gesunden Selbstzweifel, weil sie aus Erfahrung wissen, dass sie leicht in eine Situation geraten können, die sie wie noch nie zuvor auf eine Art und Weise auf die Probe stellt, und Schwächen offenbart, die ihnen bisher unbekannt waren. Dieser Selbstzweifel und diese Desillusionierung sind jedoch gesund, denn sie führen nicht zu Scham, sondern zu Heilung, Wachstum und größerem Vertrauen sowie stärkerer Abhängigkeit vom Vater. Der Grund dafür, dass Paulus sich fröhlich den „Ersten der Sünder“ nennt (vgl. 1 Tim 1,15), ist nicht irgendeine krankhafte Selbstbestrafung, sondern die demütige Freude eines Sohnes, der sagen kann: „Ich bin nicht frei von allen Schwächen, aber ich bin frei von Furcht und Scham in Bezug auf meine Schwächen. Deshalb lebe ich in Freiheit und gebe auf mich acht, damit ich nicht falle, aber ich bin auch zuversichtlich, dass mein Vater mich korrigieren und wiederherstellen wird, wenn ich falle.“

Demütige Selbsterkenntnis gebiert ein liebevolles Unterscheidungsvermögen in unserem Leben. Der „liebevolle“ Teil ist wesentlich. Viele Menschen glauben fälschlicherweise, die „Gabe der Unterscheidung“ besteh darin, herauszufinden, was mit anderen Menschen nicht stimmt, und dies zu benutzen, um Kritik an denen zu rechtfertigen oder sich von denen zu distanzieren – das heißt, sie zu bestrafen –, die sie als anstößig beurteilt haben. Das ist genau das Gegenteil von dem, was Jesus uns in der Bergpredigt *geboten* hat:

> *Verurteilt niemand, damit auch ihr nicht verurteilt werdet. Denn so, wie ihr über andere urteilt, werdet ihr selbst beurteilt werden, und mit dem Maß, das ihr bei anderen anlegt, werdet ihr selbst gemessen werden. Wie kommt es, dass du den Splitter im Auge deines Bruders siehst, aber den Balken in deinem eigenen Auge nicht bemerkst? Wie kannst du zu deinem Bruder sagen: „Halt still! Ich will dir den Splitter aus dem Auge ziehen“ – und dabei sitzt ein Balken in deinem eigenen Auge? Du Heuchler! Zieh zuerst den Balken aus deinem eigenen Auge; dann wirst du klar sehen und kannst den Splitter aus dem Auge deines Bruders ziehen* (Mt 7,1-5).

Das Wort „unterscheiden“ bedeutet, den Unterschied zwischen zwei Dingen zu beurteilen. Es bedeutet *nicht*, jemanden als schuldig und strafwürdig zu verurteilen. Wenn wir dies tun, zeigen wir, dass wir nicht vom Paradigma des Neuen Bundes, sondern vom Bestrafungsparadigma aus operieren. Wir bnutzen die Gabe der Unterscheidung mit dem falschen Geist. Damit konfrontierte Jesus seine Jünger in Lukas 9. Als ein samaritanisches Dorf Jesus und seinen Jüngern die Einreise verweigerte, fragten Jakobus und Johannes: *„Herr, willst du, dass wir sprechen, dass Feuer vom Himmel herabfallen und sie verzehren soll, wie es auch Elia getan hat? Er aber wandte sich um und ermahnte sie ernstlich und sprach: Wisst ihr nicht, welches Geistes [Kinder] ihr seid? Denn der Sohn des Menschen ist nicht gekommen, um die Seelen der Menschen zu verderben, sondern zu erretten!* (Lk 9,54-56 SLT). Jakobus und Johannes sahen in den Samaritern, die sie ablehnten, Sünder, die die Vernichtung verdient hatten. Jesus dagegen sah in ihnen solche, die es verdient hatten, gerettet zu werden. Der Grund dafür, dass sie dieselben Menschen und dasselbe Verhalten betrachteten, sie aber auf völlig unterschiedliche Weise wahrnahmen, war die Folge des „Geistes", in dem sie wirkten.

Es gibt grundsätzlich zwei Geister, „deren Kinder" wir sein können. In Römer 8 beschreibt Paulus sie als den Geist der Sklaverei vor der Angst und den Geist der Adoption: *„Denn ihr habt nicht einen Geist der Knechtschaft empfangen, dass ihr euch wiederum fürchten müsstet, sondern ihr habt den Geist der Sohnschaft empfangen, in dem wir rufen: Abba, Vater!"* (Röm 8,15 SLT). In ähnlicher Weise sagt er in seinem Brief an Timotheus: *„Denn Gott hat uns nicht einen Geist der Ängstlichkeit gegeben, sondern den Geist der Kraft, der Liebe und der Besonnenheit"* (2 Tim 1,7).

Entweder operieren wir aus der Furcht vor Bestrafung und bleiben somit vom Vater getrennt und unserer alten Waisen-Identität sowie dem Bestrafungsparadigma (Paulus nennt es das „Fleisch") versklavt, oder wir operieren aus der liebevollen Beziehung zum Vater heraus, als Söhne und Töchter, die vom Geist geführt werden. Beim geistlichen Wachstum geht es darum, dem Heiligen Geist zu erlauben, die Furcht vor Strafe, wo immer sie sich in unserem Leben zeigt, mit seiner vollkommenen (reifen) Liebe zu entlarven und auszutreiben (vgl. 1 Joh 4,18). Durch diese Praxis der Unterscheidung zwischen Furcht und Liebe, zuerst in unserem eigenen Herzen und dann in anderen, werden wir *„reife Menschen ..., deren Urteilsfähigkeit aufgrund ihrer Erfahrung so geschult ist, dass sie imstande sind, zwischen Gut und Böse zu unterscheiden"* (Hebräer 5,14). Die Neuausrichtung unseres

Herzens von der Angst zur Liebe beseitigt unsere „blinden Flecken“, sodass wir uns selbst und andere aus der Perspektive des Vaters sehen können. Jesus sagte, der ultimative Beweis für geistliche Reife und liebevolle Unterscheidung sei, ob wir die Liebe des Vaters auf unsere Feinde richten können: *„Ich aber sage euch: Liebt eure Feinde, und betet für die, die euch verfolgen … Ihr aber sollt vollkommen sein, wie euer Vater im Himmel vollkommen ist“* (Mt 5,44.48). Wenn wir unsere Feinde anschauen, sehen wir dann, was Jesus sieht? Sehen wir furchterregende, schmutzige Sünder, die Hass und Strafe verdienen, oder sehen wir Söhne und Töchter, für die der Vater alles geopfert hat, um sie zu lieben und wiederherzustellen? Nur wenn wir Letzteres sehen, kann man uns vertrauen, dass wir uns mit jemandem, der sich in einem Schlamassel befindet, zusammensetzen und richtig erkennen, was das Problem ist und wie wir ihm helfen können, es zu lösen.

Und schließlich gehört zur geistlichen Reife auch die Weisheit in Bezug auf Beziehungen. Weisheit ist die Fähigkeit, Wissen und Erkenntnis je nach Situation geschickt anzuwenden. In der beziehungsbezogenen Weisheit nehmen wir die Lektionen, die wir auf unserem eigenen Weg des Wachstums in Selbsterkenntnis und liebevollem Unterscheidungsvermögen gelernt haben, und benutzen sie, um anderen zu helfen. Es gibt vier spezifische Bereiche des Wissens und der Erkenntnis, die entweder entscheidend oder zumindest sehr hilfreich sind, um jemanden im Sinne des Neuen Bundes disziplinieren zu können.

Zunächst sollten Sie so viel wie möglich über Gottes Plan und Absicht für die Menschen und über seine Vision für das Wohlergehen der Menschen lernen. Es ist leicht und verlockend, sich auf unsere Fehler zu konzentrieren und darauf, dass wir der Ehre Gottes nicht gerecht werden, ohne uns vorher in der Wahrheit zu verankern, dass Gottes Ziele und Macht größer sind. Er schuf uns nach seinem Ebenbild für eine lebensspendende, liebevolle Beziehung mit ihm, mit uns selbst und miteinander. Das ist der Kontext, in dem wir unsere Grundbedürfnisse stillen und gedeihen sollen, und er hat sich voll und ganz der Erfüllung dieses obersten Ziels unseres Lebens verschrieben.

Zweitens sollten Sie etwas über die Sünde lernen und darüber, wie sie zerstört, wie und wofür wir geschaffen sind. 1. Mose 3 zeigt den grundlegenden Ursprung und die Entwicklung der Sünde in unseren Herzen auf. Dies beginnt mit dem Misstrauen gegenüber Gott, führt dazu, dass wir uns selbst auf den Thron setzen (Götzendienst), und hat zur Folge, dass wir in der Knechtschaft der Scham und der Furcht vor Strafe landen. Jedes sündige Verhalten in unserem Leben ist in diesem Muster verwurzelt.

Drittens sollten Sie das Evangelium kennen – Gottes Lösung für die Sünde – und verstehen, wie es durch die Praxis der Jüngerschaft in unserem Leben zur Wirkung kommt. In dieser Generation müssen wir viele falsche Vorstellungen über das Evangelium bekämpfen. Es geht nicht darum, „gerettet" zu werden, damit wir in den Himmel kommen, wenn wir sterben. Es geht darum, eine versöhnte Beziehung mit dem Vater, uns selbst und anderen einzugehen und seinen Heiligen Geist zu empfangen, damit wir in diesen Beziehungen wachsen können. Auf diese Weise beseitigt Gott die Sünde in unserem Leben, indem er uns von Misstrauen zu Vertrauen, von Götzendienst zu wahrer Anbetung und von der Furcht zur Liebe führt.

Schließlich kann es sehr hilfreich sein, in irgendeine Seelsorge- und Coaching-Ausbildung zu investieren. Die Bibel und andere geistliche Schriften haben auf diesem Gebiet viel zu bieten, insbesondere auf dem Gebiet der inneren Heilung und Befreiung. Ich habe auch viel hilfreiches Wissen und Werkzeuge in Bereichen der modernen Psychologie gefunden, wie z. B. emotionale Intelligenz sowie Persönlichkeits- und Verhaltenstypologien wie Myers-Briggs, DISG, StrengthsFinder und das Enneagramm. Über die Erkenntnisse hinaus, die diese Werkzeuge vermitteln, bieten sie auch eine Sprache, die unsere Fähigkeit erweitern kann, mit mehr Menschen effektiv zu kommunizieren. Wenn die Menschen mit der Sprache eines bestimmten Konzeptes oder Werkzeugs vertraut sind, bietet sie eine Art Kurzschrift, um das Verhalten und Problem dahinter zu diskutieren. Zum Beispiel habe ich in letzter Zeit in das Erlernen des Enneagramms investiert, weil ich festgestellt habe, dass immer mehr Menschen damit vertraut sind. In Kürze zeige ich Ihnen, wie ich das DISG-Persönlichkeitsprofil anwende, um jemandem zu helfen, der einen Schlamassel zu bereinigen hat.

Es gibt noch eine weitere Schlüsselkomponente, die absolut entscheidend ist, um diese Wissens- und Erkenntnisbereiche mit beziehungsbezogener Weisheit anwenden zu können. Wir müssen uns immer auf die Stimme und Kraft des Heiligen Geistes stützen. Eines der deutlichsten Zeichen geistlicher Reife ist, ihm zu vertrauen, dass er den Disziplinierungsprozess leitet und uns mit dem ausstattet, was wir brauchen, statt uns – ohne ihn – auf unser eigenes Wissen und unsere eigene Weisheit zu verlassen. Er ist der wahre Helfer, der genau weiß, was im Herzen der beteiligten Person vor sich geht und welche Lösung sie braucht. Er ist der Geist der Wahrheit, der sie in alle Wahrheit führen wird. Er ist derjenige, der uns führen wird, wenn wir seine Gaben der Heilung, Prophetie, Unterscheidung und Befreiung einsetzen, um den Menschen zu helfen, frei zu werden. Letztlich ist er ja derjenige, der diesen Sohn bzw. diese Tochter so disziplinieren wird, wie sie diszipliniert werden müssen. Unsere Aufgabe ist es, ihm zu vertrauen und ihm zu folgen.

Mit geistlicher Reife die Disziplinierung angehen

Ein Gespräch, bei dem eine Konfrontation nötig ist oder bei dem jemand meine Hilfe braucht, beginne ich, indem ich mich an den Heiligen Geist wende. Ich führe einen inneren Dialog, der in etwa so klingt: „Herr, bitte hilf mir, herauszufinden, was du in dieser Situation mit dieser Person vorhast." Ich weiß, dass meine Erfahrung, meine Ausbildung und mein Urteilsvermögen ziemlich schnell und natürlich zum Tragen kommen werden. Ja, für eine bestrafungsfreie Konfrontation, die Menschen zu Buße, Versöhnung und Wiederherstellung führt, habe ich ein vollständiges Modell, das ich im nächsten Kapitel vorstellen werde. Ich weiß aber auch, dass nichts davon hilft und sogar hinderlich sein kann, wenn ich nicht herausfinde, wie Gott im Leben dieses Menschen den Himmel auf die Erde bringen will. Mein primäres Ziel ist es nicht, dieser Person mit meinem Wissen, meinen Werkzeugen und meiner Weisheit zu begegnen, sondern sie in eine Begegnung mit einem liebenden Vater zu führen. Und obwohl ich nicht weiß, wie sich diese Begegnung entwickeln wird, trage ich auch die Hoffnung und den Glauben in mir, dass sie geschehen wird, weil ich gesehen habe, dass sie immer wieder geschehen ist – sowohl in meinem eigenen Leben als auch im Leben derer, denen ich geholfen habe.

Neben dem, dass ich mich auf den Heiligen Geist verlasse und diese Erwartungshaltung haben, bringe ich eine Grundkompetenz ein, die mir hilft, bestimmte Fragen zu stellen, das Verhalten zu beobachten und die Informationen, die ich erhalte, effizient zu sortieren, sodass ich das

Problem einkreisen kann, das gelöst werden muss. Ich weiß, dass Menschen viel berechenbarer sind, als sie zugeben wollen, und es gibt wirklich nur wenige Möglichkeiten, wie Menschen auf Abwege kommen. Das tiefste, grundlegende Problem ist meist, dass sie in ihrer Fähigkeit oder Bereitschaft, sich selbst, anderen und Gott zu vertrauen, Schaden erlitten haben. Eine der Fragen, die sich oft als fruchtbar erweist, wenn es darum geht, jemandem zu helfen, sein Problem zu finden, ist: „Warum hast du solche Angst, Gott zu vertrauen?" Darüber hinaus stelle ich meist fest, dass ihre Schwierigkeit, Gott zu vertrauen, mit einem ihrer Grundbedürfnisse zusammenhängt. Der Schlamassel, den sie angerichtet haben, beruht auf ihrem fehlerhaften Versuch, dieses Bedürfnis aus eigener Kraft durch illegitime oder ungesunde Mittel zu stillen, was schmerzhafte Folgen hatte und Scham und Angst vor Bestrafung in ihrem Leben entfacht hat.

Als Menschen haben wir alle ähnliche psychische und soziale Bedürfnisse, aber unsere Persönlichkeiten und Verhaltensmuster ordnen ihnen unterschiedliche Prioritäten zu. Das DISG-Persönlichkeitsprofil ist ein Werkzeug, das ich als hilfreich empfunden habe, um die Kernbedürfnisse zu erkennen, die Menschen versuchen, aus eigener Kraft zu befriedigen. Es bewertet menschliches Verhalten in vier Bereichen – unsere Herangehensweise an Herausforderungen und Probleme (D: dominant), unsere Herangehensweise an Ideen und Einflussnahme (I: initiativ), unsere Herangehensweise an das Tempo des Lebens und an Veränderungen (S: stetig) und unsere Herangehensweise an Regeln und bewährte Praktiken (G: gewissenhaft). Eine der Erkenntnisse, die mir mein DISG-Training vermittelt hat, ist das Verständnis der Grundbedürfnisse, die jeden Verhaltensstil bestimmen. Folgendes ist eine grundlegende Aufschlüsselung der Bedürfnisse jedes Stils:

- **dominant:** braucht Bedeutung, Macht, Erfolg, Berechenbarkeit und Kontrolle
- **initiativ:** braucht Freiheit, Spaß, Ausdrucksmöglichkeiten, Bestätigung und Abenteuer
- **stetig:** braucht Verbindung, Möglichkeiten zu dienen, Familie und Zugehörigkeit
- **gewissenhaft:** braucht Sicherheit, Genauigkeit, Information und Wahrheit

Wenn Menschen, egal welchen Stils, nicht darauf vertrauen, dass Gott diese Bedürfnisse auf gesunde Weise erfüllt, kämpfen sie mit der Angst, dass diese Bedürfnisse nicht erfüllt werden, was dazu führt, dass sie sich auf unterschiedliche Weise verhalten, um sich selbst zu schützen:

	Motivations-bedürfnisse	Innere Kämpfe	Reaktion auf Machtlosigkeit
D	Bedeutung	Unsicherheit	Zorn
I	Freiheit	Ablehnung	Optimismus / Vertrauen
S	Verbindung	Konflikt	Gefühllosigkeit
G	Sicherheit	Versagen	Angst

Hier nun einige Beispiele dafür, wie ich dieses Werkzeug mit Unterscheidungsvermögen und gestützt auf den Heiligen Geist einsetze.

Ich kenne ein Ehepaar, die beide hohe **D**-Anteile haben. Sie sind seit über fünfundzwanzig Jahren verheiratet und streiten sich immer wieder über bestimmte Themen nach dem gleichen Muster. Es beginnt, wenn sie etwas tut, das ihm nicht gefällt, und er sich zurückzieht, bis sie ihn damit konfrontiert. Er leugnet, dass er sich zurückzieht, und sie enden in einem verbalen Konflikt, wodurch sie beide verletzt werden und voreinander Angst haben. Irgendwann lässt die Spannung dann nach, und sie kehren zu einer gewissen Normalität zurück, bis der nächste Konflikt aufflammt.

Wenn der Ehemann zu mir kommt und mich um Hilfe bei der Bewältigung dieser dysfunktionalen Dynamik bittet, dann sagt mir mein Wissen, dass er und seine Frau beide hohe D-Anteile haben, dass also beide in jedem Konflikt gewinnen müssen. Sie sehnen sich beide nach Respekt und Wertschätzung (Bedeutung), und weil sie nicht bekommen, was sie brauchen, fühlen sie sich machtlos. Das ruft eine tiefe Bedrohung hervor, in der Beziehung ausgenutzt, missverstanden oder ersetzt zu werden. Das Gefühl der Machtlosigkeit löst bei beiden Akteuren in dieser Ehe toxische Wutzustände aus. Die Folge ist, dass beide in der Beziehung verletzt, verängstigt und isoliert sind.

Wenn ich diesem Mann helfe, sich auf das zu konzentrieren, worüber er wütend ist – das Unrecht oder das Verhalten seiner Frau, das er so sehr missbilligt –, dann fühlt er sich nur bestätigt und verliert sich in seinem Gefühl der Wut. Aber wenn wir einen Schwenk machen und uns auf das eigentliche Thema konzentrieren, um das es geht – Machtlosigkeit –, dann sieht er plötzlich etwas, das er vorher nicht gesehen hat. Er sieht, dass er versucht, seine Frau zu kontrollieren, weil er das Gefühl hat, die Kontrolle verloren zu haben. Sie tut dasselbe. Wenn ihm klar wird, dass er versucht, sie mit dem Schweigen, den Anschuldigungen, den Schuldzuweisungen und der Feindseligkeit zu kontrollieren, erkennt er, was er zu dem Problem beiträgt. Buße bedeutet für ihn, zu erkennen, wann er sich machtlos fühlt, was sich gewöhnlich hinter seiner Wut versteckt, und das entweder zu verbalisieren oder einen Plan zu entwerfen, um sich selbst zu kontrollieren. Er will seine Frau nie verletzen oder ihr Angst einjagen, hat aber fünfundzwanzig Jahre lang darauf zurückgegriffen, weil er dachte, er könne seine Wut nicht kontrollieren. Es ist nicht seine Wut, die er kontrollieren muss, sondern seine Liebe.

Hier sind einige Fragen, die ich jemandem mit einem D-Verhaltensstil oft stelle:

- Sie klingen wütend, aber fühlen Sie sich eher bedroht, verletzt oder machtlos?
- Wovor haben Sie solche Angst?
- Fühlte sich das, was diese Person getan hat, für Sie respektlos an?
- Wenn jemand respektlos ist, was denkt er dann möglicherweise über Sie?
- Ist es wahr, dass Sie es nicht wert sind, in einer Beziehung nicht geschätzt zu sein?
- Wen werden Sie Ihre Wut kontrollieren lassen?
- Was können Sie tun, wenn Sie sich verletzt fühlen?
- Was können Sie tun, wenn Sie sich verängstigt oder bedroht fühlen?
- Was können Sie kontrollieren, wenn Sie sich machtlos über das fühlen, was jemand anderes tut?
- Wer kontrolliert Sie?
- Wer schützt Sie?

- Vertrauen Sie in dieser Situation auf Gott?

Eine Frau mit hohem I-Anteil, die ich kenne, ist bekannt für ihre kontaktfreudige, lebenslustige Art. Sie ist immens talentiert und gewinnt mit ihrem wunderbaren Lächeln und ihrem ansteckenden Lachen schnell die Gunst absolut fremder Menschen. Egal, welchen Raum sie betritt, scheint sie der Mittelpunkt zu sein, und sie gehört zu den Menschen, die jeder gerne kennenlernen möchte. Doch hinter ihrer Unbefangenheit verbirgt sich ein tiefes Bedürfnis, immer wieder Bestätigung und Akzeptanz zu erhalten. Sie fühlt sich wie eine Sklavin, weil andere kontrollieren, was sie braucht: Freiheit und Anerkennung. Sie versucht, alles für alle zu sein, aber am Ende ist sie niemand für irgendjemanden.

Wenn eine solche Frau mir ihre Gefühle von Depressionen und Angst beschreibt und dass sie kurz vor dem Burnout steht, weiß ich, dass sie vor ihrer Schwachstelle, der Ablehnung, davonläuft. Sie ist bereit zu lügen, um akzeptiert zu werden und einen Konflikt zu vermeiden. Ironischerweise provoziert sie in ihren engsten Beziehungen Ablehnung, weil sie nicht achtsam mit ihnen umgeht. Sie ist launisch, überempfindlich und erwartet von ihren Freunden und Teammitgliedern, dass sie sich auf ihre Bedürfnisse einstellen. Die Menschen haben Angst davor, ihr zu nahe zu kommen, weil sie entweder explodiert, wenn sie ihren Erwartungen nicht gerecht werden, oder missachtet, was sie brauchen, weil sie von ihren eigenen Bedürfnissen verzehrt wird.

Einige der Fragen, die ich ihr stellen werde, sind:

- Wovor haben Sie solche Angst?
- Was wäre, wenn das passierte?
- Was zeigt es über Sie, wenn das passiert?
- Wessen Annahme brauchen Sie am meisten?
- Was sind Sie bereit zu tun, um diese Annahme zu erhalten?
- Was würde passieren, wenn Sie dieser Person „nein“ sagen würden?
- Was wäre nötig, damit Sie sich Ihrer Angst vor Ablehnung stellen?
- Denken Sie, dass man Ihnen glaubt, wenn Sie sich entschuldigen?
- Fällt es Ihnen schwer, mit denen, die Ihnen am nächsten stehen, Vertrauen aufzubauen?

Ein junger Mann, mit dem ich in der Vergangenheit zusammengearbeitet habe, hat ein hohes **S**. Er ist einer der nettesten Menschen, die man sich vorstellen kann. Er ist bereit, lange zu arbeiten und früh zur Arbeit zu kommen. Er ist sehr weise, fürsorglich und geduldig. Seine Bereitschaft, anderen zu dienen und ihnen zu gefallen, scheint unbegrenzt zu sein. Soziale Harmonie ist das, was ihn glücklich macht, und er sorgt in seiner Gruppe oder in seinem Beziehungsumfeld ständig dafür, sicherzustellen, dass alle ein gewisses Maß an Verbundenheit und Zugehörigkeitsgefühl empfinden.

Irgendwann kam er jedoch absolut unglücklich zu mir, weil er sich in mehreren seiner Beziehungen wie ein nicht gebührend geschätzter Fußabtreter fühlte. Er hatte versucht, diese Menschen davon zu überzeugen, dass er ein unkomplizierter Freund ist und nichts weiter will, als einfach mit ihnen auszukommen. Sie hatten ihn einfach weiter schlecht behandelt und herabgewürdigt, und er hatte so darauf reagiert, dass er seinen Schmerz verbarg und so tat, als würde es nicht geschehen. Obwohl er sich innerlich tot fühlte, lächelte oder lachte er weiterhin, da sein schlimmster Alptraum war, dass ihn jemand als eine Last oder als eine Art „Bösewicht" ansehen könnte. Er befand sich in einem Teufelskreis und hatte keine Ahnung, wie er Beziehungen aufbauen oder herstellen konnte, in denen man sich gegenseitig respektierte.

Hier sind einige der Fragen, die ich ihm stellte, nachdem er seine Geschichte beendet hatte:

- Wie lange dauert es, bis Sie merken, dass Sie sich verletzt oder unwürdig fühlen?
- Sind Sie wertvoll genug, dass man Sie schützt?
- Wovor haben Sie solche Angst?
- Was bedeutet es für Sie, wenn Sie von jemandem getrennt werden, der Ihnen wichtig ist?
- Was ist wichtiger für Sie: Wert oder Konfliktlosigkeit?
- Schätzen Sie sich selbst?

Eine mir bekannte Frau mit einem hohen **G**-Wert ist eine brillante und fähige Buchhalterin. Sie ist eine Perfektionistin, die die Dinge richtig machen … und *recht haben* muss. Sie hat eine gewisse Selbstgerechtigkeit an sich, von der sie glaubt, dass sie niemand sieht. Sie glaubt sogar, dass sie Gott manipulieren kann, zu tun, was sie will, weil sie so gut darin ist, sich an das zu halten, was ihrer Meinung nach seine Regeln sind.

Wenn sie zu mir kommt und ihre Kämpfe beschreibt, wird schnell klar, dass niemand ihre Erwartungen an eine Beziehung erfüllen kann – auch Gott nicht. Sie ist von Gott enttäuscht. In ihrem Leben gibt es zahlreiche Tragödien, die für sie keinen Sinn ergeben. Sie hat sich ein problemloses Leben verdient. Aber weil es diese schwierigen Erfahrungen gibt, muss das bedeuten, dass er ihre Unvollkommenheit und ihre Schwächen sieht und sie bestraft. Sie hat das Wichtigste in ihrem Leben vermasselt, nämlich Gott zu gefallen, und deshalb verdient sie Strafe statt Freude.

Hier sind einige der Fragen, die ich ihr stellen werde:

- Was macht Sie gerecht: Ihr Werk oder das Werk Jesu?
- Wovor haben Sie solche Angst?
- Wenn Sie scheitern, was sagt das über Sie aus?
- Wissen Sie, was Sie in dieser Beziehung oder Situation fühlen sollten?
- Warum fühlt sich eine Konfrontation falsch für Sie an?
- Können Sie die Wahrheit erkennen, die in Ihrer Perspektive fehlt?
- Wie können Sie diese Wahrheit in diese Beziehung hineinbringen?

DISG ist, wie gesagt, nur ein Instrument, das ich als nützlich erachte, um die tieferen Überzeugungen, Bedürfnisse und Motive hinter dem Verhalten von Menschen zu erkennen und zu verstehen, insbesondere wenn sie durch Angst ausgelöst werden. Es gibt viele andere Werkzeuge, die Sie für sich selbst und andere hilfreich finden können. Wie wir in den kommenden Kapiteln sehen werden, ist das Aufdecken dieser Überzeugungen, Bedürfnisse und Motive entscheidend, wenn es darum geht, Menschen zu helfen, den Weg der Buße zu gehen. Der ganze Sinn und Ansatz der Disziplinierung des Vaters in unserem Leben besteht darin, uns von innen heraus zu verwandeln.

TEIL 3

Den straffreien Weg einschlagen

Kapitel 7

Das 5-E-Konfrontationsmodell

In den letzten Jahrzehnten wurde ich häufig um Hilfe bei einem „Riesenschlamassel“ gebeten. Klassischerweise bedeutet ein „Riesenschlamassel“, dass jemand Zerstörung in einem neuen und unkontrollierbaren Ausmaß in sein Leben bringt. In großem Umfang wird diese Zerstörung in der Regel durch ein unmoralisches Verhalten verursacht, das einen verheerenden Treuebruch – Ehebruch, sexuelle Unmoral, Diebstahl usw. darstellt. Weniger häufig ist die Ursache ein hohes Maß an Respektlosigkeit, Unehrlichkeit und Schande. In jedem Fall hat das Verhalten der Person jedoch nicht nur einen erheblichen Schaden in ihren engsten Beziehungen angerichtet, sondern wirkt sich oft auch auf Kreise unschuldiger Menschen aus.

Es ist wichtig zu erwähnen, dass es sich dabei um *moralische Schlamassel* handelt, in die ich auf der Basis von Beziehung und Autorität einsteige. Hat jemand ein rechtliches Schlamassel angerichtet – Mord, Kindesmissbrauch, Trunkenheit am Steuer usw. – kann ich nicht viel tun. Dann liegt es in den Händen der Justizbehörden, die Konsequenzen zu bestimmen und festzulegen, wie die Dinge weitergehen sollen. Aber ein Gemeindeleiter, der Ehebruch begeht, eine Führungskraft in einer Firma, die den Wertekanon ihrer Organisation missachtet, oder Eltern, die mit einem rebellischen Teenager zu kämpfen haben – das sind moralische Schlamassel, die unter die moralische Autorität von Gemeindeleitern, Firmenleitern und Eltern fallen. Mit dieser Art von Schlamasseln habe ich zu tun.

Wenn ich zu Hilfe gerufen werde, hat die betroffene Person normalerweise schon eine Reihe von gescheiterten Konfrontationen hinter sich und schon eine Zeit lang versucht, sich zu verstecken, zu täuschen und Abstand von anderen zu halten. Die Leute fragen mich: „Wann sollte ich jemand, zu dem ich eine Beziehung habe, mit einem Problem konfrontieren?" Eine Konfrontation sollte immer dann stattfinden, wenn ein inakzeptables Maß an Angst und Sorge in die Beziehung eingedrungen ist – gewöhnlich durch eine gewisse Respekt- oder Verantwortungslosigkeit – und die Beziehung dadurch beschädigt wird. Das ist der Punkt, an dem sich etwas in der Beziehung ändern wird – entweder, weil man ein erfolgreiches Gespräch führt und die nötigen Änderungen geschehen, sodass Respekt und Verantwortlichkeit wiederhergestellt werden und die Beziehung in Ordnung kommt, oder weil man die Konfrontation vermeidet oder verpatzt und auf Distanz geht, um sich voreinander zu schützen. Der Grund dafür, dass jemand in einem heißen Schlamassel endet, ist, dass er Letzteres immer wieder getan hat. Er agiert voll und ganz wie ein Waise im Selbsterhaltungsmodus, getrieben von Scham und der Angst vor Bestrafung, und bestraft sich selbst und andere durch Distanz und Trennung.

Der ganze Zweck der Konfrontation im Neuen Bund besteht darin, Menschen aus diesem Waisen-Lebensstil im Bestrafungsparadigma heraus- und in die Sohnschaft im Neuen Bund zurückzurufen. In Matthäus 18 weist Jesus uns an, der Abwärtsspirale der Isolierung und Zerstörung einer Person entgegenzuwirken, indem wir sie immer stärker zur Verantwortung ziehen und immer höhere geistliche Autoritäten einschalten, wenn wir sie konfrontieren. Das Ziel dieser Konfrontationen besteht nicht darin, die Person bloßzustellen oder zu exkommunizieren, sondern sie „zurückzugewinnen" (vgl. Mt 18,15). Galater 6,1-3 (ELB) sagt etwas Ähnliches:

> *Brüder, wenn auch ein Mensch von einem Fehltritt übereilt wird, so bringt ihr, die Geistlichen, einen solchen im Geist der Sanftmut wieder zurecht. Und dabei gib auf dich selbst acht, dass nicht auch du versucht wirst! Einer trage des anderen Lasten, und so werdet ihr das Gesetz des Christus erfüllen. Denn wenn jemand meint, etwas zu sein, während er doch nichts ist, so betrügt er sich selbst.*

Eine Illustration, die ich gerne verwende, um den Geist der Sanftmut zu beschreiben, ist die Vorstellung, ein Reh streicheln zu wollen. Ich werde nur dann erfolgreich sein, wenn ich dieses Reh davon überzeugen kann, dass ich keine Gefahr für es darstelle. Das bedeutet, dass ich so viel Angst wie möglich aus der Begegnung herausnehmen muss. Ich muss zeigen, dass ich nicht versuchen werde, es zu kontrollieren oder in irgendeiner Weise zu verletzen. Der Geist der Sanftmut entspringt dem Glauben: „Ich brauche dich nicht zu kontrollieren. Ich habe keine Angst vor dir oder deinem Schlamassel. Ich bin nicht hier, um dich zu bestrafen, dich zu beschämen oder zu versuchen, andere Menschen vor dir zu schützen. Ich bin nur hier, um dir aus diesem Loch herauszuhelfen."

Menschen zurückzugewinnen, bedeutet, ihr Vertrauen zu gewinnen. Wenn ich jemanden konfrontiere, bitte ich ihn, mir zu vertrauen, dass ich ihn auf einen Weg der Buße, Versöhnung und Wiederherstellung führe und mit ihm gehe. Das ist eine Herausforderung, da, wie ich bereits erwähnt habe, die meisten Menschen, die mir gegenübersitzen, aufgrund ihrer Probleme, Gott, sich selbst und anderen zu vertrauen, in einem heißen Schlamassel gelandet sind. Das ist die Realität der Waisen-Mentalität – sie ist von Misstrauen getrieben. Um ihnen gegenüber fair zu sein, ist es jedoch seltener, als es sein sollte, dass Menschen in einem Schlamassel geistlich reife Gläubige finden, die wirklich bereit sind, sie bis zu ihrer Wiederherstellung zu begleiten. Ich persönlich sehe es so, dass ich mit ihnen eine Art Bundesverpflichtung eingehe, ähnlich der Verpflichtung, die ich eingehe, wenn ich mich bereit erkläre, ein Paar zu verheiraten. Wenn ich eine Trauung durchführe, verpflichte ich mich diesem Paar gegenüber auf lange Sicht. Falls sie irgendwann Probleme haben, sollen sie wissen, dass sie sich an mich wenden können. Dasselbe gilt für diejenigen, die ich konfrontiere und wiederherstelle. Wenn sie damit einverstanden sind, diesen Weg mit mir zu gehen, können sie sicher sein, dass ich mit ihnen gehe.

Da Vertrauen die Grundlage jeder erfolgreichen Konfrontation ist, arbeite ich von Beginn meines Beratungsgesprächs an hart daran, dieses Vertrauen aufzubauen und zu stärken. Manchmal handelt es sich bei den Menschen in diesem Schlamassel um Personen, die ich gut kenne oder zu denen ich eine tiefere Beziehung habe. In diesem Fall kann ich auf ein gewisses Maß an Vertrauen im Umgang mit ihnen aufbauen. Wenn ich jedoch mit Menschen arbeite, die ich nicht kenne, die aber unter meine Aufsicht oder in meinen Autoritätsbereich fallen, „leihe" ich mir Vertrauen, indem ich einen gemeinsamen Freund oder einen Leiter, dem sie vertrauen, dazunehme. Josh und

Robin Biddlecomb, das Paar, dessen Geschichte ich in *Kultur der Ehre* erzähle, waren ein Beispiel dafür. Sie fielen unter meine Autorität als einer der Hauptleiter der Bethel-Gemeinde, da sie Schüler in unserer *Ministry School* waren – aber ich hatte sie nie getroffen, bevor sie in meinem Büro auftauchten. Deshalb lud ich zwei Leiter ihres Vertrauens aus der Schule zu unserem ersten Treffen ein, in der Hoffnung, dass Josh und Robin das Vertrauen der Leiter in mich sehen und sich so ihre Ängste abbauen würden. Sie waren trotzdem noch ziemlich ängstlich, aber die Tatsache, dass ihnen vertraute Leiter im Raum waren, vermittelte ihnen die Botschaft: „Dies ist ein sicherer Ort", und war eine Grundlage, um eine Beziehung aufbauen zu können.

An jedem Punkt des Gesprächs tue ich mein Bestes, um die Person so einzubinden, dass die folgende Dynamik entsteht, die alle Elemente einer Vertrauensbeziehung darstellen:

Rapport

Rapport entsteht, wenn wir anderen zeigen, dass wir sie und ihre Situation verstehen. Ich möchte, dass die Person vor mir sich verstanden fühlt. Es ist wichtig, dass sie versteht, dass ich ihr folgende Botschaft vermitteln will: „Ich werde gut zuhören. Ich habe keine vorgefasste Meinung und kein Vorurteil in Bezug auf das, was passiert ist. Ich bin nicht die Polizei, der Richter oder dein Vater. Ich bin eigentlich auf deiner Seite. Ich weiß, dass dies eine beängstigende Situation ist. Ich möchte dir helfen, das eigentliche Problem zu finden, damit dir diese Katastrophe dazu dient, wiederhergestellt und gestärkt zu werden.

Verletzlichkeit

Vertrauen kann nur dadurch aufgebaut werden, dass man Wahrheit austauscht. Es ist notwendig, dass die Person bereit ist, ins Licht zu treten und gesehen zu werden. Wenn ich ihr zuhöre, werde ich die Wahrheit sehen – insbesondere die Wahrheit über das innere Problem, das die Ursache dieses Schlamassels ist. Ich bitte sie, mir Teile ihres Herzens zu zeigen, von denen sie vielleicht nicht weiß, dass sie da sind, um gegen die Angst und die Scham anzukämpfen, die sie davon abhalten wollen, mir ihr wahres Gesicht zu zeigen. Ich werde die Wahrheit schon vor ihr erkennen, und deshalb ist es wichtig, dass sie mir vertraut, dass ich sie sehe und mein Bestes tue, um sie an den Punkt zu führen, wo auch sie sie erkennen kann. Das wird beängstigend sein, aber wenn sie sieht, was ich sehe, wird sie die Kraft erfahren, die daher rührt, dass man endlich das Ziel ausmachen kann, vielleicht zum ersten Mal in seinem Leben.

Verantwortung

Vertrauen ist eine Entscheidung, die nur eine Person treffen kann, die sich stark fühlt. Es ist wichtig, dass diese Person sich davon verabschiedet, eine Waise und ein machtloses Opfer zu sein, und eine neuentdeckte persönliche Verantwortung übernimmt. An jedem Punkt dieses Gesprächs werde ich sie einladen, mir zu vertrauen, Gott zu vertrauen, sich selbst zu vertrauen und anderen zu vertrauen.

Letztlich möchte ich diese Person zu einem persönlichen Austausch einladen, der wie eine Partnerschaft funktionieren wird. Wir werden zusammenarbeiten, um das Problem, das den Schlamassel verursacht hat, herauszufinden und eine wirksame Lösung dafür zu erarbeiten. Wenn wir aus diesem dunklen und beängstigenden Ort herauskommen, werden wir ein neues Maß an Vertrauen füreinander haben. Falls wir weiterhin miteinander unterwegs sind, während die Person die erarbeitete Lösung in die Praxis umsetzt, werden wir wahrscheinlich eine tiefe Verbundenheit entwickeln, ähnlich wie ein Arzt, der eine Frau während einer Schwangerschaft und Entbindung begleitet. Es ist unmöglich, eine solche Verletzlichkeit und solches Vertrauen gemeinsam zu erleben, ohne eine Verbindung einzugehen. Einige der Menschen, die ich am besten kenne und am meisten liebe, sind solche, denen ich geholfen habe, einen Schlamassel in Ordnung zu bringen. Die gute Frucht der Konfrontation, die ich in meinem Leben erfahren habe, hat mir nicht nur die Angst davor genommen, mich in den Schlamassel anderer hineinzubegeben, sondern mich außerdem mit einer fortdauernden Zuversicht und Hoffnung erfüllt, dass sie sich radikal verändern können. Ich sehe es als eine Ehre an, ihnen zu dienen und sie dabei so tief kennenzulernen.

Das Folgende ist eine einfache Checkliste, die Sie sich ansehen sollten, wenn Sie in eine Konfrontation gehen:

- In welcher Beziehung stehe ich zu dieser Person? Welche Autorität und welches Vertrauen habe ich in ihrem Leben? Muss ich mir von jemandem Vertrauen leihen, um in diesem Austausch Ängste abzubauen?
- Bin ich bereit, in einem Geist der Sanftmut zu dieser Person zu gehen – ohne Angst, Zorn, Bestrafung, Scham oder Kontrolle?
- Ist es mein Ziel in diesem Austausch, dieser Person den Vater zu zeigen, indem ich sie aus einer Waisenmentalität und dem Bestrafungsparadigma heraus in ihre wahre Identität als Sohn bzw. Tochter im Neuen Bund einlade?
- Bin ich bereit, mit dieser Person durch den Buß-, Versöhnungs- und Wiederherstellungsprozess zu gehen?

Das 5-E-Konfrontationsmodell

In einer Konfrontation benutze ich ein grundlegendes Modell, um jemandem zu helfen, zunächst das Problem zu entdecken, das seinen Schlamassel verursacht hat, und dann einen Plan zur Lösung des Problems und zur Beseitigung des Schlamassels zu erarbeiten. Ich nenne es das 5-E-Konfrontationsmodell:

1. EMPATHIE: Die Grundlage für Vertrauen legen (Rapport, Verletzlichkeit, Verantwortung)
2. ERMÖGLICHEN: Stellen Sie aufschlussreiche Fragen, um der Person zu helfen, die Verantwortung für ihr Schlamassel zu übernehmen und nach der eigentlichen Ursache zu suchen.
3. ERKUNDEN: Entdecken Sie das Grundproblem, das zu dem Schlamassel geführt hat und wer davon betroffen ist.
4. ERSTELLEN: Helfen Sie der Person, einen Plan zum Aufräumen ihres Schlamassels zu erstellen.
5. ERWARTEN: Erstellen Sie eine Zielvorgabe, wann und wie der Schlamassel aufgeräumt werden soll.

Um jeden dieser Punkte auf dem Weg zu erreichen, muss die Person die folgenden großen Fragen beantworten:

1. EMPATHIE: WAS ist passiert?

2. ERMÖGLICHEN: WAS ist das Problem und WAS wirst du dagegen unternehmen?
3. ERKUNDEN: WER ist von diesem Problem betroffen?
4. ERSTELLEN: WAS bist du bereit zu tun, um diesen Schlamassel aufzuräumen?
5. ERWARTEN: WER wird dir bei diesem Prozess helfen, und WANN werde ich davon überzeugt sein, dass dieses Schlamassel aufgeräumt ist?

EMPATHIE: „Was ist passiert?"

Mein Erstgespräch mit einer Person, die im Schlamassel steckt, beginnt damit, dass ich eine Frage stelle: „Was ist passiert?" Dann lasse ich die Person ihr ganzes Herz über die Einzelheiten der Vorfälle ausschütten, wegen denen sie überführt und in mein Büro gebracht wurde. Normalerweise kenne ich die meisten dieser Details bereits, aber ich möchte mir ihre Version anhören und so viel wie möglich darüber herausfinden, wie sie sich fühlt und was sie denkt. Beim Zuhören ist mein erstes Ziel, Einfühlungsvermögen zu zeigen, d. h. „mit ihr zu fühlen", um zu zeigen, dass ich sie verstehe, dass sie mir wichtig ist und dass ich hier bin, um mit ihr zusammenzuarbeiten, nicht um mich ihr entgegenzustellen.

Eine Sache, die in der Regel schnell klar wird, ist, dass die Person glaubt, der Grund, warum sie bei mir ist, sei, um ihre Sünden zu beichten und bestraft zu werden. Manche Menschen offenbaren diese Überzeugung durch Strafvermeidungstaktiken – sie schweigen, werden defensiv, bringen Ausreden vor, schieben die Schuld von sich oder leugnen rundheraus, was sie getan haben. Andere sind eher unterwürfig und legen ein detailliertes Geständnis ihrer Sünden ab. Dabei bestrafen sie sich oft selbst, indem sie erklären, wie schlecht und beschämt sie seien.

Bei vielen Konfrontationen gelingt es leider nicht, eine Person in Buße, Versöhnung und Wiederherstellung zu führen, weil deren Erwartung, bestraft zu werden, erfüllt wird. Dies passiert meist dann, wenn ein Geständnis fälschlicherweise mit Buße verwechselt wird. Sind wir damit zufrieden, dass die Person den Ehebruch, die Pornosucht, die Lüge oder das verleumderische Gerede zugibt, ist dies ein klares Zeichen dafür, dass wir im Bestrafungsparadigma operieren. Wie gesagt, verlangt das Bestrafungsparadigma niemals Buße. Es verlangt nur einen Weg, um Schuld festzustellen, und das geschieht entweder durch Zeugenaussagen oder durch ein Geständnis. Ein Geständnis autorisiert uns, zu bestrafen und uns dabei gerechtfertigt zu fühlen. In einer vom Neuen Bund geprägten Konfrontation ist ein Geständnis jedoch nur dann wertvoll, wenn es die Sünde ans Licht bringt, damit wir mit der Suche nach dem Problem beginnen können.

Eine der subtilen Arten, wie es dazu kommt, dass Menschen in einer Konfrontation bestraft werden, ist, wenn die Person, die sie konfrontiert, anfängt, ihnen zu sagen, was sie denken und fühlen sollte oder was andere denken und fühlen. „Lass mich dir sagen, was vor sich geht. Lass mich dir sagen, was du getan hast. Lass mich dir sagen, wie destruktiv das war." Das ist, als würde ein Elternteil ein Kind wegen dessen Missetaten schimpfen. Zu echter Empathie gehört es, zu erkennen und zu bestätigen, was Menschen tatsächlich denken und fühlen. Wenn wir Angst davor haben, die wahren Gefühle von jemandem anzuerkennen – weil er der Täter ist und diese Gefühle keine Rolle spielen sollten oder weil ihre Anerkennung irgendwie eine Billigung dessen sei, was er getan hat – dann operieren wir mit Bestrafung statt mit Empathie.

Auch hier gilt, dass wir, um uns jemandem im „Geist der Sanftmut" nähern zu können, geistlich und emotional reif sein müssen. Das bedeutet, dass wir Zeit mit dem Vater verbracht und dabei erfahren haben müssen, dass er sich uns mit Einfühlungsvermögen nähert, was unsere eigene Sünde angeht: *„Jesus ist ja nicht ein Hohepriester, der uns in unserer Schwachheit nicht verstehen könnte. Vielmehr war er – genau wie wir – Versuchungen aller Art ausgesetzt ..."* (Hebr 4,15). Er hat keine Angst vor unserem Schlamassel. Er ist barmherzig und verständnisvoll. Er weiß genau, was wir durchmachen. Er ist der sicherste Ort für uns, um zu bekennen, was geschehen ist. Das ist die Wahrheit, der wir um unserer selbst willen begegnen müssen und die wir anderen zeigen müssen, wenn wir ihr Vertrauen gewinnen und sie einladen wollen, ins Licht zu treten. Wenn wir jemandem diese Art von Empathie nicht bieten können, müssen wir zum Vater gehen und von ihm lernen, bis wir es können.

Hier sind einige häufige Aussagen und Fragen, die ich verwende, um Einfühlungsvermögen zu zeigen:

- Wie geht es dir?
- Das muss sehr beängstigend sein.
- Ich kann sehen, dass es sehr schmerzhaft für dich ist.
- Wahrscheinlich fühlst du dich wegen all dem schrecklich.
- Ist alles okay?
- Kann ich dir ein Glas Wasser bringen? Ein Taschentuch?
- Es ist wahrscheinlich nicht einfach, darüber zu sprechen.

Ein offensichtliches Anzeichen dafür, dass mein Einfühlungsvermögen ankommt, ist, dass ich anfange, die Sätze der Person zu beenden, und dass sie zustimmend nickt – wir verstehen einander. Anzeichen dafür, dass ihre Angst nachlässt und sie sich sicherer fühlt, sehe ich auch, wenn sie in meine Augen blicken kann und ihre Haltung von geschlossen zu offen wechselt.

ERMÖGLICHEN: „WAS ist das Problem und WAS willst du dagegen tun?"

Während die Person mir erzählt, was passiert ist, und ich mich in ihre Situation einfühle, frage ich mich auch: „Was ist *wirklich* passiert?" „Ich versuche, mir eine Adlerperspektive über die Situation und das Verhalten der Person zu verschaffen, damit ich die Verhaltensmuster erkennen kann, die auf das Problem hinweisen, da ich noch nicht weiß, was das Problem ist.

Ich weiß, dass der Grund, weshalb diese Person in Problemen steckt – Ehebruch, Trunkenheit am Steuer, Lügen, Diebstahl, sexuelle Vergehen usw. – *nicht* das Problem ist. Dies sind nur die Symptome des Problems. Ich weiß auch, dass der Grund, warum die Person nicht wirklich Buße getan hat, darin liegt, dass sie auch nicht weiß, was das Problem ist. Es kann sein, dass sie ihr Verhalten bereut – oft hat sie schon mehrere Runden hinter sich, erwischt zu werden, zu weinen, zu gestehen, sich zu entschuldigen und es eine Zeit lang unter Kontrolle zu bringen, bevor sie wieder im selben Schlamassel gelandet ist. Mit jedem Misserfolg ist ihre Hoffnung auf Veränderung geschwunden, und die Menschen in ihrem Leben können ihr nicht mehr glauben. Das Problem ist, dass sie immer wieder versucht, für ihr Verhalten oder dessen Folgen Buße zu tun. Das ist unmöglich. Man kann nicht für Ehebruch, Sex außerhalb der Ehe, Trunkenheit am Steuer oder Schwangerschaft „Buße tun". Man kann sich schrecklich fühlen, dass man diese Handlungen und Konsequenzen in seinem Leben und im Leben seiner Mitmenschen zugelassen hat, aber man kann sie nicht verschwinden lassen.

Der einzige Weg, wie wir Buße tun können, ist, das Problem, das zu dem destruktiven Verhalten geführt hat, zu finden und sich damit auseinanderzusetzen. Buße ist das, was zur *Bekehrung* führt:

> *So tut nun Buße und bekehrt euch, dass eure Sünden ausgetilgt werden* (Apg 3,19 ELB).

Obwohl wir Buße und Bekehrung normalerweise als das betrachten, was wir tun, wenn wir unser Leben Jesus übergeben, sind sie eine ständige Praxis im christlichen Leben. Buße bedeutet, seine Gesinnung zu ändern, und Bekehrung bedeutet, verwandelt zu werden. Das ist es, was Paulus in Römer 12,2 beschreibt: *„Und seid nicht gleichförmig dieser Welt, sondern werdet verwandelt durch die Erneuerung des Sinnes ..."* Buße, nicht Beichte, ist es, wo die Person mit dem auf Wunden und Lügen aufgebauten System an Überzeugungen bricht, das sie zu der Affäre, Pornografie, Lüge, Trunkenheit oder Klatsch geführt hat, und die Wahrheit empfängt, die sie befreit, indem ein neuer Sinn und ein neues Herz in ihr geformt wird.

Nun habe ich normalerweise eine gutes Gespür dafür, was das Problem sein könnte, da die Wunden und Lügen, welche schlechte Überzeugungen und ein destruktives Verhalten hervorrufen, bei uns allen sehr ähnlich sind. Grundsätzlich folgt jede Sünde demselben Muster. Ich weiß, dass ich vor einem Waisenkind sitze, das versucht hat, seine Wünschen zu erfüllen, seine Bedürfnisse zu stillen oder seinen Ängsten auf eine Weise zu entkommen, durch das Gott, es selbst und andere verletzt wurden. Ich weiß, dass Scham, die Angst vor Bestrafung und das Ziel der Selbsterhaltung die Verhaltensstrategien der Person bestimmen. Ich achte jedoch darauf, nicht in die Falle der voreiligen Schlussfolgerungen zu tappen, wie und warum sich dieses Muster in ihrem Leben abspielt – eine Lektion, die ich auf die harte Tour gelernt habe. Ich weiß auch, dass die eigentliche Herausforderung darin besteht, der Person zu helfen, das Problem selbst zu finden und zu erkennen. Deshalb habe ich, selbst wenn ich dasitze und seelenruhig über meinen Bart streiche gewöhnlich ein Gefühl der inneren Verzweiflung, das mich dazu bringt, still zu beten: „Jesus, hilf mir. Hilf mir, Jesus. Hilf mir. Oh Gott, ich weiß nicht, was ich hier tun soll. Hilf mir, zu erkennen, was da abläuft, und das Problem zu finden. Du hast gesagt, wenn jemandem die Weisheit fehlt, brauche er nur zu bitten, und du würdest großzügig geben (vgl. Jak 1,5)." Ich wende mich intensiv im Glauben an den Heiligen Geist und vertraue darauf, dass er mich befähigen wird, der Person mit prophetischer Weisheit und Unterscheidungsvermögen zuzuhören und dass er sein Licht auf den inneren Zustand ihres Herzens richtet.

Wenn die Person ihre anfängliche „Was ist passiert"-Erklärung abschließt, antworte ich mit der Frage: „Was ist also das Problem?" Das ist der Punkt, an dem wir wirklich anfangen, einen wechselseitigen Austausch zu führen, denn das Problem zu finden, ist der Punkt, an dem sie meine Hilfe am meisten braucht. Einige Leute werden eine Antwort bezüglich des Verhaltens geben: „Nun, das Problem ist, dass ich meine Frau betrogen habe." Andere werden zugeben: „Ich weiß nicht, was das Problem ist."

Ich stelle dann noch weitere Fragen, wie zum Beispiel:

- Warum hast du das wohl getan?
- Was wolltest du damit erreichen?
- Was wolltest du vermeiden?
- Wovor hast du solche Angst?
- Welches Bedürfnis wolltest du stillen?
- Ist dir das schon einmal passiert?
- Was hast du damals dagegen unternommen?
- Hat es funktioniert?
- Wenn ja, warum ist es wieder da?
- Hast du das Problem beim ersten Mal wirklich gefunden?
- Weißt du, was die Schwachstelle ist?
- Ist dir bewusst, wie andere Menschen dich wegen dieser Schwachstelle erleben?

Wenn ihre Antwort keinen Sinn ergibt oder irreführend erscheint, werde ich der Person vorsichtig Kontra geben und sie bitten, es noch einmal zu versuchen. In der Regel beginne ich an dieser Stelle damit, meine Einschätzung der DISG-Konstellation dieser Person zu nutzen, was mir hilft zu erkennen, wie diese Person mit ihrem Leben und ihren Beziehungen interagiert. Ich stelle Fragen, die auf ihre grundsätzlichen Bedürfnisse, Überzeugungen, Motivationen und Kämpfe eingehen. Schließlich, wenn die Informations-Puzzleteile zusammenkommen, schlage ich verschiedene Deutungen vor, um zu sehen, ob sie ankommen oder nicht. „Würdest du also sagen, dass dies der Grund dafür ist, dass du das getan hast? Ist es das, was du dir erhofft hast?“ Manchmal liege ich daneben und ich muss neue Fragen stellen oder nachbohren, um noch mehr Informationen zu erhalten. Manchmal weiß ich, dass ich auf der richtigen Spur bin, aber ich muss es ein paar Mal umformulieren, bevor die Person sagt: „Ja, das klingt richtig.“ Aber irgendwann, wenn dieser Teil des Gesprächs erfolgreich ist, kommen wir an den Punkt, an dem ich in der Lage bin, das Problems zu skizzieren, was normalerweise in etwa so klingt:

- „Das hört sich an, als hättest du Angst davor, bestraft, gedemütigt und entmachtet zu werden. Deine Strategie zur Vermeidung von Bestrafung besteht also darin, nie Probleme zu haben oder jemanden um Hilfe bitten zu müssen. Du lebst im Verborgenen, sogar vor dir selbst.“
- „Es klingt so, als hättest du Angst davor, abgelehnt zu werden, weil du einen Fehler gemacht oder jemanden unglücklich gemacht hast. Deine Strategie besteht also darin, Konflikte zu vermeiden und immer perfekt zu sein.
- „Es klingt, als hättest du Angst davor, zerstört zu werden und dass dir alles genommen wird. Deshalb hast du dich zum König deines eigenen Schlosses gemacht, die gesamte Entscheidungsgewalt an dich gerissen und dich mit Menschen umgeben, die du kontrollieren und ausbeuten kannst.

Falls die Person sagt: „Nein, das klingt nicht richtig“, formuliere ich es um. Noch einmal: Mein Ziel ist es nicht, sie von etwas zu überzeugen, bevor sie es selbst sieht. Der Groschen ist gefallen, wenn sie sagt: „Weißt du, was ich tue? Ich lebe im Verborgenen, weil ich niemanden sehen lassen will, dass ich Probleme habe. Denn wenn sie mich sehen, werde ich bestraft, gedemütigt und entmachtet. Deshalb hatte ich so lange keine Verbindung zu meiner Frau und habe den Bezug zu meinen eigenen Bedürfnissen verloren. Und deshalb habe ich so verzweifelt nach Beziehung gesucht, dass ich meine Ehe verraten habe."

Sobald die Person das Problem erkennt, dauert es gewöhnlich nicht lange, bis sie das sieht, was ich als „Schwachstelle" bezeichne – die Verletzungserfahrung, die sie typischerweise in der Kindheit hatte und die die Lügen initiierte, auf denen ihr von Angst getriebenes, schlechtes Überzeugungssystem aufgebaut war. Sie beginnt, die Zusammenhänge zu sehen, und versteht, dass sie seit dieser Erfahrung ein Waisendasein geführt hat, das lange Zeit ihr Verhalten geprägt hat. Die Schwachstelle zu finden, ist der überzeugendste Beweis dafür, dass man das Problem richtig erkannt hat – und weist den Weg zu der Art von Buße, die zur Lösung des Problems erforderlich ist.

Das Auffinden der Schwachstelle ist außerdem entscheidend, weil es normalerweise der Punkt ist, an dem die Person ihre Macht abgegeben hat. Sie wurde ein Opfer ihrer Wunde und der Lügen, die die Wunde ihr beigebracht hat, und hat ihr Verantwortungsgefühl für ihre Entscheidungen und die aus ihnen hervorgehenden Gewohnheiten verloren. Der Grund, warum ich dies den „Ermöglichen-Schritt" nenne, liegt darin, dass die Person beginnt, ihre Opfer-Mentalität zu enträtseln, dadurch dass sie fähig wird, ihr Problem zu finden und dafür Verantwortung zu übernehmen. Wenn sie anfängt, meine Fragen zu beantworten, höre ich viele Antworten, wie zum Beispiel: „Diese Dinge passieren mir einfach. – Das verstehe ich nicht. – Frauen (Männer) baggern mich einfach immer wieder an. – Ich ging einfach in diesen Laden und beschloss wieder, etwas zu stehlen, und wurde erwischt. – Es war nur ein Bier. – Ich glaube, die Bullen sind hinter mir her, weil mein Auto rot ist, deshalb haben sie mich angehalten." Jedes Mal frage ich dann: „Okay, wer hat das entschieden? Wer hat dich dazu gebracht? Wer hat die Macht, dich dazu zu zwingen? Wer kann dich kontrollieren?"

Die Botschaft, die ich mit diesem Austausch vermittle, lautet: „Du bist sind eine Person, die Macht über ihr Leben hat. Du entscheidest, was du als Nächstes tun wirst. Anscheinend hast du einige schreckliche Gewohnheiten, sodass es sich nicht so anfühlt, als würdest du selbst entscheiden. Du hast es so oft und regelmäßig getan, dass du gar nicht mehr gemerkt hast, dass es eine Entscheidung ist, die du getroffen hast. Du hast den Abstand zwischen Ursache und Wirkung verkürzt, und es fühlt sich an, als sei es einfach so passiert. Aber du entscheidest dich dafür, wütend zu werden. Du entscheidest dich, Drogen zu nehmen. Du entscheidest dich dafür, nach Pornographie zu suchen und zu masturbieren. Du entscheidest dich dafür, deinen Ehepartner so zu behandeln. Der Teufel hat dich nicht dazu gezwungen, genauso wenig wie deine Eltern, deine Finanzen, deine Herkunft, dein Geschlecht, deine Klasse, irgendeine andere Person oder ein anderer Umstand. Du allein triffst diese Entscheidungen. In dem Moment, in dem du das erkennst, erkennst du auch, dass du fähig bist, eine andere Entscheidung zu treffen."

Wenn wir den Punkt im Gespräch erreichen, an dem ich höre, dass die Person im Wesentlichen zugibt: „Das ist das Problem, und ich selbst habe mich in diesen Schlamassel gebracht", dann stelle ich die nächste „Ermöglichen-Frage": „Und was wirst du nun tun?"

Oft weiß die Person dann nicht, was sie tun soll, und deshalb bin ich wieder einmal da, um ihr bei der Entscheidungsfindung zu helfen. Ich biete gerne ein paar Optionen an und grenze sie ein. Bei ein paar Optionen geht es darum, was man *nicht* tun sollte: „Nun, du könntest einfach mit dem weitermachen, was du bisher getan hast, und es hinterhältiger angehen. Was hältst du davon?" Gewichtige Optionen sind die Suche nach professioneller Hilfe bei einem Berater oder Psychologen, der Beitritt zu einer Zwölf-Schritte-Selbsthilfegruppe, bestimmte Bücher zu lesen oder andere Ressourcen zu nutzen. Wichtig ist, dass sie alle eine Möglichkeit bieten, dass die Person Heilung für die Schwachstelle erhält, dass sie für die Lügen, die sie geglaubt hat, Buße tut, dass sie anfängt, ein auf der Wahrheit basierendes Überzeugungssystem aufzubauen, und mit der Zeit eine neue Kultur des Seins und Verhaltens praktiziert.

ERKUNDEN: „Wer ist von diesem Problem betroffen?"

Durch die Ermöglichen-Phase hat die Person ihre ersten Schritte aus dem Bestrafungsparadigma heraus unternommen. Ich tue nun mein Bestes, um ihr das Herz des Vaters zu zeigen: Ich konfrontiere die Scham mit der Botschaft, dass die Person ein fähiger und geliebter Sohn bzw. eine fähige und geliebte Tochter ist; ich konfrontiere die

Furcht vor Bestrafung mit Sanftheit und den Hang zur Selbsterhaltung mit der Einladung, Verbundenheit zu wählen. Sobald ich sehe, dass die Person anfängt, diesen Weg zu gehen, indem sie eine Stärke entwickelt, ihr Problem zu suchen, richte ich ihre Aufmerksamkeit auf den Schlamassel – die Spur der Verwüstung, die sie durch ihr zerstörerisches Verhalten in ihren Beziehungen zu Gott, zu sich selbst und zu anderen angerichtet hat. Das ist der Schritt, auf den wir wirklich aus sind, nachdem wir vom Ziel der Selbsterhaltung zum Ziel der Verbundenheit übergegangen sind.

Ich beginne mit der Frage: „Wer war in deinem Leben von diesem Problem betroffen?" und verwende dabei oft die „Analogie des Farbeimers": „Stell dir vor, du hast einen Eimer Farbe fallen lassen und dadurch wurden die Menschen um dich herum vollgespritzt. Wer alles hat Farbe auf sich?"

Die Person beginnt dann, einen nach dem anderen, die Menschen zu nennen, die am meisten betroffen waren, wobei sie normalerweise mit ihren engsten Beziehungen beginnt – Gott, ihr Ehepartner, ihre Familie, ihre besten Freunde. Wenn sie in die weniger engen Kreise vorstößt, mache ich oft Vorschläge und erinnere sie an die Personen, die am wahrscheinlichsten betroffen waren. Meist sind es Menschen am Arbeitsplatz, in der Gemeinde, am Ort oder an anderen Orten, wo sie Einfluss hat, die sie „bespritzt" hat und die einbezogen werden müssen.

Ich fordere die Person dann auf, konkret darüber nachzudenken, wie sich der Schlamassel auf all diese Leute und Gruppen ausgewirkt hat oder auswirken wird, sobald sie davon erfahren. An diesem Punkt, wenn ein Gesicht nach dem anderen vor den Augen der Person aufblitzt und sie endlich zulässt, den Schaden, den sie verursacht hat, zu sehen und zu fühlen, setzt die göttliche Traurigkeit ein. Die Tränen beginnen zu fließen, wenn ihnen klar wird: „Du meine Güte, was habe ich nur getan? Wie konnte ich das geschehen lassen? Ich habe all diesen Menschen wehgetan."

Ich bleibe an diesem Punkt solange, wie ich kann, denn gottgewollte Traurigkeit ist so entscheidend für die Buße: *„Denn eine solche gottgewollte Traurigkeit bewirkt eine Änderung des Lebens, die zur Rettung führt – und die bereut man nicht. Dagegen führt eine Traurigkeit, wie sie die Menschen dieser Welt empfinden, ganz sicher zum Tod"* (2 Kor 7,10 BAS). Die meisten dieser Menschen haben viel weltliche Traurigkeit erlebt, die Teil des Bestrafungsparadigmas ist. Es ist die schmerzliche Scham, erwischt zu werden. Es ist das „Wehe mir"-Jammern des Opfers. Es sind die tränenreichen Entschuldigungen und das Betteln, dass einen die Leute davonkommen lassen, ohne dass man seinen Dreck wegräumt. Weltliche Traurigkeit führt zum Tod, weil sie letztlich selbstbezogen ist und einen nur noch weiter den Pfad der Waisen hinabführt. Es sind lediglich weitere Früchte des Schwachpunktes und seiner Lügen. Aber gottgewollte Traurigkeit ist die Frucht dessen, dass man endlich die Wahrheit darüber erkennt, wer Gott ist, wer man selbst ist und wie sehr man die wertvollsten Dinge in seinem Leben – seine Beziehungen – entwertet und beschädigt hat. Es ist die Traurigkeit, dass man Gott und andere nicht so geliebt hat, wie sie es verdienen. Und es ist diese Traurigkeit, die einem schließlich das Herz bricht, sodass man sagt: „Diese Menschen brauchen mehr als eine Entschuldigung von mir. Sie brauchen eine neue Version von mir. Ich will uns nie wieder diese Art von Schmerz zufügen. Was muss ich tun, um den Schlamassel aufzuräumen und mich zu ändern, damit ich nie wieder so einen Schlamassel anrichte?

ERSTELLEN: „Was bist du bereit zu tun, um diesen Schlamassel aufzuräumen?"

Sobald ich sehe, dass die Person das Ausmaß des Durcheinanders, das sie angerichtet hat, wirklich verstanden hat, frage ich: „Was willst du tun, um diesen Schlamassel in Ordnung zu bringen? Wenn ich sie sagen höre: „Ich werde alles tun, was nötig ist. Ich bin bereit zu tun, was immer ich tun muss, damit so etwas nie wieder passiert", dann weiß ich, dass wir bereit sind, den nächsten Schritt des Prozesses anzugehen, nämlich einen Plan zum Aufräumen des Schlamassels zu erarbeiten.

Ich baue diesen Plan gerne um die Liste der Personen herum auf, die wir während des „Erkunden"-Schrittes zusammengestellt haben, und ordne sie in konzentrischen Kreisen bzw. nach der Vertrautheit. Auch hier beginne ich damit, dass ich der Person Fragen stelle. „Was willst du tun, um deinen Schlamassel mit Gott zu bereinigen? Mit dir selbst? Mit deinem Ehepartner? Mit deinen Kindern? Mit den Autoritätspersonen in deinem Leben?" Ich weiß, dass die Person mit jedem dieser Menschen ein Gespräch führen muss, sei es persönlich oder schriftlich, und ich lade sie ein, darüber nachzudenken, welchen konkreten Schaden sie dieser Beziehung zugefügt haben und wofür sie sich entschuldigen und um Vergebung bitten müssen.

Oft werde ich die Person darin coachen, sich auf diese Gespräche vorzubereiten. Ich frage sie: „Was wirst du den Betroffenen sagen, das jetzt anders ist, damit sie glauben, dass du dies zukünftig niemals mehr jemand antun wirst? Glaubst du, dass sie dir glauben werden?“ Mein Ziel ist es, dass die Person die Klarheit und den Mut bekommt, damit sie in das Gespräch eintreten kann und bereit ist, drei Dinge zu sagen:

1. Das ist, was ich getan habe. Ich habe unsere Beziehung verraten und beschädigt. Ich bin zutiefst betrübt, dass ich dies getan habe, und ich möchte alles tun, um meinen Schlamassel mit dir zu bereinigen. Bitte verzeih mir.
2. Was brauchst du von mir, um diesen Schlamassel aufzuräumen?
3. Folgendes ist mein Plan, um mein Problem zu beheben, damit ich diesen Schlamassel nicht noch einmal mache. Ich bitte dich um dein Feedback, während ich diesen Plan ausführe, damit ich weiß, wie du mich erlebst und ob ich mich so verändere, wie ich es möchte.

Ich ermutige die Person auch, ein selbstbewusster Kommunikator zu sein. „Du wirst mit einigen verletzten Menschen sprechen“, sage ich ihnen, „und diese werden wahrscheinlich Dinge sagen, die deine Welt erschüttern werden. Übernimm Verantwortung für deinen Teil. Übernimm aber keine Verantwortung für das, wozu sich die anderen entscheiden. Falls diese verbittert, verurteilend und bestrafend reagieren, übernimm keine Verantwortung dafür. Du bist kein Gefangener vor einem Erschießungskommando. Ihr beide seid zwei fähige Menschen, die eine sehr schmerzhafte Situation aufarbeiten. Du bist nicht gekommen, damit der andere dich verletzen kann – du bist gekommen, um den Schlamassel in Ordnung zu bringen.

Hier folgen meine grundlegenden Richtlinien dafür, wenn man einen Schlamassel in Ordnung bringen will:

1. Sie sollten das Problem, das Sie beheben wollen, wirklich kennen.
2. Sie müssen wissen, wie man das Problem beheben kann, oder einen überzeugenden Anhaltspunkt dafür haben.

3. Ihr Plan sollte mehrere andere, glaubwürdige Personen einbeziehen.
4. Lernen Sie zu verstehen, wie andere Sie in Ihrem Problem erlebt haben.
5. Hören Sie ihnen zu und lassen Sie zu, dass sie Ihnen ihren Schmerz zeigen.
6. Übernehmen Sie Verantwortung für den Schmerz, den Sie verursacht haben.
7. Überzeugen Sie die Menschen, die Sie verletzt haben, dass dieses Problem gelöst ist und nicht wieder vorkommt.
8. Bitten Sie um Vergebung.
9. Bleiben Sie während dieses ganzen Prozesses in der Liebe.
10. Seien Sie geduldig.

ERWARTEN: „WER wird dir bei diesem Prozess helfen? WANN werde ich davon überzeugt sein, dass dieser Schlamassel aufgeräumt ist?"

Die Erstellen-Phase ist abgeschlossen, wenn die Person beide Teile ihres Plans fertig hat und weiß, was sie tun wird. Teil 1 betrifft das, was sie tun wird, um an sich selbst zu arbeiten, um das Problem zu beheben, und Teil 2 betrifft das, was sie tun wird, um den Schlamassel mit den Menschen in ihrem Leben zu bereinigen. Der letzte Schritt im Konfrontationsprozess besteht darin, festzulegen, wem sie Rechenschaft gibt, den Zeitplan zu bestimmen und zu definieren, was eine erfolgreiche Durchführung des Plans ausmacht. Hier einige der Fragen, die ich normalerweise in dieser Phase stelle:

- Brauchst du etwas von mir?
- Willst du, dass ich Teil dieses Prozesses bin?
- Von wem außer mir wirst du Hilfe erhalten?
- Wem außer mir wirst du Rechenschaft geben?
- Wie wirst du mich über den Stand deiner Aufarbeitung mit dieser Person informieren?

- Zu welchem Zeitpunkt erfahre ich, wie du vorankommst? Wann?
- Wann wird dieser Schlamassel aufgeräumt sein?

Ich verlange von der Person nie, dass in erster Linie ich sie in diesem Prozess coache, anleite und Rechenschaft einfordere. Wenn es mir gelungen ist, durch dieses Gespräch Vertrauen zu der Person aufzubauen, weiß ich, dass ich wahrscheinlich auf der Liste der Personen stehen werde, von denen sie sich Hilfe wünscht. Aber vielleicht hat sie ja einen Seelsorger, Therapeuten, Pastor, Freund oder anderen Helfer, dem sie vertraut und mit dem sie zusammenarbeiten möchte. In diesem Fall braucht sie mich nur davon zu überzeugen, dass die andere Person tatsächlich helfen und sie in die Lage versetzen wird, den Prozess und den Plan, den wir gemeinsam erarbeitet haben, umzusetzen. Ich möchte, dass die Person von ihrem Helfer erwartet, dass er fähig und verantwortungsbewusst ist, ihr hilft, getroffene Entscheidungen zu verstehen und auch zu erkennen, was sie ändern kann und wo ihre eigene Verantwortung, etwas zu ändern, aufhört. Ich möchte nicht, dass sie sich jemanden aussucht, der in die klassische Chef-Angestellten-, Pastor-Gemeinde-, Leiter-Anhänger- oder Eltern-Kind-Dynamik verfällt, nach dem Motto: „Diese Person steckt in Schwierigkeiten und verdient es, eine Zeit lang kontrolliert zu werden."

Das typische Problem mit „Rechenschaftsgruppen" ist, dass sie mit der Zeit entweder zu kontrollierend oder zu lasch werden, weil sie nicht verlangen, dass die Menschen aufhören, Opfer zu sein und selbstständig werden. Sie helfen den Menschen nicht, ihre Probleme und Schwachstellen zu finden, damit sie Buße tun und sich ändern können. Sie sind entweder Orte, an denen die Menschen sagen: „Bitte haltet mich davon ab, mir in die Hose zu machen", oder: „Wir bedauern einfach, dass wir nicht aufhören können, uns in die Hose zu machen." Gesunde Rechenschaft bzw. Verantwortlichkeit ist, dass wir sagen: „Ich werde aufhören, mir in die Hosen zu machen und wünsche mir deine Unterstützung bei dieser Entscheidung."

Der Zeitplan wird in der Regel Etappen umfassen und ein gewisses Maß an Flexibilität erfordern, um den zeitlichen Verpflichtungen der Menschen und den unterschiedlichen Geschwindigkeiten, mit denen sie den Schlamassel aufräumen, gerecht zu werden. Ben Armstrong führte damals bis zu zwei Jahre lang Gespräche mit Menschen, nachdem seine Affäre öffentlich wurde, weil sein Geständnis weltweit verbreitet wurde, und er lud jeden, der mit ihm sprechen wollte, ein, sich an ihn zu wenden. Welch ein Beispiel für Mut und Engagement, seinen Schlamassel aufzuräumen! Häufig müssen Entscheidungen Teil des Plans sein, wie z. B., ob diese Person ihren Arbeitsplatz behält oder ob der Ehepartner die Scheidung einreicht. Es ist jedoch wichtig, dass die Pläne Termine haben, um sie voranzutreiben.

In den nächsten drei Kapiteln werden wir uns eingehender damit befassen, wie ein erfolgreicher Weg der Buße, Versöhnung und Wiederherstellung aussieht. Aber an diesem Punkt der Reise sollte die Person genügend Informationen haben, um sich die Frucht echter Buße und Bekehrung in ihrem Leben vorstellen zu können. Die Frucht der Buße ist immer eine radikale Verwandlung. Man denkt anders. Man spricht anders. Man lebt anders. Man entscheidet anders. Man ist ein ganz neuer Mensch. Als Folge davon kommen „Zeiten der Erfrischung vom Herrn" in das ganze persönliche Leben – in Bezug auf Gedanken und Überzeugungen, Charakter, Worte, Entscheidungen und Gewohnheiten, Beziehungen und Ehe sowie Arbeit. So sieht ein aufgeräumter Schlamassel aus, und das ist es, was sowohl die Person als auch die Menschen in ihrem Umfeld erwarten sollten. Wir sollten Berichte hören, dass die alten Verhaltensmuster neuen Verhaltensweisen des Vertrauens, des Friedens und der Verbundenheit weichen. Falls die Person beginnt, zu ihrem alten Verhalten zurückzukehren, dann müssen wir danach suchen, wo eine tiefere Buße nötig ist.

Wenn die Person mein Büro verlässt, sage ich ihr als Letztes noch, dass ich an sie glaube. Ich glaube, dass sie einen Plan hat, der funktioniert, und ich ermutige sie, während sie ihn ausführt. Ich glaube, dass sie Buße tun wird und dass ihre Buße vollendet werden wird. Ich glaube, dass sie mein Büro in der Kraft des Heiligen Geistes verlässt, der sich mit ihr zusammenschließt, um ein brandneues Leben aufzubauen. Und ich glaube, dass wir uns alle eines Tages über die unglaubliche Frucht eines Lebens freuen werden, das durch Reue, Versöhnung und Wiederherstellung verwandelt ist.

Kapitel 8

Umkehr

Während einer kürzlichen Dienstreise in das Vereinigte Königreich sahen Sheri und ich das Broadway-Musical *König der Löwen* in London. Die Produktion war einfach spektakulär. Die Kostüme waren wunderbar kreativ, und die Darsteller waren überirdisch talentiert. Aber das Beeindruckendste von allem war die Geschichte. Es ist eine Geschichte der Umkehr (Buße), der Versöhnung und der Wiederherstellung – in Wirklichkeit ist es die Geschichte vom verlorenen Sohn.

Simba, Sohn und Erbe von Mufasa, König der Stolzen Länder, ist von seiner Bestimmung abgekommen, als sein Onkel Scar[1] (sein Name ist eine perfekte Metapher für die Wunden, die die „Schwachstelle" in unser Leben bringen) ihn für den Tod seines Vaters verantwortlich macht und ihn ins Exil schickt. Auf der Flucht vor seiner Scham lebt er ein Leben des *hakuna matata* („keine Sorgen" – keine Verantwortung) als Waise im Dschungel mit seinen Freunden.

Dann taucht eines Tages seine alte Freundin Nala auf, erinnert ihn an seine wahre Identität und seine Verantwortung, König zu sein. Sie beschreibt die Verwüstung, die seinem Königreich in seiner Abwesenheit widerfahren ist (ein großartiges Bild des Kollateralschadens, den wir verursachen, wenn wir als Opfer unserer Wunden in Sünde leben). Simba reagiert nicht gut auf Nalas Konfrontation, und nachdem sie wieder weg ist, versucht er immer wieder, die Dinge zu leugne, um die unbequemen Wahrheiten, die sie ausgesprochen hat, abzuwehren. „Sie hat Unrecht. Ich kann nicht zurück. Was würde das überhaupt beweisen? Es würde nichts ändern. Du kannst die Vergangenheit nicht ändern."

[1] Engl. für „Wunde". Anm. d. Hrsg.

Dieses interne Gespräch wird durch den Rafiki (eine Art Heiliger Geist) unterbrochen, der Simba in eine weitere Konfrontation führt. Anstatt jedoch zu versuchen, Simba davon zu überzeugen, mit ihm übereinzustimmen, spricht Rafiki in Rätseln und Fragen mit ihm. Als Simba fragt: „Wer bist du?“, antwortet Rafiki: „Die Frage ist, wer bist du?“

„Oh, ich nehme an, du weißt es“, sagt Simba.

„Aber sicher doch. Du bist Mufasas Junge. Und tschüss!“

Rafiki geht weg, was Simba dazu zwingt, ihm nachzujagen, um eine Antwort zu erhalten. Als Simba ihn einholt und fragt: „Du kanntest meinen Vater?“, antwortet Rafiki: „Richtigstellung. Ich kenne deinen Vater.“ Simba versucht zu erklären, dass sein Vater tot ist, aber Rafiki besteht darauf: „Er lebt! Ich werde ihn dir zeigen.“ Dann jagt er Simba durch ein verworrenes Wurzelsystem von Bäumen und durch sumpfiges Marschland zu einem Teich mit spiegelndem Wasser (ein geeignetes Bild für einen Selbstfindungsprozess). Als Simba sagt: „Alles, was ich sehe, ist mein Spiegelbild“, spornt ihn Rafiki an: „Schau genauer hin. Er lebt … in dir.“

Plötzlich hat Simba eine Vision seines Vaters. Der Himmel öffnet sich, und Mufasa erscheint in den Wolken und sagt zu ihm: „Simba, du hast mich vergessen … Du hast vergessen, wer du bist, und somit auch mich. Hör’ auf dein Herz, Simba. Du bist zu etwas anderem bestimmt … Du bist mein Sohn … Und der wahre König. Vergiss niemals, wer du bist.“

Nachdem die Vision verblasst ist, kommt Rafiki zu ihm und stellt weitere Fragen. „Was war das?“

Simba beginnt darüber nachzudenken, was es bedeuten würde, seine Umkehr praktisch umzusetzen. „Ich weiß, was ich zu tun habe. Aber wenn ich zurückgehe, muss ich mich meiner Vergangenheit stellen. Ich bin schon so lange vor ihr weggelaufen.“

„Aber wie ich es sehe, läuft man entweder davon, oder man lernt davon“, merkt Rafiki an. Dann stellt er die entscheidende Frage: *„Also, was wirst du tun?“*

„Ich gehe zurück“, entscheidet Simba und macht sich auf den Weg.

„Gut! Mach weiter!“, ruft Rafiki ihm nach und schreit vor Lachen. „Fort mit dir!“

Der Rest der Geschichte zeigt, dass Simbas Buße echt war. Er kehrt in sein Land zurück, besiegt Scar und nimmt seinen rechtmäßigen

Platz als König ein. Infolgedessen werden seine Untertanen, sein Königreich und sein Vermächtnis wiederhergestellt.[2]

Beziehungsbasierte Identität

Diese Geschichte stellt so wunderbar dar, wie echte Buße/Umkehr aussieht. Wir sehen, wie sich Simbas Gesinnung vom Bestrafungsparadigma zum Paradigma des Neuen Bundes verändert. Seine Scham weicht der Würde, seine Furcht vor Bestrafung der Liebe und dem Mut und sein Selbsterhaltungsdrang dem Wunsch nach Beziehung, die zusammen eine radikalen Verhaltensänderung bewirken: Er lässt Verantwortungslosigkeit und Isolation hinter sich und macht sich auf den Weg, Verantwortung für seine Beziehungen zu übernehmen. Aber was *Der König der Löwen* besonders richtig darstellt, ist die zentrale Erfahrung, die wir in jedem Umkehrprozess machen müssen: dass wir uns an den Vater und daran erinnern, wer wir wirklich sind. Wir sehen dies in dem Gleichnis vom verlorenen Sohn:

> *Als er aber zu sich kam, sprach er: Wie viele Tagelöhner meines Vaters haben Überfluss an Brot, ich aber komme hier um vor Hunger. Ich will mich aufmachen und zu meinem Vater gehen und will zu ihm sagen: Vater, ich habe gesündigt gegen den Himmel und vor dir; ich bin nicht mehr würdig, dein Sohn zu heißen! Mach mich wie einen deiner Tagelöhner!* (Lk 15,17-19 ELB).

Der verlorene Sohn „kam zu sich" – das heißt, als er sich an seinen Vater erinnerte, erinnerte er sich auch daran, wer er selbst war. Die Erinnerung, dass seine Identität auf dieser Beziehung beruhte, befreite ihn aus seinem Gefängnis der Scham und brachte ihn auf den Weg nach Hause.

Im Zentrum jeder „Schwachstelle" in unserem Leben steht ein falsches Narrativ (eine auf unserem Erleben basierende Sicht oder Vorstellung) über die Welt und unseren Platz in ihr, die uns dazu bringt, eine falsche, auf Scham basierende Identität anzunehmen. Einige von uns, wie Simba, hörten eine Botschaft, wir seien für etwas Schlimmes

---

[2] *Der König der Löwen unter der* Regie von Roger Allers und Rob Minkoff, (Walt Disney Pictures, 1994).

verantwortlich, das passiert sei, und dass man uns deshalb keine Macht anvertrauen könne. Andere von uns hörten die Botschaft, dass wir nicht darauf vertrauen könnten, dass unsere Bedürfnisse von anderen erfüllt würden, und dass wir uns um uns selbst kümmern müssten. Eine große Zahl von uns hörte die Botschaft, unser Wert liege in unserem Talent, unserer Intelligenz, unserem guten Aussehen, unserem Besitz, unserem Prestige, unseren Errungenschaften oder irgendeiner anderen Eigenschaft, und deshalb läge unsere einzige Hoffnung auf Sicherheit und Wert darin, diese Dinge zu entwickeln und zu bewahren. Jedes einzelne dieser auf Scham basierenden Identitäts-Narrative führt uns dazu, innerhalb des Bestrafungsparadigmas zu operieren. Der einzige Ausweg aus dem Bestrafungsparadigma besteht darin, diese Narrative durch die Wahrheit zu ersetzen. Der wirkliche Wandel, den wir in der Buße vollziehen, besteht nicht nur darin, dass wir unsere Grundüberzeugungen, Ziele und Verhaltensstrategien ändern, sondern auch unsere grundlegende Identität.

Es gibt nur eine Sache, die der Lüge der Scham, wir seien aufgrund unserer Fehler einer Beziehung unwürdig, wirksam widerspricht, nur eine Quelle wahren, ewigen Werts, die nicht gestohlen oder durch irgendeinen Umstand oder eine Entscheidung verloren werden kann, und das ist unsere Beziehung zum Vater. Wenn wir in seiner Liebe zuhause sind und in unserer beziehungsbasierten Identität als seine Söhne und Töchter leben, befreit uns das aus dem Bestrafungsparadigma. Aus diesem Grund bestand „die vor ihm liegende Freude" Jesu nicht nur darin, dass er unsere Strafe auf sich nahm oder uns unsere Sünden vergab, sondern dass er uns mit dem Vater versöhnte – das war der Grund, warum er „das Kreuz erduldete" (vgl. Hebr 12,2). Deshalb besteht die wahre Frucht des Evangeliums in unserem Leben nicht darin, dass wir in die Kirche gehen, unsere Bibeln lesen oder beten, sondern darin, dass wir lernen, in absolut jeder Hinsicht wie ein wahrer Sohn bzw. eine wahre Tochter des Vaters zu denken, zu handeln und zu leben.

Eine Sache, die *der König der Löwen* und andere fiktive Geschichten jedoch auslassen – selbst das Gleichnis Jesu – ist, dass die Zeitspanne, in der man jemanden konfrontiert und ihm hilft, zur Umkehr zu gelangen, bzw. in der er seine eigene göttliche Konfrontation und Umkehr erlebt, selten in einem Augenblick, einem Tag oder einer Woche geschieht. Selbst das 5-E-Konfrontationsmodell, das ich in

Kapitel 7 vorgestellt habe, kann ich nicht immer in seiner Gesamtheit in einem einzigen Gespräch in meinem Büro durchführen. Manchmal braucht es eine Reihe von Gesprächen über einen bestimmten Zeitraum hinweg. Jemanden in einem Schlamassel zu konfrontieren, ihm eine Möglichkeit der Buße anzubieten und zu beobachten, was er tut, ist manchmal ein Prozess, der sich über Wochen und Monate hinzieht.

Die Herausforderung für diejenigen von uns, die Menschen auf diesen Weg einladen, ist, dass wir ihnen immer wieder eine Möglichkeit der Umkehr anbieten und gleichzeitig bereit sein müssen, angemessene Grenzen und Konsequenzen einzuführen, wenn sie das nicht tun. Wie ich in Kapitel 2 sagte, besteht das Problem in einem Umfeld, das auf Bestrafung basiert, darin, dass wir den Menschen einfach keine Möglichkeit zur Umkehr geben, oder dass wir, wenn sie doch Buße tun, darauf bestehen, dass sie trotzdem bestraft werden. Im Neuen Bund müssen wir eine Möglichkeit für Buße anbieten und gleichzeitig die Konsequenzen kommunizieren, wenn jemand nicht umkehrt. Eines der Dinge, die dies erschweren, ist, dass Buße nicht irgendein Schema ist, das wir mit den Menschen durchgehen können, sondern ein Geschenk, das sie vom Vater erhalten. Alles, was wir tun können, ist, sie einzuladen und ihnen zu raten, dieses Geschenk in Anspruch zu nehmen, im Vertrauen darauf, dass der Vater es gerne gibt, wenn sie danach trachten.

Der heiße Schlamassel von Jonathan Welton

Vor einigen Jahren hatte ich die Gelegenheit, Jonathan Welton, einen jungen, begabten Bibellehrer und Theologen, und seine Frau Karen kennenzulernen. Sheri und ich verstanden uns sofort gut mit ihnen, und es dauerte nicht lange, bis wir Schritte unternahmen, unsere Ressourcen gemeinsam zu nutzen und auf vielfältige Weise im Dienst zusammenzuarbeiten. Er hatte meine Bücher gelesen und wollte unbedingt, dass ich den Studenten seiner Online-Bibelschule, der *Welton Academy,* die Botschaft über gesunde, respektvolle Beziehungen und die dazugehörige Kultur vermitteln. Ich hingegen schätzte seine Lehre über die Bundestheologie, die viele neue Erkenntnisse enthielt, die meine eigenen Erkenntnisse ergänzten. Insbesondere seine Lehre über die fünf Bünde der Bibel und seine Theologie des Neuen Bundes – er nennt sie *Better Covenant Theology* („Theologie des besseren Bundes") – haben viel von meinem Denken und meiner Herangehensweise in den Kapiteln 4 und 5 dieses Buches geprägt. Ich ahnte nicht, dass unsere Freundschaft und Partnerschaft mich in die Lage versetzen würde, mit den Weltons durch eine der größten Herausforderungen ihres Lebens zu gehen.

Im August 2018 wandten sich einige befreundete Leiter von geistlichen Diensten an mich, um mir mitzuteilen, sie seien aufgrund einiger Berichte über unangemessenes und unmoralisches Verhalten in eine Reihe erfolgloser Konfrontationen mit Jonathan verwickelt gewesen, und baten mich, mich hier einzubringen. Im Verlauf des Konfrontationsprozesses erlebten wir viele der klassischen Höhen, Tiefen, Blockaden und Durchbrüche, die ich gewöhnlich bei Menschen erlebt habe, die den Weg der Umkehr beschreiten, und deshalb fragte ich Jonathan und Karen, ob sie bereit wären, mich die Geschichte als Fallstudie in diesem Buch darstellen zu lassen. Sie stimmten zu.

Meine Freunde im Dienst informierten mich, dass Ende 2017 mehrere Mitarbeiterinnen der *Welton Academy* Beschwerden über Jonathans unangemessenes Verhalten gegenüber einigen weiblichen Mitarbeitern der Schule vorgebracht hatten. Ein Mitglied von Jonathans Beratungsteam hatte daraufhin ein Treffen mit Jonathan und den Mitarbeitern einberufen, um diese Bedenken anzusprechen, bei dem er sich dann entschuldigte. Danach hatte er sich mit drei seiner Mitarbeiter getroffen und erneut gestanden, ihre Bedenken seien berechtigt, und sich wieder entschuldigt. Sechs Monate später berichtete seine Büroleiterin jedoch einem anderen Mitglied des Beratungsteams, Jonathans Verhalten habe sich nicht geändert und sei sogar so weit eskaliert, dass die Mitarbeiter sich ständig damit auseinandersetzen mussten.

Als ich daraufhin Jonathan fragte, ob das, was meine Freunde mir sagten, wahr sei, sagte er, es habe mit seinen Mitarbeitern Missverständnisse gegeben, die aber beherrschbar und nicht so ernst seien, wie sie von diesen Leitern dargestellt worden seien. Als ich seine Aussage jedoch einem Pastorenehepaar vorlegte, das eng mit Jonathans Dienst in Verbindung stand, um sie zu überprüfen, sagten sie mir, die Informationen, die sie erhalten hätten, seien sehr viel ernster und alarmierender, als er es dargestellt habe, und baten mich um Hilfe und Anregungen, wie man mit der Situation umgehen könne. Ich hatte dann ein Folgegespräch mit einem der Leiter, der sich ursprünglich mit mir in Verbindung gesetzt hatte. Er teilte mir weitere Einzelheiten der Berichte mit, die er hatte überprüfen lassen, aus denen sofort hervorging, dass es für mindestens fünf Frauen Gründe geben könnte, Jonathan wegen sexueller Belästigung anzuzeigen, wenn sie es wollten. Dieser Leiter erklärte, er habe versucht, Jonathan zu konfrontieren, es sei aber nicht gut gelaufen, was ihn dazu veranlasst habe, aus Jonathans Beratungsteam zurückzutreten und einen Brief an einige der Schüler der *Welton Academy* zu schreiben, die er als Mentor betreut hatte, in dem er erklärte, warum er sich nicht mehr an der Schule beteiligen würde. Ich rief daraufhin ein weiteres Mitglied von Jonathans Beratungsteam an, das mir sagte, die Berichte, die er gehört habe, stimmten mit denen des vor Kurzem zurückgetretenen Leiters überein.

Ich sollte noch erwähnen, dass Jonathan mir schon am Anfang unserer Beziehung etwas von seinem Hintergrund mitgeteilt hatte. Fast ein Jahrzehnt zuvor, als er und Karen frisch verheiratet waren, hatte er eine kurze Affäre gehabt. Zu dieser Zeit arbeitete er im Reisedienst für ein apostolisches Netzwerk, in dem er zuvor Praktikant gewesen war. Als er die Untreue gestand, erklärten die Leiter des Netzwerks, er müsse einen „Wiederherstellungsprozess" durchlaufen, um seine Legitimation bei ihnen aufrechtzuerhalten. Zu diesem Prozess gehörte eine gewisse Rechenschaftspflicht gegenüber einem der Leiter, der sich regelmäßig bei ihm meldete, während Jonathan und Karen sich bemühten, ihre Ehe wieder in Ordnung zu bringen. Sie lasen einige meiner Bücher und taten ihr Bestes, um mit ihrer Hilfe wieder Offenheit und Vertrauen aufzubauen. Schließlich gaben ihm die Leiter „gelbes Licht" für seine Rückkehr in den Dienst.

Angesichts all dieser Tatsachen wusste ich, dass wir es mit einer ernsten Situation zu tun hatten. Es war mir klar, dass Jonathan nach der ersten Affäre nicht erfolgreich Buße getan und die Schwachstelle hinter seinem unmoralischen Verhalten nicht beseitigt hatte. Stattdessen war in seinem Inneren eine Hochburg der Selbsttäuschung gewachsen, die zu dem „Königreich" seines Dienstes passte, das er sich äußerlich aufgebaut hatte – ein Königreich, in dem er die ganze Macht hatte und nicht konfrontiert werden konnte und in dem er daher in der Lage war, einen noch viel größeren Schaden anzurichten.

Ich wusste, dass es an der Zeit war, ihn mit Konsequenzen zu konfrontieren, falls er sich weigerte, das Ausmaß und die Auswirkungen des von ihm angerichteten Schlamassels zu erkennen. Ich hatte den Eindruck, dass er noch auf Jahre hinaus Hunderte von Leuten verletzen konnte, falls er nicht Buße tun würde. Gleichzeitig hegte ich aber auch die Hoffnung, dass er sich in die Reihe der Leiter einreihen könnte, die, wie ich erlebt hatte, eine hervorragende Arbeit bei der Buße, beim Aufräumen ihres Schlamassels und bei der Wiederherstellung ihrer Beziehungen geleistet hatten.

Konfrontation und Konsequenzen

Der Zeitpunkt dieser Konfrontation fiel bei mir zufällig mit einer Krankheit zusammen. Aufgrund eines Schubs der Gicht an meinen beiden Füßen und am linken Knie sowie einer Bronchitis musste ich zwei Wochen lang auf der Couch liegen, und hatte nichts anderes zu tun, als mich mit Jonathans Situation auseinanderzusetzen. In dieser Zeit verbrachte ich fast fünfunddreißig Stunden am Telefon, per Skype und per E-Mail, um den Konfrontations- und Disziplinierungsprozess voranzutreiben.

Zuerst rief ich Jonathan und Karen an, legte ihnen die Berichte vor, die mir seine Pastoren und Berater erzählt hatten, und fragte: „Was ist genau passiert?“ Jonathan leugnete alles, was nicht unwiderlegbar als E-Mail oder SMS vorlag, und versuchte, das, was er nicht leugnen konnte, herunterzuspielen. Das führte uns zu einem Wahrheitsfindungsprozess, zu dem mindestens fünfzehn Stunden Telefongespräche zwischen Jonathan, mir, seinen Pastoren, seinem Beratungsteam und seinen Mitarbeitern gehörten. Durch diese Recherche wurden die Beweise gegen ihn stichhaltiger, und alle außer ihm selbst konnten sein Verhaltensmuster des Lügens und Leugnens erkennen. Er war auch bereit, jeden, der ihn konfrontierte, zu diskreditieren und zu beleidigen … außer mir. Mir gegenüber blieb er zugänglich, engagiert und kooperativ – sogar bis dahin, dass er meiner Bitte entsprach, einem christlichen Psychiater zu erlauben, ein psychologisches Gutachten über ihn anzufertigen.

Nachdem Jonathan die Ergebnisse seines Gutachtens erhalten und erfahren hatte, dass er dem Profil für klinischen verdeckten Narzissmus entsprach, schrieb er einen Brief an sein Beratungsteam, in dem er sich für sein Verhalten entschuldigte und seinen Rücktritt von seiner Position als Präsident der Akademie bekanntgab. Als ich diesen Brief las, merkte ich, dass er voller Scham und Selbstbestrafung war, wollte aber glauben, dass ein Großteil seiner Reue aufrichtig war:

> Ich schäme mich absolut für mein Verhalten und den Schmerz, den ich verursacht habe. Ich habe das Vertrauen jeder Person in meinem Umfeld missbraucht, die sich als meine Freunde betrachten würden. Ich habe geistliche Sprache zu meinem Vorteil missbraucht und diejenigen ausgebeutet, die mich für einen vertrauenswürdigen Leiter für sie hielten. Das bin ich jedoch nicht und habe etwas geschaffen, das den Menschen, die mich am meisten lieben, massiven Schmerz zugefügt hat. Ich habe selbstsüchtig ein System aufgebaut, das es mir erlaubte, so zu existieren, ohne hinterfragt zu werden … Ich war so manipulativ anderen gegenüber, dass ich sogar mich selbst täuschte und Wege fand, um den Verrat an meinen Freundschaften vor mir selbst zu rechtfertigen …
> Ich entscheide mich dafür, Korrektur anzunehmen. Mit sofortiger Wirkung trete ich von meinem Amt als Präsident der Welton Academy zurück und übergebe die Leitung an mein Beratungsteam. Das Beste für diejenigen, die an mich geglaubt und mich unterstützt haben, ist, dass ich mich aus der Öffentlichkeit zurückziehe, professionelle Beratung suche und anfange, meinen Schlamassel zu bereinigen.

Weniger als eine Woche, nachdem Jonathan diesen Brief verschickt hatte, kam jedoch ans Licht, dass er eine seiner Mitarbeiterinnen in einen raffinierten Plan verwickelt hatte, um Indiskretionen zu vertuschen, die er mit ihr begangen hatte. Diese Enthüllung machte mir klar, dass sein Brief nichts mit echter Buße zu tun hatte. Es war eine ausgeklügelte Entschuldigung, die eine Überführung von Sünde und ein Einfühlungsvermögen für seine Opfer nur vorgab, indem sie sich der Sprache der Menschen bediente, die ihn konfrontiert hatten, mit dem Ziel, sie davon zu überzeugen, dass er sich selbst bestraft hatte und von ihnen nicht mehr bestraft werden müsse. Es war mir jetzt völlig klar, dass es an der Zeit war, einem Mann, der nicht Buße tun wollte bzw. nicht dazu fähig war, Grenzen zu setzen.

Mit Jonathans Zustimmung wandte ich mich an die Leiter, die bisher an dem Prozess beteiligt waren, und fragte sie, ob sie bereit wären, mit mir gemeinsam einen Beirat zu bilden, um geeignete Konsequenzen für Jonathans Verhalten zu bestimmen, zu kommunizieren und durchzusetzen. Daraufhin verfasste und verschickte ich mit der Zustimmung des Beirats einen Brief an die Studenten der *Welton Academy,* an die Organisation, die die Zeugnisse für die Schule ausstellt und an eine Gruppe ausgewählter Leiter. Darin legte ich eine Reihe von Konsequenzen dar, die wir empfahlen, darunter die Annahme von Jonathans Rücktritt, die Aufforderung an ihn, psychiatrische Hilfe aufzusuchen, die Einführung eines Kontaktverbots zwischen ihm und seinen Mitarbeitern, die Schließung der Schule und die Rückerstattung der Studiengebühren für jeden Schüler sowie die Entschädigung aller Mitarbeiter mit bis zu sechs Monaten ihres Einkommens und für notwendige Seelsorgedienste. Ich erklärte, dass der Beirat nur geistliche, nicht juristische Autorität habe, und dass Jonathan als alleiniger Eigentümer der Schule immer noch frei sei, so zu handeln, wie er wolle. Ich sagte auch klar, dass, diese Konsequenzen angesichts Jonathans mangelnder Buße zwar notwendig waren, wir aber immer noch beteten und daran arbeiteten, ihm die Möglichkeit zu bieten, Buße zu tun:

> Es betrübt mich, in Anbetracht der Konsequenzen diesen Brief zu schreiben. Dieser gesamte Beirat ist mit Jonathan und Karen befreundet. Die Mitarbeiter der Welton Academy, selbst die, die entlassen wurden, hoffen, dass er die Wende schafft. Derzeit macht Jon, wenn überhaupt, nur langsam Fortschritte. Es ist noch keine Buße festzustellen, und daher die Warnung, die ihr in diesem Brief hört. Keine Buße, keine Veränderung. Aufgrund dieser Tatsache müssen wir davon ausgehen, dass sich auch in absehbarer Zukunft daran nichts ändert. Jon ist weder als Leiter geeignet, noch ist er vertrauenswürdig, sodass man ihm Menschen anvertrauen könnte … Er ist noch nicht in der Lage, jemanden in seinem Umfeld davon zu überzeugen, dass er über das, was er so vielen angetan hat, wirklich betroffen ist, und was er sagt, ist absolut unglaubwürdig.
> Es gibt zahlreiche Opfer dieser Situation, aber keines davon heißt Jonathan. Bis jetzt hat er seine ganze Verantwortung nach außen verlagert. Werden wir es erleben, dass Jon Verantwortung für diesen

> Riesenschlamassel übernimmt, dass er sich in einen neuen Menschen verwandelt und sich mit den vielen Menschen, die ihn lieben und an ihn glauben, versöhnt? Die Zeit wird es zeigen. Ich bete, dass Gott meinem guten Freund Jonathan Welton gnädig ist und ihm Buße schenkt.

Ich telefonierte mit Jonathan an dem Tag, an dem dieser Brief verschickt wurde. Er sagte mir, er halte den Brief für fair und dankte mir dafür. Als ich später jedoch mit Karen sprach, war sie ziemlich aufgewühlt und am Rande der Panik, was durchaus verständlich war. Bis ich eingeschritten war, um die Fakten ans Licht zu bringen, hatte sie Jonathans verlogenen Geschichten über das vertraut, was er getan hatte und worum es bei all diesen Konfrontationen wirklich ging. Sie war immer noch erschüttert von der Enthüllung, dass sie wieder einmal Opfer des Verrats und Betrugs ihres Mannes geworden war, aber dieses Mal hatten sie sehr viel mehr zu verlieren. Die Schließung der Schule und die Auszahlungen an die Schüler und Mitarbeiter hatten das Potenzial, ihre Familie finanziell zu ruinieren. Sie war im achten Monat mit ihrem dritten Kind schwanger, und sie hatten gerade ein neues Haus gekauft. Sie war verzweifelt auf der Suche nach Hoffnung und Klarheit, was sie in dieser Situation tun sollte.

Ich betonte gegenüber Karen, Jonathan wisse noch nicht, dass er ein Problem habe, geschweige denn, was es war. Ich war überzeugt, dass er erst dann in der Realität aufwachen würde, wenn, wie ich es ausdrückte, „sein Elend größer wird als seine Angst". Bis er Buße tun würde, müssten alle um ihn herum ihre Beziehung zu ihm einschränken – angefangen bei ihr. Zu diesem Zeitpunkt hatte sie ihn und alle seine Sachen bereits aus dem Haus geworfen, um ihm die Botschaft zu vermitteln, dass er ein ernstes Problem habe, an dem er arbeiten müsse. Einige Wochen später empfahl der Psychiater, der Jonathan untersucht hatte, sie sollten eine Vereinbarung über eine neunzigtägige therapeutische Trennung mit dem gemeinsamen Ziel der Versöhnung abschließen, um den Stress in der Beziehung abzubauen und gesunde Grenzen einzuführen. Ich brachte meine Unterstützung für diesen Plan zum Ausdruck und tat mein Bestes, um Karen zu ermutigen, Gott werde sich um ihre Familie kümmern, und schlug ihr Wege vor, gesunde Grenzen zu setzen und sich in dieser Zeit auf ihre eigene Heilung zu konzentrieren.

Das Problem finden

Wie ich gehofft hatte, schien der Rauswurf aus seinem Haus und die Aussicht, neben seinem Dienst auch noch seine Familie zu verlieren, Jonathan wie nichts anderes zum Handeln anzuspornen. Zu erfahren, dass er verdeckte narzisstische Tendenzen hatte, was bedeutete, dass er ein zerbrechliches/verängstigtes inneres Selbst hatte und ein falsches Selbst als Schutzmechanismus gegen die Außenwelt aufbaute, hatte schon viel dazu beigetragen, seine Leugnung zu durchbrechen, doch die jetzigen Realitäten trugen nun viel dazu bei, seine Illusion zu zerstören, er habe immer noch die Kontrolle und könne sich irgendwie durch diese Konsequenzen hindurchmanövrieren und unbeschadet herauskommen. Er zog zu seinen Eltern, nahm Jobs als Handwerker an und begann, verschiedene Ressourcen zu nutzen, um Hilfe zu bekommen. Er traf sich täglich mit einem Seelsorger für innere Heilung, erhielt einige Tage lang intensive Beratung in einem Zentrum in Seattle, das sich speziell mit Narzissmus befasste, und begann, eine 12-Schritte-Selbsthilfegruppe für Sexsucht zu besuchen, um mit Männern zusammen zu sein, die sich darin auskannten, Verletzlichkeit zuzulassen und ehrlich mit den eigenen Fehlern umzugehen.

Etwa sechs Wochen nach dem Versenden des Disziplinarschreibens konnte ich mich etwa drei Stunden lang persönlich mit Jonathan und Karen treffen. Ich bat ihn, mich über die Schritte zu informieren, die er unternommen hatte, um sein Problem zu finden und daran zu arbeiten, und über die Fortschritte, die er gemacht hatte. Er tat sein Bestes, um mir zu zeigen, dass er alles tat, was er konnte, um das Problem zu finden und Buße zu tun. Als ich jedoch begann, Fragen zu stellen und Feedback zu geben, sah ich, dass er immer noch nicht der Gewohnheit widerstehen konnte, die Darstellung seines Problems, das ich ihm aufzuzeigen versuchte, herunterzuspielen, anzufechten oder zu leugnen. Und ich wusste, dass der einzige Grund, warum er dies immer noch tat, und der einzige Grund für die Intensität der Suchtzyklen, die ständig durch sein Herz, seinen Verstand und seine Seele pulsierten, der war, dass er in seinem Innersten noch immer von einer tiefen Angst gepackt war. Er hatte immer noch nicht sein wirkliches Problem gefunden oder dafür Buße getan.

Deshalb begann ich, ihn zu bedrängen: „Wovor hast du solche Angst, Jon? Du bist ein Mann, der ein Schloss gebaut, es mit einem

Graben umgeben und nur Leute hineingelassen hat, von denen er dachte, er könne sie kontrollieren oder sie würden gehen. Wenn Leute versuchen, dich zu konfrontieren, lügst du und streitest alles ab. Ich sage dir, was ich denke. Ich denke, du hast schreckliche Angst davor, zerstört, entmachtet und deiner Rolle als glaubwürdiger und einflussreicher Lehrer beraubt zu werden."

Jons unmittelbare Antwort war: „Das fühlt sich für mich aber nicht wahr an." Aber in den folgenden Wochen begann er, über meine Worte nachzudenken. Als ich später mit ihm sprach, erklärte er mir: „Nach unserem Gespräch habe ich begonnen, mich zu fragen: ‚Wofür tue ich Buße? Für Narzissmus? Für Sexsucht? Für Täuschung und Lüge?' Und ich begann zu erkennen, dass all dies auf der Angst vor Zerstörung beruhte. Diese Angst war mit allem verflochten, was ich tat – mit meinem ganzen Denken und mit all meinen Handlungen. Deshalb war meine Liebe zum Kotzen. Deshalb war ich nicht offen, ehrlich, verletzlich, verantwortungsvoll und vertraute niemandem. Mein ganzes Leben lang hatte ich nur versucht, die Früchte von diesem Baum abzuschneiden. Jetzt wusste ich, dass ich mich um die Wurzel kümmern musste."

Jon hatte endlich sein Problem gefunden. Allerdings war ihm immer noch nicht klar, was das bedeutete oder was als Nächstes geschehen musste. Irgendwann Mitte November fragte er mich, ob ich glaube, dass er Buße getan habe.

„Ich glaube, du bist gerade dabei", antwortete ich.

„Was meinst du damit?", fragte er.

„Du zeigst Anzeichen dafür, dass du weißt, was es bedeutet, Buße zu tun, und sogar, dass du weißt, was das Problem ist. Aber du musst immer noch die Schwachstelle finden und heilen. Und du fängst gerade erst an herauszufinden, was es bedeutet, einen Plan zusammenzustellen, der jeden davon überzeugt, dass du dich wirklich ändern wirst."

Jon nahm diese Informationen mit zu seinem Berater, und sie begannen, die Schwachstelle zu suchen, die die Wurzel der Angst in sein Leben gebracht hatte. Dabei entdeckten sie, dass er schon sehr früh in seiner Kindheit festgestellt hatte, dass emotionale Verletzlichkeit extreme Gefahr bedeutete und dass man sich nur dann sicher fühlen konnte, wenn man die klügste Person im Raum war. Dies veranlasste ihn dazu, sein Herz zu vergraben und zu schützen und ein falsches Selbst in die Welt zu projizieren, was nur unechte Beziehungen und emotionalen Hungertod zur Folge hatte. Schließlich begann er zu erkennen, wie sehr er aufgrund dieser Angst sein ganzes Leben lang losgelöst von Gott und seinem eigenen Herzen gelebt hatte. Er war nie in der Lage gewesen, in Kontakt mit seinen Gefühlen zu kommen oder seine Bedürfnisse auszudrücken. Er hatte nie tiefe Vertrauensbeziehungen zu anderen Menschen aufbauen können, in denen er sich fallen lassen konnte. Er sah klarer denn je, dass die Art von Beziehung, die er mit Gott, mit sich selbst und allen anderen Menschen in seinem Leben aufgebaut hatte, durch das Ziel der Selbsterhaltung definiert war. Sein ganzes Leben lang war er vor der Wahrheit geflohen und hatte sich darum bemüht, dass seine Bedürfnisse gestillt wurden und dass er die Kontrolle behielt.

Es lag eine tiefe und tragische Ironie in diesen Entdeckungen, da Jonathan seinen ganzen Dienst auf die Lehre und Verkündigung der Theologie des „besseren Bundes" aufgebaut hatte: dass wir durch Christus in einen Bund der Vergebung gebracht und mit dem Vater als geliebte Söhne und Töchter versöhnt worden sind. Bezeichnenderweise hatte ihm der Leiter, der ihn nach seiner ersten Affäre diszipliniert hatte, nahegelegt, der Schlüssel zu seiner Buße und Wiederherstellung bestehe darin, ein Sohn zu werden – und er hatte Recht. Doch anstatt durch das radikale innere Werk der Heilung, Buße und Erneuerung seines Geistes tatsächlich ein Sohn zu werden, hatte Jonathan sein Leben dem Studium und der Verkündigung der Botschaft der Sohnschaft gewidmet. Er war wie ein Kind, das endlos davon träumte, Disneyland zu besuchen, alles zu studieren, was es über Disneyland zu wissen gibt, und jeden Tag mit seinen Freunden darüber zu sprechen, wie fantastisch Disneyland sei, ohne jemals Disneyland zu besuchen. Er sehnte sich nach nichts mehr, als in der Realität der Liebe des Vaters zu leben und die Schönheit der Beziehungen des neuen Bundes zu erleben, doch konnte er nicht erkennen, dass die Frucht seines Lebens offenbarte, dass er im Herzen immer noch ein Waisenkind war. In vielerlei Hinsicht war er wie der Apostel Paulus, voller Eifer für den Bund Gottes, und doch völlig blind dafür, dass er ein selbstgerechter Mörder war, der Gott und die Menschen, die er angeblich liebte, direkt angriff. Paulus brauchte eine radikale Konfrontation mit Jesus, ein paar Tage, in denen er blind war, und die Hilfe eines tapferen Freundes, bevor ihm die Schuppen von den Augen fielen. Jonathans Blindheit dagegen schien monatelang anzuhalten, aber schließlich begann er klarer zu sehen, als Jesus das Licht der Wahrheit auf sein Herz scheinen ließ.

Jonathans Berater erstellte einen Bericht über seinen Prozess der inneren Heilung, den mir Jon freundlicherweise zur Verfügung gestellt hat. Er beschreibt sehr schön einige der Schritte der inneren Heilung, der Erneuerung des Sinnes und der geistlichen Befreiung, die Menschen auf ihrer Reise der Buße typischerweise unternehmen. Der Berater beschreibt vier wichtige Phasen von Jonathans Heilung: Kindheitstrauma, Seelenqualen, Selbstannahme und ein gebrochenes Herz:

Kindheitstrauma

Als ich mit Jonathan seine Kindheit durchging, hatte ich das Privileg, hatte ich das Privileg, Jesus nacheinander in alle seine Erinnerungen einzuladen und ihm dort Raum zu geben. Ich beobachtete, wie Jesus durch den Erneuerungsprozess der Gedanken, den ich durchführte, Jonathans Herz nicht nur heilte, sondern ihm auch ein neues Elternerlebnis schenkte, welches er so noch nie zuvor in schützender und bergender Liebe zu spüren bekommen hatte. Dadurch konnte Jonathan eine Herzensverbindung mit dem Vater entwickeln, die ihm das Gefühl gab, geliebt, sicher, geschützt und umsorgt zu sein. Diese Momente der Heilung und der Sinneserneuerung gaben Jonathan schließlich die Fähigkeit, Beziehungen aus einer Position der Verletzlichkeit statt einer Position der Verteidigung heraus zu sehen – als einen Ort der Sicherheit und Geborgenheit, statt der Angst und des Verbergens. Er begann, sich zu öffnen und lebendig zu werden, als Jesus sein Herz zum Leben erweckte, und verstand mit der Zeit, dass Verletzlichkeit eine Stärke ist, nach der man trachten, und keine Schwäche, die man vermeiden sollte. Ich konnte sehen, dass er anfing, die Dinge aus der Perspektive anderer zu sehen und Empathie für andere zu empfinden und für das, was sie aufgrund seiner auf Gebrochenheit basierenden Handlungen und Entscheidungen durchmachten.

Seelenqualen

Eine weitere bedeutende Wende kam, als Jonathan eine echte Befreiung erfuhr. Als wir in einer unserer Sitzungen beteten … zeigte Jonathan eine spürbare innere und äußere Reaktion auf das Gebet.

Körperlich hatte er eine Reaktion (NICHT zu verwechseln mit einer Manifestation), die einige Dinge in seinem physischen Körper löste. Doch noch größer und bedeutsamer war die innere Reaktion. Sein Geist war ruhig, gelassen und klar. Er „hatte diese Art von geistiger Klarheit oder Frieden bisher noch nie erlebt". Die Folgen waren erstaunlich. Er war und ist immer noch zutiefst ruhig und friedlich. In seinen Gedanken hat er immer noch diese Klarheit. Er hatte nie erkannt, dass ein großer Teil seiner Gedanken und Gefühle nicht seine eigenen waren, sondern dass dieser quälende Geist es nur so aussehen lassen hatte. Der Friede und diese Haltung der Leichtigkeit waren nicht nur für mich sofort spürbar, sondern auch für andere, mit denen er fast sofort nach dieser Sitzung Kontakt hatte.

Selbstannahme

Nachdem der „Staub" der Qualen verschwunden war, schien der Heilige Geist nun die Aufmerksamkeit darauf zu richten, dass sich in Jonathans Herz im Bereich der Selbstannahme etwas tat. Konkret ging es darum, dass er erkannte, was er anderen angetan hatte und welche Auswirkungen sein Handeln und Leben auf das Leben anderer gehabt hatte. Ich sah, dass sich eine, wie ich glaube, göttliche Traurigkeit zeigte, als er sich fragte, warum jemand mit ihm verbunden bleiben wollte, nachdem er sich so verhalten hatte. Er befasste sich auch mit der Notwendigkeit, sich selbst zu vergeben, um seines eigenen Friedens willen und um in der Lage zu sein, anderen zuzuhören und Verständnis für sie zu zeigen, damit sie sich ihm gegenüber öffnen konnten. Ich beobachtete, wie der Heilige Geist ihm half, seine Selbstablehnung loszulassen, sodass er jetzt die Verletzungen und die Schmerzen, die er anderen zugefügt hat, so annehmen kann, wie sie es ihm gegenüber zum Ausdruck bringen.

Ein gebrochenes Herz

Unsere letzte große Herzensveränderung bisher kam, als Jesus die tiefen Wunden von Jonathans erster Liebesbeziehung und der damit einhergehenden Ablehnung öffnete. Jonathans Herz war so verletzt worden, dass menschlich gesehen keine Heilung möglich war. Jesus kam in seinen Schmerz hinein und befreite ihn davon. Jesus sprach die Wahrheit zu seinem Herzen und brachte sein Herz wieder „auf Sendung", nachdem er sich jeder weiteren Intimität

> und Verletzlichkeit verweigert hatte, indem er es mit drei inneren Schwüren, die ihn gefangen hielten, praktisch abgeschaltet hatte: „Ich werde nicht verletzlich sein, ich werde nicht vertrauen und ich werde niemanden mehr so nahe an mich heranlassen." Ich glaube, diese Heilung wird wahrscheinlich die größten positiven Auswirkungen darauf haben, dass seine Ehe nicht nur gerettet wird, sondern auch zum Blühen kommt.[3]

Die Scham und die Angst in Jonathans Herz wurden nicht in einem Augenblick ausgemerzt. Er nahm noch mehrere Monate Seelsorge und innere Heilung in Anspruch, in denen er dem Heiligen Geist erlaubte, die Lügen, an die er so lange geglaubt hatte, aufzudecken und die Wahrheit in sein Herz zu sprechen. In diesen Monaten erinnerte er sich schließlich auch daran, wer er selbst war, und an den Vater, kam langsam nach Hause zu seiner wahren Identität und begann schließlich, innerlich vom Bestrafungsparadigma auf das Paradigma des Neuen Bundes zu wechseln. Und mir, Karen und anderen wurde bald klar, dass Jon auf seinem Weg der Buße endlich Fortschritte machte. Wir sahen Anzeichen für einen neuen Jonathan, einen, der anfing, mit den Gedanken, Gefühlen und Bedürfnissen in seinem Herzen in Kontakt zu sein, verletzlich zu handeln und einen soliden Plan zur Bereinigung seines Schlamassels aufzustellen.

Die Frage

Im nächsten Kapitel werde ich die Geschichte von Jonathan und Karen fortsetzen und beschreiben, wie Jonathan den Prozess der Versöhnung mit Gott, sich selbst und anderen begann. Aber hier möchte ich noch einmal zwei kritische Punkte über den Weg der Buße hervorheben.

Erstens müssen wir der Versuchung widerstehen, uns mit Geständnissen und Entschuldigungen zufriedenzugeben. All die schmutzigen Details zu erzählen, was man getan hat, ist keine Buße – es dient lediglich dazu, dass andere Menschen sich besser fühlen, wenn sie einen bestrafen. „Entschuldigung" ist keine Buße – es ist nur eine Bitte

[3] Aktualisierungsbrief des Beirats im Namen von Jonathan Welton, verfasst von Nathan Blouse, Therapeut bei *The Safe Place Ministries.*

um Erlaubnis, es wieder zu tun. Weder Geständnisse noch Entschuldigungen führen zu Veränderungen, weil sie nie zum Problem vordringen.

Zweitens, wenn wir Menschen einen Raum bieten wollen, um Buße zu tun, und Gewissheit darüber haben wollen, wann sie Buße getan haben, dann müssen wir sicherstellen, dass wir ihnen helfen, das Problem zu finden und die Schwachstelle zu beheben. Wie wir im Fall von Jonathan sehen, erfordert dies oft wiederholte Konfrontationen. Jon selbst gab zu: „Die Konfrontation, die Buße verlangt, ist deshalb so wichtig, weil die Sünde so selbsttäuschend ist. Ich wurde immer wieder konfrontiert, aber weil mein Herz in mir gefangen und hart geworden war, konnte ich nicht sehen oder fühlen, was ich falsch machte. Ich konnte die Dinge, die mir aufgezeigt wurden, nur gedanklich begreifen und beichten. Aber als diejenigen, die mich konfrontierten, nicht zufrieden waren, wurde mir langsam klar, dass ich nicht Buße tun konnte, ohne dass mein Herz beteiligt war. Da begann die Täuschung schließlich aufzubrechen."

Es ist unumgänglich, dass Menschen sich entscheiden, Buße zu tun, und dass sie es tun, können wir daran erkennen, dass sie sich ändern. Sie werden Früchte der Buße tragen, d. h. sie werden von einem Waisenkind zu einem Sohn bzw. einer Tochter und erleben eine Veränderung von Scham zu Würde, von Angst zu Liebe, von Selbsterhaltung zu Verbundenheit. Sie hören nicht nur mit dem schlechten Verhalten auf, sondern fangen an, ein neues Leben mit einer gesunden, liebevollen, sicheren und auf Wahrheit beruhenden Beziehung zu Gott, sich selbst und anderen aufzubauen.

Wenn man mich fragt: „Woher wissen Sie, ob jemand Buße getan hat?", frage ich zurück: „Woher wissen Sie, ob jemand gerettet ist?" Wenn jemand wiedergeboren wird, stellt niemand in seinem Umfeld die Frage: „Ist er wirklich wiedergeboren worden?" Hat man eine echte Buße und Bekehrung erlebt, dann freuen sich die Engel, und auch die, die einem am Nächsten stehen!

Haben wir erst einmal gelernt, echte Buße einzufordern und zu erwarten, ist leicht zu erkennen, wenn sich jemand entscheidet, keine Buße zu tun. Und mit jemand umzugehen, der nicht Buße tut, wenn man ihn konfrontiert, ist am einfachsten. Ich frage gerne: „Wie viele Klapperschlangen hast du zu Hause? Die Antwort: „Keine." „Und wie viele enge Beziehungen mit schwierigen Menschen hast du?"

„Keine.“ „Wie viele schwierige Menschen sind in deinem Leitungsteam?“ Die Antwort: „Keine.“ Eine unbußfertige Person ist unsicher und braucht Grenzen. Grenzen sind etwas anderes als Mauern. Mauern vermitteln Angst und Ablehnung – sie sind eine Form der Bestrafung. Grenzen sind dazu da, um den Wert von etwas zu schützen. Wenn jemand anfängt, seine Beziehung durch Verantwortungslosigkeit und Respektlosigkeit abzuwerten, dient eine Grenze dazu, um zum Ausdruck zu bringen: „Ich verlange ein hohes Maß an Respekt und Verantwortung in meinen Beziehungen. Ich möchte, dass du deinen Schlamassel bereinigst und aufräumst, damit wir die Beziehung wiederherstellen können. Wenn du dich weigerst, das zu tun, zeigst du damit, dass ich dir zukünftig nicht mehr in dem Maße vertrauen kann wie bisher.“ Grenzen kommunizieren die Hoffnung auf Versöhnung.

Einem unbußfertigen Menschen Grenzen zu setzen, müssen wir im Geist der Sanftmut tun, wie wir es auch bei der Konfrontation tun. Sind wir von Furcht oder Wut erfüllt, werden wir uns entweder davor drücken, gesunde Grenzen zu setzen, oder die Grenzen in Werkzeuge der Bestrafung verwandeln. Um auf angemessene Weise Grenzen setzen zu können, müssen wir wie Nala oder Rafiki sein: In der Lage, eine Person, die sich wie ein absolutes Waisenkind verhält, daran zu erinnern, dass die Wahrheit darüber, wer sie ist, bestehen bleibt, obwohl sie blind vor Selbsttäuschung und Angst ist. Sie ist ein geliebter Sohn bzw. eine geliebte Tochter des Vaters. Selbst wenn sie sich dafür entscheidet, vor ihm, vor sich selbst und vor uns, die wir sie lieben, zu fliehen, werden wir alle an der Wahrheit festhalten und auf ihre Rückkehr warten und nach ihr Ausschau halten.

Kapitel 9

Versöhnung

Waren Sie schon einmal Zeuge eines Wunders? Ich habe Freunde und Kollegen, die erlebt haben, dass unzählige Tumore verschwanden, taube Ohren sich öffneten und Blinde das Augenlicht erhielten. Eines der dramatischsten Wunder in meinem Leben war jedoch eine Versöhnung, die vor über einem Jahrzehnt in meinem Büro geschah.

Ein Ehepaar stand kurz vor der Scheidung, weil der Mann mit der besten Freundin seiner Frau im Bett gelandet war.[1] Es war das zweite Mal in ihrer Ehe, dass er Ehebruch begangen hatte. Sheri und ich saßen ihnen gegenüber und uns war klar, dass nur göttliches Eingreifen diese verwüstete Beziehung retten konnte. Und dann geschah es. In einem Augenblick offenbarte Gott diesem Mann die Schwachstelle in seinem Leben, eine Wunde aus seiner Kindheit, die ihm sein Vater zugefügt hatte. Der Mann vergab seinem Vater und brach seinen Pakt mit der Lüge, die so viel Zerstörung in sein Herz und seine Beziehungen gebracht hatte. Im nächsten Augenblick war er geheilt und verändert. Er begann, sich im Zimmer umzusehen wie ein Blinder, der gerade das Augenlicht erhalten hatte, und die erste Person, die er sah, war seine Frau.

Er sah ihr in die Augen und sagte inbrünstig: „Ich liebe dich so sehr!“ Dies war das erste Zeichen seiner Verwandlung – in achtzehn Jahren Ehe hatte er seiner Frau so gut wie nie gesagt, dass er sie liebte. „Ich kann nicht glauben, dass du nach dem, was ich dir angetan habe, immer noch hier bist“, fuhr er fort. „Es tut mir so leid. Vergibst du mir?“

---

[1] Ich erzähle diese Geschichte ausführlicher in meinem Buch *Kultur der Ehre*.

„Ja", nickte seine Frau weinend. „Ich habe dafür gebetet, dass dieser Tag kommen würde. Ich vergebe dir."

Es gab kein trockenes Auge im Zimmer. Wir konnten es kaum glauben. Es ist bisher das einzige Mal in all meinen Jahren der Zusammenarbeit mit Menschen, dass ich so etwas erlebt habe. Aber es war absolut real. Dieses Paar führt seit diesem Tag eine wiederhergestellte Beziehung voller Liebe und Verbundenheit. Ihr Zeugnis erinnert mich ständig daran, was der Neue Bund für diejenigen von uns möglich macht, die daran glauben.

Menschen dabei zuzusehen, wie sie Buße tun, ihren Schlamassel bereinigen, vergeben und ihre Beziehungen wiederherstellen, ist meistens so, als würde man eine Blume beim Erblühen beobachten. Wir erleben immer noch, wie Gottes Gaben der Buße und Vergebung im Leben der Menschen wirksam sind – es braucht nur Zeit, Geduld, Glauben und Hoffnung. Falls Sie zufällig einer der Menschen sind, die aufgrund des Schlamassels einer Person mit „Farbe" bekleckert worden sind, können diese Eigenschaften eine Herausforderung für sie darstellen. Wir reagieren auf die Sünde von Menschen auch deshalb so oft mit Bestrafung, weil wir eine Art „gerechte Dringlichkeit" empfinden, dass sie ihren Schlamassel mit den Menschen, die sie verletzt haben, bereinigen, ohne dass wir verstanden haben, was das erfordert. Anstatt ihnen zu helfen, echte Buße und Veränderung zu erfahren, drängen wir sie dazu, etwas zu tun, um für ihr Vergehen zu bezahlen und eine ausgleichende Gerechtigkeit zu schaffen.

Wir müssen aber verstehen, dass echte Buße und Versöhnung Gottes Plan anerkennen, dass Beziehungen Priorität in unserem Leben haben. Wie wir im ersten Buch Mose gesehen haben, ist Sünde zunächst eine Verletzung unserer Beziehung zu Gott: Wir misstrauen seiner Güte. Zweitens ist sie eine Verletzung unserer Beziehung zu uns selbst: Wir setzen uns anstelle von Gott selbst auf den Thron. Und schließlich ist sie eine Verletzung unserer Beziehungen zu anderen Menschen: In unserem fehlgeleiteten Versuch, unsere eigenen Götter zu sein, werden wir zu selbstsüchtigen Waisen, die andere in vielerlei Hinsicht verletzen. Um dieses Verhaltensmuster zu entwirren, müssen wir die Beziehungen, die wir verletzt haben, in der gleichen Reihenfolge in Ordnung bringen. Wie ich in dem 5-E-Konfrontationsmodell anrege, müssen wir Buße tun und zuerst mit Gott, dann mit uns selbst und schließlich mit anderen versöhnt werden.

Wenn wir darauf warten, dass jemand einen Schlamassel gegenüber uns in Ordnung bringt, ist es wichtig zu beten, zu hoffen und zu erwarten, dass die Person zuerst ihren Schlamassel aufräumt und sich mit Gott und sich selbst versöhnt. Wenn wir dafür Raum schaffen, versetzt es sie in die Lage, ein gewisses Maß an Buße zu praktizieren, das uns davon überzeugt, dass sie sich tatsächlich ändern wird – auf diese Weise ermöglichen wir es ihr, zu uns zu kommen und zu sagen: „Ich habe das Problem gefunden, und Folgendes werde ich tun, um es zu beheben." Versöhnung ist die Chance, die die Buße mit sich bringt. Dabei ist es auch wichtig zu verstehen, was Versöhnung eigentlich ist und wie sie funktioniert.

Was ist Versöhnung?

Viele Menschen denken, sich mit einer Person zu versöhnen, bedeute, man müsse ihr wieder Vertrauen entgegenbringen, ohne ein Zeichen dafür zu sehen, dass sie sich geändert hat. Und im Bestrafungsparadigma ist dies auch das Einzige, was man sich unter Versöhnung vorstellen kann, weil die Menschen sich darin nicht ändern. Nachdem dann die Person gestanden, sich entschuldigt, gebüßt und nach unserer Pfeife getanzt hat, entscheiden wir uns, ob wir die Beziehung nun wiederherstellen wollen. Oftmals haben wir kein Vertrauen mehr, dass sie ihre frühere Rolle in unserem Leben wieder einnehmen kann. Und falls wir ihr doch wieder vertrauen, dann deshalb, weil wir uns aktiv dafür entscheiden, den Schlamassel unter den Teppich zu kehren und so zu tun, als wäre er nie geschehen. Aber nichts, was sie oder wir tun, hat den Schlamassel tatsächlich bereinigt. Meist ist die wiederhergestellte Beziehung noch mehr voller Scham, Angst und Kontrolle, was zukünftige Schlamassel unvermeidlich macht. Das Bestrafungsparadigma kann Beziehungen einfach nicht versöhnen oder wiederherstellen.

Im Neuen Bund werden Versöhnung und Wiederherstellung jedoch durch die Kombination von Vergebung und Buße möglich, die eine Verwandlung (Transformation) bewirken. Aus diesem Grund beschreibt die Bibel Versöhnung nicht als eine Angelegenheit, bei der es darum geht, eine alte Beziehung mit denselben alten Menschen in ihr zu flicken, sondern eine neue Beziehung mit neuen Menschen in ihr aufzubauen. Betrachten Sie Paulus' berühmten Abschnitt über Versöhnung im 2. Korintherbrief:

> *Daher, wenn jemand in Christus ist, so ist er eine neue Schöpfung; das Alte ist vergangen, siehe, Neues ist geworden. Alles aber von Gott, der uns mit sich selbst versöhnt hat durch Christus und uns den Dienst der Versöhnung gegeben hat, nämlich dass Gott in Christus war und die Welt mit sich selbst versöhnte, ihnen ihre Übertretungen nicht zurechnete und in uns das Wort von der Versöhnung gelegt hat. So sind wir nun Gesandte an Christi Statt, indem Gott gleichsam durch uns ermahnt; wir bitten für Christus: Lasst euch versöhnen mit Gott! Den, der Sünde nicht kannte, hat er für uns zur Sünde gemacht, damit wir Gottes Gerechtigkeit würden in ihm* (2 Kor 5,17-21 ELB).

Diese Aussage ist vollgepackt mit der Sprache des *Austauschs*. Das griechische Wort für Versöhnung bedeutet „Münzen gegen andere von gleichem Wert tauschen …"[2] Gott vergibt uns, indem er unsere Sünde von unserem „Konto" nimmt und sie Jesus auferlegt. Dann nimmt er die Gerechtigkeit Jesu von dessen „Konto" und gibt sie uns. Auf diese Weise tauscht er die alte Schöpfung gegen die neue Schöpfung und unsere alte Beziehung zu ihm gegen eine brandneue Beziehung ein. Dabei offenbart er seine tiefe Wertschätzung für uns – er behandelt uns als gleichwertig mit ihm!

Die Versöhnung unserer Beziehung mit Gott ist eine Frage des Eintretens in das vollendete Werk der Versöhnung, das er bereits durch das Kreuz vollbracht hat. Die große Kluft zwischen Gott und der Menschheit wurde vor 2000 Jahren zwischen Jesus und dem Vater überwunden. *„Denn wenn wir, als wir Feinde waren, mit Gott versöhnt wurden durch den Tod seines Sohnes, so werden wir viel mehr, da wir versöhnt sind, durch sein Leben gerettet werden"* (Röm 5,10 ELB). Es ist eine unglaubliche Sache zu wissen, dass wir, wenn wir für unsere Sünde Buße tun, uns nicht fragen müssen, ob der Vater mit Vergebung antworten wird – das hat er bereits getan! Sein ganzes Ziel seit dem Sündenfall ist ja die Wiederherstellung unserer

---

[2] G2643 – katallagē – Strong's Greek Lexicon (NIV). Blue Letter Bible. Abgerufen am 14. Juli 2019:
https://www.blueletterbible.org//lang/lexicon/lexicon.cfm?Strongs=G2643=NIV

Beziehung zu ihm, die dann unsere Beziehung zu uns selbst, zu anderen und zur ganzen Schöpfung wiederherstellt. Alles, was wir tun, ist, seine Versöhnung mit uns als Geschenk zu empfangen und durch den Glauben in sie einzutreten.

Die Versöhnung mit unserem Vater schafft die Voraussetzung für unsere Versöhnung mit uns selbst. Durch Buße und Vergebung gelangen wir von dem, was wir im Bestrafungsparadigma waren, zu dem, was wir in Christus sind, indem wir den alten, auf Scham basierenden Glauben an unsere Unwürdigkeit gegen die neue Wahrheit über unseren Wert in ihm eintauschen, die Waisen-Identität gegen die eines Sohnes bzw. einer Tochter, ein Herz aus Stein gegen ein Herz aus Fleisch und den Geist der Furcht gegen den Geist der Kraft, der Liebe und der Besonnenheit.

Die Versöhnung mit dem Vater und mit uns selbst ermöglicht es uns, uns mit anderen zu versöhnen – unsere alten Beziehungen gegen neue Beziehungen auszutauschen. Versöhnung bedeutet, die angstgeprägten Beziehungen von Waisenkindern gegen von Liebe geprägte Beziehungen von Söhnen und Töchtern einzutauschen. In ihrem Kern sind Waisenbeziehungen die Vereinbarung zweier Personen, die auf Selbsterhaltung aus sind und sich gegenseitig zur Befriedigung ihrer eigenen Bedürfnisse benutzen. Vom Neuen Bund geprägten Beziehungen liegt die Vereinbarung von Söhnen und Töchtern zugrunde, ihr Leben aus opferbereiter Liebe hinzulegen, um jeweils die Bedürfnisse des anderen zu stillen. Buße und Vergebung ermöglichen es uns, unsere alten Vereinbarungen zu brechen und neue Vereinbarungen zu schließen. Das ist Versöhnung.

Vergebung und Seelenbindungen

Das Wunder, das dieses Ehepaar in meinem Büro erlebte, zeigt, dass Vergebung die ausschlaggebende Kraft im Versöhnungsprozess ist. Sowohl der Mann als auch die Frau mussten vergeben, um in das Wunder einzutreten – der Mann musste seinem Vater vergeben, und die Frau musste ihrem Mann vergeben.

Die Schwachstelle im Leben des Ehemannes entstand durch eine Vaterwunde, eine Verletzung, die nie geheilt wurde. Da es in diesem Umfeld keine Buße oder Vergebung gab, blieb der Ehemann ein

Opfer der Sünde seines Vaters, was ihn schließlich dazu veranlasste, seine Frau und seine Familie zu Opfern zu machen. Auf diese Weise pflanzen sich Sünde und Strafe durch Menschen, Beziehungen, Familien, Gesellschaften, Generationen und Kulturen fort. Die Opfer werden zu Tätern und reproduzieren sich in anderen.

Vergebung ist das Einzige, was diesen Zyklus der Viktimisierung (Opfer werden ihrerseits zu Tätern) unterbricht. Die Lüge, an die wir im Bestrafungsparadigma glauben, ist, Vergebung bedeute, dass jemandes Sünde nicht falsch sei bzw. dass man alle Konsequenzen seiner schlechten Entscheidungen streicht. In Wirklichkeit bedeutet Vergebung aber: „Was du getan hast, war falsch, aber ich werde darauf nicht mit Strafe reagieren. Ich bin weder dein Richter noch dein Bestrafer. Wir sind beide vor Gott für unsere eigenen Sünden verantwortlich. Er bietet uns volle und kostenlose Vergebung an, und auf dieser Grundlage erteile ich dir dieselbe Vergebung. Ja, es gibt Konsequenzen, die man auf sich nehmen muss, um diesen Schlamassel zu bereinigen, aber mein Wunsch ist nicht, dass du bestraft, sondern wiederhergestellt wirst."

Indem wir vergeben, statt zu bestrafen, brechen wir unsere Vereinbarung mit dem Bestrafungsparadigma und kommen in Einklang mit dem Neuen Bund, durch den die Gnade der Versöhnung und Wiederherstellung in unser Leben kommt. Sobald dieser Mann seinem Vater vergab, wurde seine Knechtschaft zur Sünde gebrochen und er erhielt einen ihn verwandelnden „Download" von Heilung und Wahrheit. Seine Frau stoppte daraufhin ihrerseits den Kreislauf der Viktimisierung, indem sie ihrem Mann vergab und damit die Voraussetzung schuf, selbst einen Download von Vertrauen und Liebe empfangen zu können. Mittels Vergebung durchtrennten sie beide ihre Bindung an die Beziehungskultur der Angst und ersetzten sie durch eine neue Kultur der Liebe, sodass eine ganz neue Beziehung entstand. Oder, um einen Begriff aus dem Dienst der inneren Heilung und Befreiung zu verwenden: Sie empfingen die Gnade, dass dysfunktionale und ungesunde Seelenbindungen gereinigt und geheilt werden konnten.

Eines der Hauptziele des Versöhnungs- und Wiederherstellungsprozesses ist es, dysfunktionale Seelenbindungen zu heilen. Seelenbindungen sind emotionale und geistliche Bindungen, die in allen unseren bedeutenden Beziehungen bestehen – einschließlich unserer Beziehungen zu Gott und zu uns selbst. Wenn Menschen, die durch

Liebe, Ehe oder Vertrauen miteinander verbunden sind, ihre Beziehung lösen, werden sie nicht einfach automatisch wieder ganz. Stellen Sie sich Bretter vor, die wie bei einem Stück Sperrholz zusammengeleimt sind. Will man dieses Sperrholz wieder auseinandertrennen, um die ursprünglichen einzelnen Bretter wiederherzustellen, dann sieht man, was durch den Verklebungsprozess entstanden ist: *ein* Stück Holz. Die Trennung wird schrecklich sein. Es wird Stücke des einen Brettes geben, die von ihm abgerissen werden und nun am anderen kleben. Durch die Haftung des Leims kann sich das Sperrholz nicht sauber trennen.

Seelenbindungen funktionieren auf ähnliche Weise. Jede Person braucht Vergebung und einen Prozess des „Bindens und Lösens", um das zurückzubekommen, was an der anderen Person klebt, und um das freizugeben, was nicht zu ihr gehört. Ein Beispiel für ein solches Gebet des „Bindens und Lösens" ist: „Ich löse mich von den Vorwürfen, der Schuld und der Scham, was diese Scheidung angeht. Ich bin keine Geisel der Entscheidungen und Handlungen meines Ehepartners. Ich rufe meine Unschuld, meinen Frieden und meine Ganzheit zurück, die mir durch die Vergebung in Christus gehören." Die Heilung von Seelenbindungen ist unabhängig davon möglich, ob die andere Person Buße tut oder nicht, ist aber Voraussetzung dafür, wenn man mit jemandem, der sich versöhnen möchte, eine neue, gesunde Beziehung eingehen will.

Unversöhnlichkeit und Bestrafung

Während Vergebung die Bestrafung aus unserer Reaktion auf ein Schlamassel entfernt, hält Unversöhnlichkeit (bzw. mangelnde Vergebungsbereitschaft) an der Bestrafung fest. Nicht zu vergeben heißt: „Ich bin dein Richter und dein Bestrafer. Ich werde dich für dein Verbrechen büßen lassen." Unversöhnlichkeit hält uns ebenso sicher im Bestrafungsparadigma gefangen wie Unbußfertigkeit. Wie ich in Kapitel 2 erwähnt habe, ist die erste Frage, die viele Menschen stellen, wenn ich den Unbestrafbar-Ansatz zur Konfrontation einer Person in ihrem Schlamassel vorstelle: „Was ist, wenn er/sie nicht Buße tut?" Viel seltener höre ich die andere, ebenso wichtige Frage: „Was ist, wenn ich nicht vergebe?" Die Antwort lautet: Wenn wir nicht vergeben, leben wir außerhalb des Neuen Bundes. Wir sind dann Opfer, die in den Teufelskreis der Viktimisierung eingebunden sind, und es wird nicht lange dauern, bis unser bitteres Urteil, unsere Wut und Scham auf uns überspringen und andere durch uns zum Opfer werden.

Das ist genau das Bild, das uns Jesus in seinem Gleichnis vom Knecht vor Augen malt, der nicht vergab, nachdem ihm eine große Schuld erlassen worden war. Auf den ersten Blick scheint die Hauptaussage dieses Gleichnisses hart zu sein:

> *Und voller Zorn übergab ihn der Herr den Folterknechten, bis er ihm alles zurückgezahlt hätte, was er ihm schuldig war. So wird auch mein Vater im Himmel jeden von euch behandeln, der seinem Bruder nicht von Herzen vergibt* (Mt 18,34-35).

Aber vergessen Sie nicht, dass es bei Gottes Zorn und Strafe immer darum geht, dass er sich zurücknimmt und unsere sündigen Entscheidungen und deren Folgen respektiert. Jesus legt Wert darauf aufzuzeigen, dass der Diener seinen Herrn nie um Vergebung bittet – er bittet nur um mehr Zeit, um seine Schuld begleichen zu können: *„Der Mann warf sich vor ihm nieder und bat auf den Knien: ‚Hab Geduld mit mir! Ich will dir alles zurückzahlen'"* (Mt 18,26). Im Wissen, dass der Diener absolut keine Chance hat, eine so große Schuld zu Lebzeiten jemals zu begleichen, bietet der Herr ihm das nicht erbetene und unverdiente Geschenk der Vergebung an. Aber als der Diener, dem vergeben war, einen Mitknecht ins Gefängnis wirft, weil dieser sagt: *„Hab Geduld mit mir! Ich will es dir zurückzahlen"* (Mt 18,29), weiß der Herr, dass der Diener nichts mit dem Empfangen oder Erweisen von Vergebung zu tun haben will. Er will in einer Beziehungskultur von Opfern und Tätern operieren, einer Kultur, in der man entweder seine Schulden zurückzahlt oder ins Gefängnis geht – das Bestrafungsparadigma. Indem der Herr ihn *„den Foltermeistern übergibt"*, erkennt er die Entscheidung seines Dieners an, nicht in die Beziehungskultur der Vergebung eintreten zu wollen, in die er ihn eingeladen hat.

Vergebung praktizieren

Jesu Gleichnis zeigt uns jedoch nicht nur das Gefängnis der Bestrafung auf, in das wir geraten, wenn wir nicht vergeben. Es zeigt uns auch den Weg, wie wir die Praxis der Vergebung in unser Leben integrieren können. Wie alles im Reich Gottes ist auch die Vergebung etwas, das wir nur gewähren können, wenn wir es zuerst für uns selbst empfangen. Der Herr in diesem Gleichnis erwartete, dass sein Diener vergeben würde, weil er davon ausging, dass dessen Herz durch die Erfahrung, Vergebung empfangen zu haben, verändert worden war. Wir wissen, dass wir die Barmherzigkeit und Liebe Gottes uns gegenüber begriffen haben, wenn sie unsere Herzen völlig überwältigt und mit Dankbarkeit, Freude, Demut und völliger Hingabe erfüllt. Diesen veränderten Herzen wird es eine große Ehre sein, ihren Mitmenschen die kleine Barmherzigkeit zu erweisen, ihre Vergehen uns gegenüber zu vergeben, nachdem Gott uns das große Vergehen unserer eigenen Sünde vergeben hat. Diejenigen, denen viel vergeben wurde, lieben auch viel (vgl. Lk 7,47).

Wann immer wir es schwierig finden zu vergeben, müssen wir anerkennen, dass unser Problem zuallererst zwischen uns und Gott liegt. Etwas fehlt in unserer Wahrnehmung seines Herzens und des Ausmaßes dessen, was er getan hat, um seine aufopfernde Liebe zu uns zu erweisen und uns vor Strafe zu bewahren. Wir haben die Realität dieser Dinge nicht wirklich begriffen oder in einer Weise empfangen, die unsere Herzen verändert. Fast immer basiert unser Kampf auf dem alten Waisen-Misstrauen, ob er wirklich gut und gerecht ist. Um seine Vergebung zu empfangen und fähig zu werden, „von Herzen“ zu vergeben, wie unser Vater es erwartet, müssen wir für dieses Misstrauen Buße tun, indem wir die Lügen, die wir geglaubt haben, erkennen und sie durch die Wahrheit ersetzen, die es uns ermöglicht, ihm voll zu vertrauen.

Als Teil dieses Umkehrprozesses müssen viele von uns Gott vergeben. Im Prinzip wissen wir, dass Gott nichts tut, was der Vergebung bedarf. Es ist jedoch durchaus möglich, dass wir in unserem Herzen Gott wegen gewisser Dinge verurteilt haben, in der Regel, weil er zugelassen hat, dass in unserem Leben oder in der Welt schlimme Dinge geschehen sind. Wir benutzen diese Urteile als Gründe, ihm zu misstrauen, und nehmen seine Position als Richter und Strafer ein. Ihm zu vergeben, bedeutet, dafür Buße zu tun, dass wir der Lüge geglaubt haben, er sei nicht gut oder gerecht, ihn aus unseren unbegründeten Urteilen und Strafen zu entlassen, vom Thron herabzusteigen und unsere Herzen neu auszurichten, sodass sie ihm vertrauen, dass er der gute und gerechte Gott ist, der er ja wirklich ist.

Manchmal besteht unser Kampf darin, uns selbst zu vergeben – etwas, das wir alle im Prozess der Buße und Versöhnung tun müssen. Viele Menschen leben in einem Gefängnis der Selbstverurteilung und des Selbsthasses, weil sie sich für etwas nicht vergeben können, das sie getan oder nicht getan haben. Um diesem Gefängnis zu entkommen, müssen sie den gleichen Weg der Demut und Hingabe gehen und erkennen, dass sie sich selbst an die Stelle Gottes setzen. Wer sind sie denn, dass sie sich selbst verdammen, wenn der Vater ihnen freie und volle Vergebung anbietet? Um sich selbst zu vergeben, müssen sie den Thron des Gerichts verlassen und Gott erlauben, der gerechte Richter zu sein.

Dasselbe trifft zu, wenn es darum geht, einem anderen Menschen zu vergeben. Meist hinterlässt die Erfahrung, Opfer des Schlamassels einer anderen Person zu werden, ein Gefühl der Ohnmacht. Deren Sünde und der dadurch verursachte Schmerz können mächtiger erscheinen als Gottes Liebe, Gerechtigkeit und die Fähigkeit zur Wiederherstellung. Wenn wir diese Lüge glauben, setzen wir diejenigen, deren Opfer wir geworden sind, auf den Thron, statt Gott. Um ihnen zu vergeben, müssen wir dafür Buße tun, dass wir sie in unserem Leben mächtiger als Gott gemacht haben, und die Wahrheit seiner überlegenen Macht und Autorität anerkennen.

Jonathans Versöhnungsweg

Als ich mit Jonathan die „Erkunden"-Phase des 5-E-Konfrontationsmodells erreichte und ihn fragte: „Wer ist von diesem Schlamassel betroffen?", weiß ich noch, dass ich es war, der ihn darauf hinwies, dass Gott an erster Stelle auf seiner Liste stehen sollte. Dieser angesehene Theologe und Experte für den „Besseren Bund" konnte noch nicht erkennen, dass sein Grundproblem – seine panische Angst, zerstört zu werden – eine massive Trennung zwischen ihm und dem Vater hervorgerufen hatte. Er vertraute nicht darauf, dass Gott ihn vor der Zerstörung schützte. Er vertraute auf sich selbst, wie seine Selbsterhaltungsstrategie beweist, sein Leben und seinen Dienst als ein „Schloss" der Kontrolle aufzubauen. Dieses zerbrochene Vertrauen zum Vater war der erste Schlamassel, den er auf seiner Versöhnungsreise angehen musste.

Vertrauen wird in jeder Beziehung durch den Austausch von Wahrheit aufgebaut. Der Jonathan, dem ich anfangs im Konfrontationsprozess begegnete, hat immer wieder gelogen und geleugnet, wenn er mit der Wahrheit konfrontiert wurde, was mir sagte, dass er auch sich selbst und Gott gegenüber lügen und leugnen müsse. (Das ist der Fall bei jedem, der in einem heißen Schlamassel landet.) Als er jedoch merkte, dass er eingekesselt war, hörte er auf zu rennen, änderte den Kurs, fing an, auf das zu hören, was man ihm sagte, und begann, nach der Wahrheit zu suchen. Als wir schließlich auf Gold stießen, dadurch dass wir seine Grundangst, zerstört zu werden, identifizierten, begann er die Hoffnung zu schmecken, dass die Wahrheit ihn tatsächlich frei machen würde. Ich bedrängte ihn und forderte ihn heraus, sein nächster Schritt müsse darin bestehen, diese Angst zu Gott zu bringen und daran zu arbeiten, ehrlicher gegenüber dem Vater und sich selbst zu werden als je zuvor.

Jon hat genau das getan. Mit Hilfe seines Seelsorgers und anderer Ressourcen der inneren Heilung begann er, sich den Lügen, die er geglaubt hatte, zu stellen, sie bis zu der Schwachstelle in seinem Leben zurückzuverfolgen, Vergebung und Buße zu praktizieren, um die Wahrheit zu empfangen, und diese Wahrheit in sein Herz und seinen Verstand einzupflanzen. Es stellte sich heraus, dass der schwierigste Teil des Versöhnungsprozesses die Versöhnung Jons mit sich selbst war. Sein Seelsorger sagte ihm, in zwanzig Jahren professioneller Beratung habe er noch niemand erlebt, der sich so schwertat, sich selbst zu vergeben. Sie widmeten drei ganze Sitzungen der Erörterung des Themas, bevor Jon bereit war, sich selbst zu vergeben. Nachdem er sich die Erlaubnis gegeben hatte, von der Schlachtbank herabzusteigen, folgten viele Tage, in denen er weinte und sich selbst vergab. Diese ekligen Schichten der Unversöhnlichkeit gegenüber sich selbst hatten die ganze Scham, das Verstecken und den Selbsthass erzeugt. Dabei erinnerte er sich – wie der verlorene Sohn – an den Vater und seine wahre Identität und erkannte, welches Zerrbild vom Vater und von sich selbst er so viele Jahre gehabt hatte. Indem er seine Kontrakte mit dieser alten Identität und Beziehung (zum Vater) brach, war er frei, sein Herz und seinen Verstand mit der Wahrheit darüber in Einklang zu bringen, wer sein Vater wirklich war und wie dieser ihn als seinen Sohn sah. Dieser Austauschprozess geschah nicht über Nacht, aber mit jedem Schritt auf dem Weg dahin vertiefte sich seine Erfahrung der Versöhnung mit Gott und mit sich selbst.

Die nächste Person, mit der Jon seinen Schlamassel aufräumen musste, war Karen. Wie ich bereits erwähnte, hatte sie eine Vereinbarung, sich neunzig Tage zu trennen, initiiert, um Jon klarzumachen, dass sich sowohl er als auch ihre Beziehung ändern mussten. Sie wusste, dass es ihre Ehe und Familie zerstören würde, falls Jonathan sein Verhalten fortsetzen würde. Sie hatte jedoch Hoffnung. Bevor sie alles erfuhr, was sich abgespielt hatte, hatte sie von Gott die Verheißung erhalten, dass diese Zeit den Ehemann hervorbringen würde, für den sie immer gebetet hatte. Als die Wahrheit ans Licht kam, stützte sie sich auf diese Verheißung, um den Mut zu haben, gegenüber ihrem Mann die notwendigen Grenzen zu setzen, damit der Heilige Geist seine Arbeit tun konnte, Jon und ihre Beziehung zu verwandeln.

Karen erzählte mir, die Monate der Trennung seien die schwierigste Zeit ihres Lebens gewesen. Sie war im achten Monat schwanger, als sie die volle Wahrheit über Jonathans Verrat erfuhr, und wurde sofort in den Überlebensmodus hineinkatapultiert, als sie sich daran machte, die Schließung der Schule zu bewerkstelligen, sich um zwei kleine Kinder zu kümmern und die Geburt ihrer Tochter zu planen. Sie hätte ihr Leben kurzfristig leichter machen und Jon nach Hause kommen lassen können, noch bevor er (zumindest) das Problem gefunden und mit der Arbeit daran begonnen hatte. Aber sie blieb fest und hatte dadurch einen Hebel, der ihren Mann motivierte, den Prozess der Umkehr und Versöhnung mit Gott und sich selbst anzupacken.

Zu Beginn der Trennung brach Karen die Kommunikation mit Jonathan vollständig ab, weil er so wütend und instabil war. Sie traf auch die sehr schwierige Entscheidung, dass sie ihn bei der Geburt ihrer Tochter nicht dabeihaben wollte, solange er nicht einige ernsthafte Veränderungen unternommen hatte. Nach und nach nahm sie wieder eine begrenzte Kommunikation mit ihm auf und konnte sehen, dass er hart an seiner Heilung arbeitete und herauszufinden versuchte, wie er Buße tun konnte.

„Ich war immer noch skeptisch, weil ich in der Vergangenheit hintergangen worden war“, sagte sie mir. „Jonathan ist so klug darin, herauszufinden, was die ‚richtige Antwort‘ sein sollte, und kann sich selbst und alle anderen davon überzeugen, dass er sie gefunden hat. Aber ich traute ihm nicht, und ich traute nicht einmal mir selbst, ein klares Bild von ihm zu haben. Ich habe während dieser Zeit deiner Sicht, Danny, mehr vertraut als meiner eigenen.“

Eine der Schwierigkeiten, die Karen mit mir besprach, war, ob sie ihre Meinung ändern und ihrem Mann erlauben solle, der Geburt ihrer Tochter beizuwohnen, die mitten in der Trennungszeit stattfinden sollte. Sie erklärte, dass sie als Geburtsbegleiterin und nachdem sie mit ihren ersten beiden Babys eine friedliche, schmerzfreie, „übernatürliche“ Geburt erlebt habe, wisse, dass ihr Körper sich völlig sicher und geschützt fühlen müsse, um effektiv funktionieren zu können. Sie wusste nicht, ob sie sich sicher genug fühlen konnte, um bereit zu sein, in Jonathans Anwesenheit ihre Schutzmauern fallen zu lassen, und ob sie darauf vertrauen konnte, dass er sie unterstützen würde. Andererseits wäre die Abwesenheit ihres Mannes bei der Geburt ebenfalls traumatisierend. Sie hoffte und glaubte, dass Gott ein Wunder tun und bis zur Geburt genug Verwandlung in Jon herbeiführen könnte, damit sie sich bei ihm sicher fühlen könnte. Gleichzeitig hatte sie jedoch Bedenken, ihr Herz zu früh zu öffnen und das Druckmittel, das sie mit der Trennung geschaffen hatte, um von Jon eine Veränderung zu verlangen, aufzugeben.

„Glaubst du, dass es mir möglich wäre, mein Herz zu öffnen und es dann wieder zu schließen?“, fragte mich Karen.

„Ich glaube schon“, sagte ich. „Ich glaube, du musst Jonathan nur wirklich klar zu verstehen geben, was du von ihm brauchst, um dich sicher zu fühlen – bei der Geburt und in eurer neuen Beziehung. Dann gab ich ihr eine Liste mit Fragen, die sie sich vor, während und nach ihrem Gespräch mit Jonathan stellen sollte:

- Weißt du, was du fühlen solltest?
- Hast du ihm das gesagt?
- Wie war seine Antwort?
- Hast du ihm geglaubt?
- Wie hat es sich angefühlt, als du dir seine Antwort angehört hast?

- Was fühlt sich vertraut an?
- Was fühlt sich neu an?

Einige Tage vor ihrer Entbindung sprach Karen mit Jonathan und teilte ihm klar mit, was sie von ihm brauchte, damit sie sich bei der Geburt gut fühlen konnte. „Ich muss mich in deiner Gegenwart sicher, umsorgt und geschützt fühlen", sagte sie ihm. „Ich muss das Gefühl haben, dass ich deine höchste Priorität und dein Hauptaugenmerk bin. Ich kann nicht brauchen, dass du Angst, Stress und Furcht verbreitest. Du musst deine Verantwortung wahrnehmen und deinen Mann stehen, wenn du bei der Geburt unserer Tochter dabei sein willst."

Jonathan ergriff die Chance und unterstützte Karen bei ihren Wehen. Sie erzählte mir, dass er alle Probleme, mit denen er zu tun hatte, auf sehr gute Weise beiseitelegte und präsent, emotional verfügbar und auf eine Weise mit ihr verbunden war, wie sie es noch nie erlebt hatte. Sie war in der Lage, ihn und seinen Zustand in seinem Heilungsprozess anzunehmen. Die Geburt fand in Vertrautheit, Sicherheit und Frieden statt, und selbst die Geburtshelfer machten Bemerkungen über die Gegenwart Gottes im Raum.

Nach der Geburt fuhr Karen mit der Trennung fort und war sich dessen bewusst, dass sie noch eine Menge Arbeit vor sich hatten, bevor sie zur Versöhnung bereit sein würden. Aber durch diese Erfahrung hatte sich für beide etwas verändert. Jonathan kehrte zu seiner Aufgabe der Buße und Heilung zurück und Karen kümmerte sich um ihr Neugeborenes und um ihre eigene Heilung. Einige Monate später, als die neunzig Tage vorbei waren, telefonierte ich mit ihnen, um mich über den Fortschritt zu informieren. Es war klar, dass sie beide bedeutende Fortschritte in der Buße und Vergebung gemacht hatten und dass die Herzen von beiden mit dem Ziel der Verbundenheit aufeinander gerichtet waren. Ich unterstützte sie darin, ihre Ehe wieder aufzunehmen und gleichzeitig weiter an ihrer Versöhnung zu arbeiten.

Die nächsten Beziehungen, die „Farbe" abbekommen hatten, waren Jonathans Leiter und Kollegen im Dienst. Die meisten dieser Leute hatten sich bereiterklärt, dem neu gebildeten Beirat beizutreten, der Rechenschaftspflicht und Aufsicht über seinen Wiederherstellungsprozess übernehmen sollte. Jon vereinbarte mit den meisten dieser Leiter Telefongespräche, um sie um Vergebung zu bitten, sie über den Stand seiner Maßnahmen zur Lösung des Problems auf dem Laufenden zu halten und sie zu fragen, was er tun müsse, um seinen Schlamassel mit ihnen zu bereinigen.

Er hatte die meisten dieser Anrufe erledigt, die alle gut liefen, als wir eine Videokonferenz für Jonathan und Karen abhielten, um den Beirat über den Stand der Versöhnung der Ehe zu informieren. Alle drückten Freude und Dankbarkeit aus, als sie von der Heilung hörten, die die beiden persönlich und gemeinsam erlebten. Dann verlagerte sich das Gespräch, und einer der Leiter, mit dem Jon noch kein Einzelgespräch über das „Aufräumen des Schlamassels" geführt hatte, stellte ihm die gezielte Frage, ob er die Gründe für sein schlechtes Verhalten gegenüber seinen Mitarbeitern aufgedeckt habe. Ich konnte sehen, wie Jonathan anfing, zu erstarren und sich zu verteidigen, während er um eine Antwort rang. Seine Angstreaktion setzte sich während des restlichen Gesprächs fort, das nicht gut endete, und mehrere Wochen lang gab es nur noch Funkstille zwischen Jonathan und mir.

Als wir endlich Gelegenheit zur Nachbesprechung hatten, erklärte er, dass das Gespräch die Angstdynamik offenbart habe, die er in seiner Beziehung zu diesem bestimmten Freund und zu einer anderen Person im Beirat immer gehabt habe. Nach all der Arbeit, die er auf sich genommen hatte, um seine Angst vor Zerstörung auszumerzen, hatte es ihn überrascht, dass sie sich in diesem Moment wieder meldete. Aber er hatte getan, was er tun musste – er nahm das Thema zu seinem Seelsorger mit und brachte es auch vor den Herrn. Er brach seine Vereinbarungen mit der Angst erneut, insbesondere, was diese Freundschaften anging. Dann kehrte er zu seinen Freunden zurück, erzählte ihnen offen über die Angstprobleme, die ihre Beziehungen schon immer geplagt hatten, und lud sie ein, sich zu versöhnen und einen Weg zu suchen, die Dynamik von der Angst auf die Liebe und eine sichere Verbindung zu verlagern.

Was Leiter im Versöhnungsprozess beachten sollten

Zum Zeitpunkt des Verfassens dieses Artikels ist Jonathans nächster Schritt, seinen Schlamassel mit seinen Mitarbeitern zu bereinigen, und darauf bereitet er sich vor. Schon am Anfang seines Wiederherstellungswegs hatte ich Kontakt zu dieser Gruppe aufgenommen und sie gefragt: „Wenn ich einen bußfertigen Jonathan zu euch bringe, würdet ihr dann mit ihm sprechen wollen?“ Alle hatten Ja gesagt. Es lag ihnen nicht daran, ihn bestraft oder zerstört zu sehen, sondern geheilt und wiederhergestellt. Sie wollten ihm vergeben. Einige von ihnen hatten jedoch Fragen dazu, was eine Versöhnung mit Jonathan im Einzelnen bedeuten würde. Sie schienen zu glauben, dass ich von ihnen erwartete, dass sie nach dem Versöhnungsprozess alle enge Freunde sein würden, und das beunruhigte sie.

„Der Grund für eure Beziehung zu Jonathan war, dass ihr für ihn gearbeitet habt, und das wird sich nicht wiederholen“, antwortete ich. „Versöhnung heißt für euch, dass in Zukunft an keinem von euch ein Rest von Jonathans Schlamassel mehr haftet. Mein Ziel ist, dass ihr jedes Mal, wenn ihr seinen Namen hört oder eine Erinnerung an ihn habt oder den „Besseren Bund“ genießt, ihr keine Angst oder das Gefühl habt, ihr müsstet euch oder andere vor ihm schützen. Stattdessen sollt ihr denken: „Ich mag diesen Typ.“ Und wenn ihr euren nächsten Job und eure nächste Beziehung mit einem Leiter beginnt, möchte ich, dass ihr euer ganzes Herz einbringen könnt.“

Versöhnung – der Austausch einer alten Beziehung gegen eine neue – bedeutet nicht, dass die neue Beziehung die gleichen Rollen oder den gleichen Grad an Nähe beinhaltet wie die alte. Ein befreundetes Paar, das durch Sex vor der Ehe einen Schlamassel verursacht, kann seinen Schlamassel durch Buße und gegenseitige Vergebung bereinigen, aber am Ende entscheiden, dass es sich bei der versöhnten Beziehung nicht weiter um eine Partnerbeziehung handeln wird. Oder ein Arbeitgeber, der einen Arbeitnehmer wegen Verantwortungslosigkeit oder Inkompetenz entlassen hat, wird nicht unbedingt beschließen, ihn wieder einzustellen, nur weil er ihm verziehen hat und bereit ist, ihm freundlich zu begegnen. Das Schöne an der Versöhnung ist, dass diese Beziehungsveränderungen, obwohl sie normalerweise schmerzhaft sind, gesund und für alle Beteiligten von Vorteil sind. Was eine Versöhnung erfolgreich macht, ist die Tatsache, dass beide Seiten entschlossen sind, den Schlamassel durch Buße und Vergebung vollständig zu bereinigen und danach eine Beziehung aufzubauen, die frei von Furcht und voller Liebe und Ehre ist, unabhängig vom Grad des Kontakts oder der Vertrautheit.

Wenn ich in einem Versöhnungsprozess eine Supervision anbiete, besteht meine Rolle nicht darin, den Menschen zu helfen, einen Weg zurück zu den Rollen und Beziehungen zu finden, die sie vor dem

Schlamassel hatten. Stattdessen bin ich da, um ihnen dabei zu helfen zu klären, wie gesunde Beziehungen nach dem Schlamassel aussehen werden, und festzustellen, wann sie bereit sind, zur nächsten Phase der Versöhnung voranzuschreiten. Hier besteht eine meiner größten Verantwortlichkeiten darin, zu erkennen, wann wir „die Bedrohung neutralisiert haben" – d. h. wann die Person, die dabei ist, ihren Schlamassel zu bereinig, in ihrem Umkehrprozess weit genug fortgeschritten ist, um in die Versöhnung einzutreten. In Jonathans Fall bedeutete dies, dass ich ihn eng genug begleiten musste, um Karen, dem Beirat und den Mitarbeitern bestätigen zu können, dass er vertrauenswürdig genug war, um in die Beziehung zurückzukehren, und dass er eine klare Vorstellung davon hatte, wie sich diese Beziehungen in Zukunft verändern müssten.

Meiner Erfahrung nach gehören die Menschen in Führungspositionen in dem Umfeld, in dem die Person den Schlamassel angerichtet hat, zu denen, die am meisten Sicherheit und Hilfe brauchen, zu glauben, dass jemand bußfertig ist – vor allem Leiter in Gemeinden. Als solcher verstehe ich dieses Bedürfnis sehr gut. Unsere Aufgabe als Hirten ist es, unschuldige Menschen vor Schaden zu bewahren. Wie Eltern fühlen wir uns verantwortlich, wenn eines unserer „Kinder" in unserer Obhut verletzt wird. Wenn wir also eine Person als Bedrohung wahrnehmen, konfrontieren wir sie so schnell wie möglich und entfernen sie. Wir dürfen jedoch nicht vergessen, dass diese Person ebenfalls eines unserer „Kinder" ist. Wenn Leiter den Fehler machen, nur die Gruppe vor dem Verursacher des Schlamassels zu schützen, ohne zu sehen, dass dieser Buße tut, kann es dazu führen, dass sie den Verursacher bestrafen und ihm keine Versöhnung ermöglichen.

Bei einer guten Bekannten habe ich genau dies in einem anderen Disziplinierungsprozess erlebt. Diese junge Frau, die schon ihr Leben lang eine hingebungsvolle Christin war und immer aktiv mitgearbeitet hatte, schockierte sich selbst und alle, die sie kannten, als sie zugab, dass eine ihrer engen Freundschaften mit einer anderen jungen Frau emotional abhängig und sexuell unmoralisch geworden war. Zuerst versuchte sie, die Situation herunterzuspielen, ihr Verhalten in den Griff zu bekommen und an dieser unangemessenen Beziehung festzuhalten. Aber dadurch wuchs der Schlamassel nur und schwappte auf ihre Familie, enge Freunde, Mitbewohner, die Gemeindeleitung und die Gemeinde über. Als ich und andere sie damit konfrontierten, erkannte sie die Wahrheit über das, was ablief, gab zu, dass sie Hilfe brauchte, beendete die Beziehung, fand das Problem, das zu diesem Verhalten geführt hatte, und begann den Weg der Buße und Versöhnung. Zusammen mit mehreren anderen Leitern übernahm ich die Supervision für sie. Sie tat Unglaubliches, indem sie sich um innere Heilung bemühte und Versöhnungsgespräche mit den Menschen führte, die sie verunsichert und deren Vertrauen sie gebrochen hatte. Alle vergaben ihr und waren begeistert, dass sie dabei war, die beste Version von sich selbst zu werden.

Als meine Bekannte jedoch wieder mit Leitern in der Gemeinde Umgang hatte, die zwar nicht an ihrer Wiederherstellung beteiligt waren, aber die Auswirkungen ihres Schlamassels zu einem gewissen Ausmaß erlebt und sich damit auseinandergesetzt hatten, war das keine lustige Erfahrung. Sie nahmen sie eindeutig immer noch als eine Bedrohung für die anderen wahr. Nach ihrer Umkehr fühlte sich meine Bekannte von diesen Leitern noch für fast ein Jahr lang bestraft. Obwohl sie alles getan hatte, was man von ihr verlangt hatte, um ihren Schlamassel aufzuräumen, fühlte sie sich immer noch von denen, denen sie vertraut hatte, dass sie sie lieben und beschützen, ausgeschlossen, verurteilt und geächtet. Infolgedessen sah sie keine Möglichkeit, sich mit ihnen und den Leuten in der Gemeinde vollständig zu versöhnen, wie sie es sich gewünscht hatte.

Glücklicherweise entschied sich meine Bekannte aber dafür, ihre Liebe aufrechtzuerhalten und geduldig das Vertrauen ihrer Leiter zu gewinnen. Wir arrangierten ein Treffen mit ihnen, bei dem ich ihnen erklärte, dass meine Bekannte keine Bedrohung mehr darstelle und es ihr erlaubt sein sollte, sich zu versöhnen und voll an den Beziehungen zu den Leuten in der Gemeinde zu beteiligen. Sie redete auch offen über ihren Schmerz, sich bestraft zu fühlen, und über ihren Wunsch, wiederhergestellt zu werden. Die Sichtweise der Leiter hat sich inzwischen geändert, und sie können sehen, dass sie auf ihrem Weg der Buße gesünder denn je wird. Ich bin stolz auf meine Bekannte, dass sie an dem Prozess festhielt, sich für Beziehung entschied und nicht gekränkt war oder wegging, als sie darauf wartete, dass andere auf sie eingingen. Diese Hartnäckigkeit im Versöhnungsprozess ist es, die den Weg zur vollständigen Wiederherstellung ebnet.

Kapitel 10

Wiederherstellung

Als Jonathan mir erzählte, wie sein „Wiederherstellungsprozess" nach seiner Untreue zu Beginn seiner Ehe verlaufen war, sagte er, einer der Leiter seines apostolischen Netzwerks habe kommentiert: „Deine Geschichte ist eine der besten Geschichten der Wiederherstellung, die wir in diesem Dienst erlebt haben." Aber natürlich war er nicht wirklich wiederhergestellt worden, da er nie wirklich Buße getan hatte. Der Leiter, dem gegenüber er in diesem Wiederherstellungsprozess rechenschaftspflichtig war, hatte ihn ermutigt, an seiner Identität als Sohn und seiner Beziehung zum Vater zu arbeiten, was ein Schritt in die richtige Richtung war, aber er hatte ihn eigentlich nicht eng genug begleitet, um sicherzustellen, dass die Schwachstelle gefunden und behoben wurde. Infolgedessen beschäftigte sich Jonathan nur mit den Symptomen seines Verhaltens.

Es ist so verlockend, sich nach einem Schlamassel mit gutem Verhalten zufrieden zu geben. Eltern freuen sich, wenn ihre Kinder aufhören, sich schlecht zu benehmen, und anfangen, ihre Zimmer aufzuräumen, gute Noten zu bekommen und respektvoll zu sein. Ehemänner und Ehefrauen freuen sich, wenn ihr Ehepartner sich entschuldigt und anfängt, sich zu Hause mehr einzubringen oder romantischer zu sein. Leiter mögen es, wenn ihre Teams aufhören, unterdurchschnittliche Leistungen zu erbringen, und anfangen, ihre Aufgaben zu erfüllen und ihre Ziele zu erreichen. Pastoren mögen es, wenn ihre Leute ihr Leben in Ordnung bringen und anfangen, regelmäßig in den Gottesdienst zu kommen, zum Hauskreis zu gehen und sich freiwillig in der Gemeinde einzubringen. Es ist auch für den Verursacher eines Schlamassels verlockend, mit gutem Verhalten zufrieden zu sein. *Ich habe alles getan, worum sie mich gebeten haben. Ich habe ein Geständnis abgelegt und mich ausgiebig entschuldigt. Ich bin ihren Forderungen nachgekommen. Ich habe meine Strafe angenommen und obendrein mich selbst bestraft. Ich habe aufgehört zu sündigen und bin nicht mehr rückfällig geworden. Ich bin ganz bestimmt wiederhergestellt.*

Es ist verlockend, zufrieden zu sein, denn eine kurzfristige Verhaltensänderung ist einfacher als eine langfristige Herztransformation. Aber Jonathan, Ben und so viele andere zeigen uns, was passiert, wenn wir versuchen, unser Äußeres anzupassen, ohne die Schwachstelle im Inneren zu finden und zu beheben. Sich zu entschuldigen, sich selbst Vorwürfe zu machen, zu geloben, sich zu ändern, und hart zu arbeiten, um sich zu benehmen, lenkt uns in Wirklichkeit davon ab, die Ursachen unserer Überzeugungen und Beweggründe unter die Lupe zu nehmen. Wenn es uns am Ende gelingt, uns lange Zeit erfolgreich äußerlich gut zu benehmen, erhöhen wir unsere Selbsttäuschung nur, wir hätten das Problem erfolgreich beseitigt, und lassen zu, dass die Ursachen unkontrolliert wuchern, bis wir schockiert sind, uns in dem gleichen – nun noch größeren – Loch wiederzufinden.

Die Welt gibt sich mit Verhaltensänderungen zufrieden, denn das ist das Beste, was Menschen tun können, um sich ohne das Evangelium wiederherzustellen. Als Glieder des Leibes Christi können wir jedoch nicht mit weltlicher „Wiederherstellung" zufrieden sein. Gott gibt sich damit nicht zufrieden, und er hat den höchsten Preis dafür bezahlt, um uns von innen her wahrhaftig und radikal wiederherzustellen. Das ist der ganze Zweck und die Hoffnung des Neuen Bundes.

Werden, die wir sein sollen

Als Paulus uns anwies, die in Sünde Gefangenen „wiederherzustellen" (vgl. Gal 6,1), benutzte er ein griechisches Wort, das „gründlich zu vollenden" oder „jemanden zu dem zu machen, der er sein sollte" bedeutet.[1] Es geht nicht darum, jemanden wieder in den Zustand zu versetzen, in dem er sich befand, bevor er sündigte, sondern ihn gemäß seinem göttlichen Design in die Ganzheit und Reife zu bringen.

[1] „G2675 - katartizō - Strong's Greek Lexicon (NIV)." Blue Letter Bible. Abgerufen am 18. Juli 2019.
https://www.blueletterbible.org//lang/lexicon/lexicon.cfm?Strongs=G2675=NIV

Das ist das übergreifende Thema der Heiligen Schrift. Das Evangelium ist keine Geschichte darüber, dass Gott die Menschheit erlöst, indem er uns in den ursprünglichen Garten, bevor die Sünde in die Welt kam, zurückführt. Die Menschen im Garten – nicht erprobt und leicht zu täuschen – waren nicht die geistlich reifen, weisen Söhne und Töchter, zu denen wir bestimmt sind. Sie waren bereit, Lügen über den Vater zu glauben, sich vorzustellen, dass er ihnen Gutes vorenthalten würde und dass sie in der Lage seien, ohne ihn zu regieren und zu herrschen.

Die Menschen, die wir sein sollen, sehen aus wie Jesus Christus. In ihm sehen wir zwei große Wahrheiten darüber, wie der Vater „uns zu dem macht, was wir sein sollen". Erstens hat Jesus, obwohl er selbst nie gesündigt hat, gezeigt, dass es nicht der Wunsch des Vaters ist, seine sündigen Kinder zu bestrafen, sondern *uns in unserer Sünde* mit Vergebung und Versöhnung *zu begegnen*. Er will unser Misstrauen und unsere Rebellion nicht bestrafen, sondern uns die Wahrheit über seine Vertrauenswürdigkeit, Liebe und Treue zeigen. Er möchte, dass wir erkennen, dass Götzendienst nur zu geistlichem Exil, Waisentum, Sklaverei, Verzweiflung und Zerstörung führt, wohingegen er uns – wenn wir ihn auf den Thron unseres Herzen setzen – nach Hause an den Ort der Zugehörigkeit bringt, wo wir geschaffen wurden, um als seine geliebten Kinder zu gedeihen. Sein Vorgehen dabei ist, dass er uns bis zum äußersten Extrem unseres Versuchs, vor ihm zu fliehen, nachgeht: Er wird einer von uns, nimmt Menschengestalt an, erleidet unsere Versuchungen und nimmt unseren Tod auf sich. Auf diese Weise vermittelt er uns: „Ich liebe dich. Ich enthalte dir nichts Gutes vor. Alles, was ich habe, alles, was ich bin, gehört für die Ewigkeit dir. Selbst wenn du untreu bist, bin ich dir treu. Selbst wenn du Lügen über mich glaubst, gehe ich dir weiterhin mit der Wahrheit meiner Liebe nach. Nichts, was du getan hast, hat meine Liebe zu dir verändert. Du wurdest für meine Liebe geschaffen. Du kannst mir vertrauen. Hör auf, wegzulaufen, und komm nach Hause in meine Arme."

Ich stelle mir gerne vor, wie sich diese Wahrheit in unserem Leben als Graph darstellt. Wenn wir ja zur Nachfolge Jesu sagen, beginnt diese Kurve aufzusteigen und steht für unser Wachstum in Verbindung mit ihm, uns selbst und anderen. Wenn wir sündigen, bekommt die Linie eine Delle. Bei denjenigen von uns, die in einem „heißen Schlamassel" enden, sieht diese Delle wie ein ziemlich tiefes Tal aus. Aber der tiefste Punkt – der Punkt der Buße – ist der, an dem Gott uns mit einer Offenbarung seiner großen Liebe und Vergebung begegnet, die jegliche Angst und Scham konfrontiert und vertreibt. Diese Begegnung mit der vollkommenen Liebe ist es, die uns auf einen aufsteigenden Pfad der Wiederherstellung führt, der uns nicht nur auf die Ebene des Vertrauens und der Verbundenheit zurückbringt, die wir vor unserem Absturz hatten, sondern auf eine viel höhere Ebene, sodass es so aussieht, als seien wir dort gelandet, wo wir vor dem Absturz hinwollten.

Die zweite Wahrheit ist, dass wir in Jesus sehen, wie es aussieht, jene reifen Söhne und Töchter zu sein, die ihrem Vater vertrauen und in seiner vollkommenen Liebe wandeln. Eines der besten Worte, um die Realität, in der Jesus lebte, zu beschreiben, ist *Schalom*. Normalerweise übersetzen wir dieses Wort mit „Frieden", aber dabei entgeht uns sein Reichtum, weil wir unter Frieden Ruhe, Gelassenheit und die Abwesenheit von Konflikten verstehen. *Schalom* ist aber beziehungsbezogene Ganzheit. Es ist ein Leben in einer liebevollen Verbindung mit Gott, uns selbst, anderen und der Schöpfung – wozu wir geschaffen wurden –, und das schenkt uns Sicherheit, Gesundheit, Glück und Wohlstand.[2]

Wie Jesus gezeigt hat, ist das Leben im *Schalom* etwas unglaublich Gewaltiges. Es ermöglichte ihm, inmitten eines lebensbedrohlichen Sturms ein Wort zu sprechen und die göttliche Ordnung wiederherzustellen. Brian Simmons erklärt diese wiederherstellende Kraft des *Schalom* in einer seiner Anmerkungen in *The Passion Translation*:

> [*Schalom*] bedeutet viel mehr als Frieden. Es bedeutet Ganzheit, Wohlbefinden, Wohlergehen, sicher, glücklich, freundlich, Gunst, Vollständigkeit, Frieden schließen, Friedensopfer, Sicherheit, Wohlstand, siegreich, zufrieden, gelassen, still und ruhig zu sein. Die piktografischen Symbole für das Wort *Schalom* (*shin, lamed, vav, mem*) lauten: „Zerstöre die Autorität, die ans Chaos bindet." Das Substantiv *Schalom* ist von der Verbwurzel *shalam* abgeleitet, was „wiederherstellen" bedeutet, im Sinne von „ersetzen oder bereitstellen, was nötig ist, um jemanden oder etwas ganz und vollständig zu machen". *Schalom* wird also benutzt, um diejenigen von uns zu beschreiben,

---

[2] „H7965 - shalowm - Strong's Hebrew Lexicon (NIV)." Blue Letter Bible. Abgerufen am 19. Juli 2019.
https://www.blueletterbible.org//lang/lexicon/lexicon.cfm?Strongs=H7965=NIV

> denen alles zur Verfügung gestellt wurde, was nötig ist, um ganz und vollständig zu sein und uns von jeglicher Autorität zu trennen, die versuchen könnte, uns an das Chaos zu binden.[3]

Chaos ist das, was wir erleben, wenn wir außerhalb der göttlichen Ordnung und der beziehungsmäßigen Ganzheit leben, losgelöst von Gott, unseren eigenen Herzen und anderen. Das Verlassen der göttlichen Ordnung und das Verletzen unserer Beziehungen gibt dem Feind die Möglichkeit, seine geistliche Macht – Angst – zu nutzen, um uns in Knechtschaft zu halten. Weil Jesus im *Schalom* lebte, trug er die Macht und Autorität in sich, andere zu „schalomisieren" – um die Macht des Feindes zu brechen und sie in die Ganzheit zu bringen. Das ist es, was er in unserem Leben tut. Wenn wir mit ihm leben, bringt er alles ans Licht, was nicht in Ordnung ist, zerbrochen ist oder fehlt, und bringt es in die göttliche Ordnung. Wie wir in den Evangelien sehen, beginnt er mit der Wiederherstellung bestimmter Probleme von Körper, Seele und Geist – Krankheit, Gebrechen, dämonische Qualen und Sünde. Aber diese Durchbrüche sind keine vollständige Wiederherstellung, sondern Einladungen, dass unsere Fähigkeit, so wie Jesus in ungebrochenem Vertrauen und in Verbundenheit mit dem Vater, mit uns selbst und mit anderen zu leben, vollständig und zutiefst wiederhergestellt wird. Er stellt uns wieder her, damit wir im *Schalom* leben und andere „schalomisieren" *können*, so wie er es tut.

Wie sieht die Wiederherstellung aus?

In einem weiteren Gespräch mit Jonathan und Karen fragte ich sie: „Was bedeutet Wiederherstellung für euch konkret? Wie sieht die Zukunft aus, die ihr mit Gott und miteinander aufbauen und in der ihr leben wollt?"

Jonathan beschrieb einige der Dinge, die er erlebte, als er dem Vater erlaubte, seine Grundangst vor der Zerstörung abzubauen. Er erzählte von einem Morgen, an dem er sich mit seiner Bibel hingesetzt und festgestellt hatte, dass er sie tatsächlich lesen wollte, nicht, um ihm beim Schreiben seines nächsten Buches zu helfen oder sein Wissen zu erweitern, sondern einfach, um sich mit Gott zu verbinden. „Ich

[3] *The Passion Translation,* Fußnote zu Psalm 34,14.

begann, Galater 4 zu lesen, wo es heißt, dass der Geist in uns ruft und uns zu Erben der Sohnschaft macht, und zum ersten Mal in meinem Leben erkannte ich, dass sich mein Herz mit dieser Realität verband", erzählte er mir. „Jahrelang war es ein Konzept in meinem Kopf gewesen. Ich hatte versucht, es durch Leistung zu verdienen und perfekt genug zu sein, aber ich konnte nie die Wahrheit empfangen, dass er mich annimmt. Nun begann ich endlich in meinem Herzen zu glauben, dass ich ein Sohn bin. Ich werde geliebt."

Er sagte, diese Herzensverbindung beginne die Art und Weise zu beeinflussen, wie er sich in Beziehungen gebe. „Ich habe mich immer von Leuten abgeschottet und es ‚Grenzen setzen' genannt", gab er zu. „Ich habe Leute auf Distanz gehalten oder den Kontakt abgebrochen mit dem Vorwand, meine Beziehungen ‚sicher' halten zu wollen. Aber es war alles von dieser Grundangst getrieben, und nicht davon, dass ich stark war und mich selbst und die andere Person schätzte. Ich habe mich nicht wertgeschätzt. Jetzt fange ich endlich an, meine Gefühle zu akzeptieren und sie andere Menschen sehen zu lassen. Ich bin nun endlich offen und verletzlich, weil ich gesehen und gehört werden möchte, und weil ich darauf vertraue, dass andere sich um mich kümmern und mein Herz schützen. Für mich geht es bei der Wiederherstellung wirklich darum, in diesen neuen Lebensstil der Verbundenheit hineinzukommen. Alles hat sich geändert, als ich erkannte, dass ich die Priorität, mich selbst zu schützen und mich als König meines Schlosses abzuschotten, aufgeben und das Schützen von Beziehungen zu meiner Priorität machen muss. Wiederherstellung bedeutet für mich also, zu lernen, in authentischen, verletzlichen, ehrlichen und offenen Beziehungen zu leben."

Karen schloss sich ihrem Ehemann an. „Authentisch zu leben, ist etwas, das ich mir schon immer gewünscht habe", sagte sie. „Und für mich beginnt das mit unserer Familie. Gerade jetzt ist das der Aspekt der Wiederherstellung, der für mich am wichtigsten ist – zu erleben, dass unsere Beziehung zueinander und zu unseren Kindern stark und gesund wird. Wenn wir diese Integrität in unserer Liebe und unserem Respekt füreinander aufbauen können, dann wird jeder Dienst, den Gott für uns eröffnet, ein Überfluss davon sein."

Als ich diese Antworten hörte, dachte ich: *Sie sind auf dem Weg.* Die ersten Samen von *Schalom* beginnen in ihrem Leben zu sprießen. Ich kenne zwar nicht alle Schritte, die ihnen auf dieser Reise bevorstehen, und auch nicht alle Entscheidungen, die sie treffen werden, aber ich bin zuversichtlich, dass wir sie, wenn sie diesen Weg der Verbundenheit weitergehen, wieder in einem geistlichen Dienst sehen werden – einem Dienst, der ganz anders aussehen wird als das, was Jonathan mit seiner „Schlosskönig"-Beziehungskultur aufgebaut hatte. Er wird auf dem viel stärkeren Fundament der Bundesliebe aufgebaut sein.

Die Menschen sind von Natur aus misstrauisch, wenn ein gefallener Leiter in eine einflussreiche Position zurückkehrt – vor allem, wenn sie herausfinden, dass er ein Wiederholungstäter ist. Oft ist diese Vorsicht jedoch Ausdruck des Bestrafungsparadigmas. Die Realität sieht so aus, dass viele Leiter heute Wiederholungstäter sind, ohne ihre Position zu verlieren – es gelingt ihnen nur, ihre Sünde zu verbergen oder auf „akzeptable" Weise zu sündigen. Aus irgendeinem Grund tolerieren bestimmte Leiter oft die Sünden der Angst, des Zorns, der Selbsterhaltung, des Götzendienstes, der Völlerei, der Begierde und des Stolzes. Die schiere Zahl der Leiter, die in der heutigen Generation regelmäßig Pornographie benutzen, ist erschütternd. Aber wenn wir nichts davon wissen oder selbst mit den gleichen Dingen zu kämpfen haben, vertrauen wir diesen dysfunktionalen Leitern weiterhin, stärken sie und folgen ihnen. Wenn sie dann zusammenbrechen und in Flammen aufgehen, zerstören wir sie, auch wenn sie Buße tun wollen. Wenn es darum geht, sie in eine Leitungsposition „wiederherzustellen", geht es uns nicht wirklich darum, ob sie gelernt haben, in einer neuen Beziehungskultur der Verbundenheit und Verletzlichkeit zu leben, in der sie um Hilfe bitten, lange bevor sie einen Absturz riskieren, sondern ob sie ihre Lektion gelernt haben, wie man seine Sünde im Zaum hält. Das verstärkt nur die Botschaft an andere Leiter, die am Kämpfen sind, dass es nicht sicher ist, verletzlich zu sein, um Hilfe zu bitten und Buße zu tun, bevor sie schließlich einen Teil ihres Lebens in die Luft sprengen. Im Neuen Bund sollte unsere Priorität jedoch darin bestehen, Leiter einzusetzen, die gesund genug sind, um die Hilfe zu bitten, die sie brauchen, während sie weiterhin in der Gabe der Leiterschaft wirken, die sie für den Leib Christi haben. Meiner Erfahrung nach sind einige der Leiter, die am besten wissen, was es heißt, gesund zu sein, diejenigen, die wiederhergestellt wurden, nachdem sie für ihre Sünde Buße getan haben.

Wenn ein Leiter keine Buße getan hat, dann bezweifle ich, ob man ihm auch nur annähernd eine Führungsrolle anvertrauen sollte, solange er es nicht tut. Aber wenn er Buße tut, erwarte ich von Gott, dass er ihn – als Mensch und als Leiter – wiederherstellt, denn das ist es, was er tut. Er hat es mit Ben und Heather getan. Die Beziehungskultur, in der sie jetzt leben, sieht ganz anders aus als die, die sie hatten, bevor Ben Buße tat. Die Isolation, die Scham und die Unverbundenheit, die sich im Leben von beiden versteckt hatten, sind verschwunden. Sie haben eine neue Normalität aufgebaut, in der sie ihre Herzen sehen lassen und mit anderen verbunden sind. Sobald sie etwas beunruhigt, haben sie genug Selbstbewusstsein, um der Sache nachzugehen, und wissen, dass sie sich auf ihre Beziehungen verlassen können. Falls sie es nicht tun – falls sie also zulassen, dass die Angst sie dazu bringt, sich aus Verletzlichkeit und Verbundenheit zurückzuziehen, merken das die Menschen in ihrem Umfeld und sprechen es an: „Hey, wo bist du? Ich kann dich nicht sehen. Ich fühle mich von dir abgeschnitten. Wo bist du hingegangen?" Der Aufbau dieser Kultur der Verbundenheit hat ihre Ehe, ihre Familie und ihren Dienst mit *Schalom* erfüllt, und sie haben die Autorität, den *Schalom,* in dem sie leben, allen um sie herum zu bringen. Ihre Stellung als Leiter im Leben anderer ist die Frucht der Glaubwürdigkeit ihrer Verwandlung. Menschen vertrauen ihnen. Für Jonathan und Karen hoffe und erwarte ich nichts anderes. Wenn ich ihre Geschichte erzähle, die noch lange nicht abgeschlossen ist, dann mit den Ziel, Sie zu derselben Hoffnung und Erwartung einzuladen – für die beiden und für alle, die sich auf dem Weg der Buße, Versöhnung und Wiederherstellung befinden.

Paulusse wiederherstellen

Man kann leicht vergessen, dass der größte Teil des Neuen Testaments von einem Mann geschrieben wurde, den Jesus wiederhergestellt hat. Bevor Jesus Saulus auf der Straße nach Damaskus begegnete, war dieser ein religiöser Terrorist, der den Auftrag hatte, Christen zu ermorden. Er war der Staatsfeind Nummer eins der Gemeinde. Nach seiner Begegnung wurde er zu einem ihrer größten Verfechter. Stellen Sie sich vor, Osama bin Laden würde Präsident der Vereinigten Staaten werden – so drastisch war es für den Pharisäer Saulus, der zum Apostel Paulus wurde. Seine dramatische Verwandlung lässt uns mehrere wichtige Aspekte erkennen, wie Jesus uns wiederherstellt.

Erstens, als Jesus Paulus wiederherstellte, hat er nicht nur „die Bedrohung neutralisiert". Er machte Saulus zu dem, wozu er immer bestimmt war. Er war der Pharisäer der Pharisäer, der *„was ... den jüdischen Glauben angeht", „viele [seiner] Altersgenossen"* übertraf, denn er *„war ein besonders leidenschaftlicher Verfechter der ... Überlieferungen"* seiner Vorfahren (Gal 1,14). Seine Buße und Bekehrung trübten diesen Eifer nicht, sondern verbanden ihn lediglich mit einem neuen Motiv und einem neuen Ziel. Anstatt Gesetzesbrecher zu bestrafen, begann Paulus, Söhne und Töchter heranzuziehen.

Dieses Muster sehe ich bei jedem, der wiederhergestellt wird. Ben Armstrong wollte und sollte immer ein liebevoller Ehemann, Vater und Pastor sein. Die Sünde brachte ihn dazu, in diesen Rollen zu versagen und diese Beziehungen zu verraten. Doch die Wiederherstellung, die Christus in seinem Leben herbeiführte, hat ihn zu dem Ehemann, Vater und Pastor gemacht, zu dem er bestimmt war. Auch Jonathan hat schon immer den Wunsch gehabt, in der Sohnschaft zu leben und die Menschen dafür zuzurüsten, in der Realität des „Besseren Bundes" zu wandeln. Die vollständige Wiederherstellung, die ihn auf diesem Weg der Buße und Versöhnung erwartet, wird darin bestehen, dass er diese Dinge mit größerer Integrität, Autorität und Kraft als je zuvor tun wird.

Zweitens wurde Paulus nicht nur wiederhergestellt – er wurde ein Wiederhersteller. Das heißt, der Weg durch seine eigene Disziplinierung brachte eine Leidenschaft und Autorität hervor, um andere auf demselben Weg zu führen. Eine Sache, die an den Briefen des Paulus auffällt, ist, dass sie voller Konfrontation und Korrektur sind. Nachdem Paulus von Jesus selbst korrigiert und diszipliniert worden war, lehnte er sich nicht zurück und sagte: „Als ein ehemaliger Mörder und einer, der versucht hat, die Gemeinde zu zerstören (vgl. Gal 1,13), habe ich wirklich nicht die Autorität, jemandem zu korrigieren." Das Gegenteil scheint der Fall zu sein. Paulus hatte keine Scheu, sich mit den Schlamasseln der Menschen zu beschäftigen. Er war nicht daran interessiert, sein Gesicht zu wahren und so zu tun, als hätten die von ihm betreuten Gemeinden alles beisammen. Er hatte auch keine Skrupel, andere Leiter wegen ihrer Heuchelei zu konfrontieren – er hatte sogar den Mut, Petrus direkt zu korrigieren, weil er ein Rassist war (vgl. Gal 2,11). Paulus' Erfahrung, von Jesus liebevoll korrigiert zu werden, war genau das, was ihn dazu befähigte, die von ihm betreuten Gemeinden zu disziplinieren. Selbst wenn er harte Konsequenzen empfehlen musste, wie z. B. einen unbußfertigen Mann *„zum Verderben des Fleisches"* dem Satan auszuliefern, geschah dies in der Hoffnung, *„damit der Geist gerettet werde am Tage des Herrn"* (1 Kor 5,5 ELB), und er kommunizierte *„aus viel Bedrängnis und Herzensangst ... mit vielen Tränen ... nicht damit [sie] traurig gemacht, sondern damit [sie seine] Liebe erkennen würde[n]"* (vgl. 2 Kor 2,4 ELB). Paulus hatte das Herz des Vaters, um seine Söhne und Töchter in göttliche Ordnung und gesunde Beziehungen zu bringen.

Schließlich zeigt Apostelgeschichte 9 auch, dass es zwei Hauptakteure in Paulus' Wiederherstellungsprozess gab. Der erste war Ananias, den Jesus anwies, zu Saulus zu gehen, als dieser unmittelbar nach seiner Bekehrung blind war und betete. Stellen Sie sich vor, man sagt Ihnen, Sie sollten zu einem berüchtigten Christenmörder gehen, ohne dass es Beweise dafür gibt, dass er sich geändert hat. Ananias' Mut und Vertrauen, den Worten Christi zu gehorchen, waren bemerkenswert. Der zweite Akteur war Barnabas, der Paulus in Jerusalem zu den Aposteln führte und ihnen sein Wort gab, dass Paulus keine Bedrohung mehr sei, sondern sich wirklich bekehrt habe und nun ein echter Jünger Jesu sei. Ananias riskierte sein Leben, indem er sich Paulus stellte, aber Barnabas riskierte viele Leben, indem er einen ehemaligen Mörder in die Gemeinde brachte – ein noch größerer Akt des Mutes und des Vertrauens, dass Paulus' Wiederherstellung echt war. Beide Akteure ebneten Paulus den Weg, um frei in seinen neuen Dienst als Verkündiger des Evangeliums eintreten zu können.

Im Reich Gottes werden die größten Schlamassel-Verursacher wiederhergestellt, um zu den größten Wiederherstellern zu werden. Der „Erste der Sünder" ist derjenige, der die größte Offenbarung der Liebe Gottes empfängt und 1. Korinther 13 schreibt. Dies ist die Botschaft von Paulus' Leben und dem Leben so vieler anderer, die den Weg der Buße, Versöhnung und Wiederherstellung gegangen sind. Aber wenn wir wollen, dass mehr Paulusse wiederhergestellt werden, brauchen wir mehr Männer und Frauen wie Ananias und Barnabas – Menschen, die mitten in einen Schlamassel hineingehen, erkennen, dass Jesus am Werk ist, und die Menschen auf ihrem Weg begleiten. Der Leib Christi braucht dringend geistliche Väter und Mütter, die, anstatt zu bestrafen oder Angst vor Fehlern zu haben, die Scham aus dem Leben der Menschen ausmerzen, indem sie auf sie zugehen und sagen: „Was hast du vor? Lass uns dadurch wachsen. Lass uns herausfinden, warum du das tust. Lass uns ins Herz gehen. Lass uns die Angst loswerden. Lass uns mit der Liebe verbunden werden. Lass uns hier Ganzheit und Frieden schaffen. Lass uns die Verstrickungen der Vergangenheit loswerden, die alten Muster, die deine Eltern an dich weitergegeben haben. Lass uns denen vergeben, die dich verletzt haben. Lass uns wieder mit dem Reich Gottes und dem Herz des Vaters in Einklang sein."

Dies ist die vollkommene, reife Liebe Jesu in Aktion. Wenn diese Liebe fehlt, lassen wir zu, dass sich die Angst vor Strafe noch tiefer in den Herzen der Menschen festsetzt. Einer der Gründe, warum Ben und Jonathan zweimal in dasselbe Loch gefallen sind, war folgender: Als sie beim ersten Mal Mist gebaut hatten und niemand sie auf den Weg der Buße einlud, verstärkte das die Lüge, dass sie es nicht wert seien, wiederhergestellt zu werden. Es verstärkte die Waisen-Botschaft, sie seien auf sich allein gestellt in ihrem Versuch, den Schlamassel aufzuräumen. In Jonathans Fall glaube ich, dass einer der Gründe, warum er sich ständig durch Lügen und Leugnen zu schützen versuchte, einfach darin bestand, dass er nicht glauben konnte, dass jemand ihm bei dem Versuch, sich seinem Schlamassel zu stellen und ihn aufzuräumen, wirklich helfen würde. Schließlich war es ja das, was vorher passiert war. Ironischerweise war es die Erfahrung, eingekesselt und von einem Team von Leuten umgeben zu sein, die darauf bestanden: „Schluss mit den Lügen, Jon – komm ins Licht", die ihm zeigte, dass er als einsamer König dieses Schlosses endlich die weiße Fahne schwenken und Menschen hereinlassen konnte, denen er vertrauen konnte, dass sie kämen und blieben.

In einem meiner Gespräche mit Karen sagte sie: „Diese Zeit war schmerzhaft, aber ich betrachte sie als ein Geschenk, denn dieses Mal konnten wir diesen Prozess mit einem Team um uns herum durchlaufen. Beim ersten Mal hatten wir kein Team. Diesmal brauchte ich keine Angst zu haben, da ich diesem Team vertraut habe. Ich vertraute darauf, dass sie unser Bestes wollten. Ich musste nicht versuchen, den Prozess zu kontrollieren oder mir über das Ergebnis Sorgen zu machen. Ich glaube, dass Jonathan ohne Dannys Führung, das Team und das Wirken des Heiligen Geistes seinen Schmerz nicht überwunden und sich wirklich verändert hätte. Gott hat unsere Ehe und unsere Familie wiederhergestellt."

Wenn wir wollen, dass eine Person, die einen Schlamassel angerichtet hat, Buße tut und uns davon überzeugt, dass ihre Buße glaubwürdig ist, dann müssen wir sie davon überzeugen, dass unsere Liebe glaubwürdig ist. Das ist es, was der Vater für uns getan hat. Er hat nicht darauf gewartet, dass wir Buße tun, bevor er uns Liebe und Vergebung erwies. Er hat uns Liebe, Barmherzigkeit und Vergebung erwiesen, *um uns* zur Buße zu *führen*. Nur so können auch wir andere führen.

Jesus glaubwürdig machen

Kann man eine Person lieben und doch anderer Meinung als sie sein? Kann man sie lieben und sie mit der Sünde in ihrem Leben konfrontieren? Diese Fragen werden heute heftig debattiert. Die Antwort auf beide Fragen lautet Ja. Jesus tat und tut immer beides. Paulus tat es auch. Eine gesunde Konfrontation mit der Sünde ist eigentlich ein Ausdruck reifer Liebe. Aber allzu oft ist dies nicht die Erfahrung, die wir im Leib Christi herbeiführen. Wir sind zu beschäftigt, ängstlich, schlecht zugerüstet und unreif, um andere durch eine gesunde Disziplinierung zu begleiten.

In der Zwischenzeit warten die Menschen um uns herum verzweifelt auf eine Offenbarung von Gottes Liebe. Anstatt auf Menschen zu treffen, die ihnen seine Liebe glaubhaft machen, erleben sie allzu oft Menschen, die die Illusion verbreiten, die Gemeinde sei eine perfekte Organisation, nur um durch den jüngsten Leiterabsturz als Heuchler entlarvt zu werden. Einer der Gründe, warum ich leidenschaftlich gerne Leitern wie Ben und Jonathan helfe, Buße zu tun und wiederhergestellt zu werden, ist, dass ich glaube, dass gerade diese Menschen dem Leib Christi helfen können, solche Illusionen zu beenden. Das ist das biblische Modell. Jesus wählte sich Petrus und Paulus als die beiden Urväter der frühen Gemeinde aus. Beide waren Männer, die öffentlich versagt hatten und sich offen zu dieser Tatsache *in der Bibel* bekannten. Sie gaben nicht vor, alles im Griff zu haben. Stattdessen brüsteten sie sich damit, dass gerade in ihren Schwächen die Liebe und Kraft Christi vollendet – reif und vollständig – wurde (vgl. 2 Kor 12,9). Gerade die Tatsache, dass sie versagten und von Jesus diszipliniert und wiederhergestellt worden waren, veranlasste die Menschen, ihnen zu vertrauen, dass sie das Herz des Vaters zum Ausdruck brachten.

Zu den letzten Worten Jesu an seine Jünger, bevor er ans Kreuz und in die tiefsten Tiefen unseres sündigen Schlamassels ging und unsere Strafe auf sich nahm, gehörten folgende: *„Ich gebe euch ein neues Gebot: Liebt einander! Ihr sollt einander lieben, wie ich euch geliebt habe. An eurer Liebe zueinander werden alle erkennen, dass ihr meine Jünger seid“* (Joh 13,34.35). Daraufhin folgte sein Gebet zum Vater:

> *Ich bete aber nicht nur für sie, sondern auch für die Menschen,*
> *die auf ihr Wort hin an mich glauben werden.*
> *Ich bete darum, dass sie alle eins sind –*
> *sie in uns, so wie du, Vater, in mir bist und ich in dir bin.*
> *Dann wird die Welt glauben, dass du mich gesandt hast ...*
> *Ich in ihnen und du in mir –*
> *so sollen sie zur völligen Einheit gelangen, damit die Welt erkennt,*
> *dass du mich gesandt hast und dass sie von dir geliebt sind,*
> *wie ich von dir geliebt bin* (Joh 17,20-21.23).

Es ist unsere Liebe füreinander, unsere Kultur der Verbundenheit und des *Schalom*, die Jesus für die Welt glaubwürdig macht. Die erste und herausragende Art und Weise, wie wir diese Liebe füreinander leben, besteht darin, Jesu Fußstapfen zu folgen, indem wir die Sünde und ihre Auswirkungen mit aufopfernder Liebe und Vergebung konfrontieren. Die Gemeinde, die die Liebe Jesu glaubwürdig macht, ist nicht nur eine, die sich in Zeichen und Wundern bewegt, mutig das Evangelium predigt und sich um die Armen kümmert, sondern es ist die Gemeinde, die wirklich eine Familie geworden ist. In einer Familie disqualifizieren uns unsere Fehler und unsere Schlamassel nicht von unserer Zugehörigkeit – sie offenbaren lediglich, wie tief wir dazugehören. Jedes liebende Elternteil versteht das. Es sind die Schlamassel unserer Kinder, die die größten Beweise aufopferungsvoller Liebe aus unseren Herzen herausholen und die Botschaft verbreiten: „Nichts kann dich von meiner Liebe trennen. Ganz gleich, was du tust, du bist mein Kind.“ Das ist die Liebe, die von den Leitern ausgeht, die durch ihren eigenen Weg der Buße, Versöhnung und Wiederherstellung vom Bestrafungsparadigma befreit und in den neuen Bund geführt worden sind. Das sind diejenigen, die zu wahren Müttern und Vätern heranreifen und helfen, Waisen zu Söhnen und Töchtern zu machen.

Die Welt um uns herum hat eine toxische Liebesaffäre mit Bestrafung. Überall, wohin wir blicken, sind die Menschen voller Angst,

Wut und Süchte, während sie erfolglos darum kämpfen, ohne Gott Sinn, Macht, Trost und Sicherheit zu finden. Der einzige Weg, wie sie erkennen können, dass diese Liebesaffäre überhaupt keine Liebe ist, sondern absolute Gebundenheit an Furcht, Sünde, Tod und Hölle, ist, dass sie dem Bund der Liebe zwischen dem Vater und seinen Kindern kennenlernen. Das große Vorrecht und die Ehre jedes wiederhergestellten Sohnes und jeder wiederhergestellten Tochter ist, den verlorenen Kindern des Vaters den bestrafungsfreien Weg zurück in seine Arme zu zeigen.

Foster Cline und Jim Fay

Mit Liebe und Logik erziehen

Kindern helfen, verantwortungsbewusst zu leben

Ein Ratgeber für die ersten 12 Lebensjahre; 312 S., Pb.

Dieses Erziehungsbuch hilft Ihnen, selbstbewusste, motivierte Kinder großzuziehen, die bereit sind für die reale Welt. Sie lernen, wie man effektiv erzieht, indem Sie Ihren Kindern beibringen, verantwortungsbewusst zu leben und charakterlich zu reifen. Sie gewinnen gesunde Kontrolle durch einfach umzusetzende Schritte – ohne Zorn, Drohungen, Nörgelei oder Machtkämpfe.

Warum die Begriffe *Liebe* und *Logik?* Effektive Erziehung konzentriert sich auf die Liebe: Liebe, die nicht nachgiebig ist, Liebe, die keine Respektlosigkeit toleriert, aber auch Liebe, die stark genug ist, um Kindern zu erlauben, Fehler zu machen und mit den Folgen dieser Fehler zu leben.

Die meisten Fehler haben logische Konsequenzen. Und wenn diese Konsequenzen von Empathie begleitet werden – unserem mitfühlenden Verständnis für die Enttäuschung, Frustration und den Schmerz des Kindes –, haben sie die Kraft, dass sich Haltungen verändern.

Im ersten Teil werden die Erziehungskonzepte im Allgemeinen vorgestellt. Im zweiten Teil wird es praktisch. 46 Liebe-und-Logik-Perlen bieten alltägliche Strategien für den Umgang mit Problemen, mit denen die meisten Eltern in den ersten zwölf Jahren des Lebens ihrer Kinder konfrontiert sind.

Foster Cline und Jim Fay

Teenager mit Liebe und Logik erziehen

Jugendliche auf ein verantwortungsvolles Erwachsensein vorbereiten; 360 S., Pb.

Wenn Kinder in die Teenagerjahre kommen, kommt die Erziehung in eine ganz neue Phase. Auf dem Weg zur Unabhängigkeit und Selbstständigkeit stehen Kinder vor Entscheidungen über Leben und Tod, lange bevor sie auf sich allein gestellt sind.

Die Autoren glauben, dass das Einzige, was Teenager effektiv auf die reale Welt vorbereiten kann, das konsequente Üben von Verantwortung ist. Eltern lernen, ihren Teenagern die Möglichkeit zu geben, ihre eigenen Entscheidungen zu treffen, während sie ihnen gleichzeitig erlauben, mit den natürlichen Konsequenzen ihrer Fehler zu leben, und Empathie für den Schmerz, die Enttäuschung und die Frustration zeigen, die sie erleben werden. Die Teenagerjahre sind herausfordernd, bieten Ihnen aber auch eine unglaubliche Chance: Sie können Ihre Kinder zu einem produktiven, glücklichen und verantwortungsbewussten Erwachsensein führen.

Phil Mason, Die Herrlichkeit Gottes und übernatürliche Transformation

Die geistlichen Prozesse der Herzensrevolution

Band 4 der Reihe „Übernatürliche Transformation"; 560 S.

Die große Verheißung des Neuen Testaments ist die einer übernatürlichen Verwandlung.

Egal, wie sündig oder kaputt unsere Vergangenheit war, Gott hat versprochen, unser Herz vollkommen zu verwandeln und zu heilen.

Die Begegnung mit der Herrlichkeit Gottes ist der Schlüssel für die Verwandlung unserer Herzen. Unser Vater bringt viele Söhne und Töchter zur Herrlichkeit, damit sie dieser Welt seine Herrlichkeit vor Augen führen!

Phil Mason, Quanten-Herrlichkeit

Die Wissenschaft von der Inbesitznahme der Erde durch den Himmel; 520 Seiten, Paperback

Quanten-Herrlichkeit erläutert auf eine äußerst spannende Weise die Zusammenhänge zwischen den faszinierenden Erkenntnissen der Quantenmechanik und der Herrlichkeit Gottes.

Der erste Teil untersucht die subatomare Welt und enthüllt ihren außergewöhnlich komplexen göttlichen Plan, der die Genialität unseres Schöpfers offenbart.

Im zweiten Teil erklärt der Autor ausführlich, wie die Herrlichkeit Gottes in unser physisches Universum eindringt, um Wunder göttlicher Heilung zu bewirken.

Das Buch ist vollgepackt mit verblüffenden Erkenntnissen, aber mehr als das, ist es dazu bestimmt, uns für den übernatürlichen Dienst auszurüsten, damit wir die Herrlichkeit Gottes auf der Erde freisetzen, wie sie im Himmel ist!

Dr. Charity Virkler-Kayembe / Dr. Mark Virkler

Höre Gott durch deine Träume

Gottes Reden in der Nacht verstehen; 288 S., Pb.

In der Bibel finden wir sehr viele Beispiele für Gottes Reden durch Träume. Auch heute möchte er uns durch Träume wichtige Botschaften zukommen lassen. Doch beachten wir sie oft wenig oder wissen nicht, wie sie zu deuten sind.

Diesem Missstand möchte dieses Buches abhelfen. Die Autoren haben sehr viele Erfahrungen im Umgang mit Gottes Reden gesammelt. Das Buch ist ein praktischer, leicht verständlicher und biblischer Leitfaden, um die Sprache zu verstehen, die Gott in unseren Träumen benutzt.

Bill Johnson / Randy Clark, Berufen zu heilen I

Grundlagen und Praxis des Gebets für Kranke, 240 S., Pb.

Jeder Christ kann von Gott gebraucht werden, um anderen Heilung zukommen zu lassen. Das ist das Anliegen der beiden Autoren. Dazu berichten Sie, wie Gott sie in den Heilungsdienst hineinführte, und legen anschließend klare biblische Grundlagen für das Heilungsgebet. Im umfangreichsten Teil gehen sie auf verschiedene Aspekte ein, die für eine Heilung förderlich sind, erläutern, wie seelische und körperliche Krankheiten zusammenhängen und stellen dann ein in der Praxis bewährtes Modell für das Gebet um Heilung vor, das für alle Christen leicht anwendbar ist.

James Goll

Geistlich wahrnehmen und unterscheiden

Wie wir Offenbarungen empfangen, prüfen und anwenden können; 216 S.

James Goll erklärt, dass jeder Nachfolger Jesu geistliche Offenbarungen empfangen und prüfen kann, auch wenn einige als Propheten besonders begabt sind. Er legt präzise dar, wie wir unsere Sinne dem Heiligen Geist hingeben können, damit wir geistlich wahrnehmen können.

Und er erläutert, wie wir Offenbarungen prüfen, anwenden und letztlich verinnerlichen können, damit die Menschen sie nicht nur hören, sondern in uns sehen.

Für das vertiefte Studium ist ein Arbeitsbuch erhältlich.

James Goll

Die Gaben des Heiligen Geistes freisetzen

216 S., Paperback

Der Heilige Geist demonstriert Gottes übernatürliche Kraft durch seine Gemeinde heute, indem seine Herrlichkeit auf globaler Ebene freigesetzt wird. Alle Gaben Gottes sind immer noch voll funktionsfähig, und jeder einzelne Gläubige ist dazu bestimmt, im Fluss Gottes zu leben und seine Bestimmung zu erfüllen.

James Goll zeigt auf, wie der Heilige Geist durch die neun bekanntesten Geistesgaben wirkt und wie wir sie unter Gottes Leitung für die Erfüllung des Missionsbefehls einsetzen können.

Anhand vieler anschaulicher Beispiele aus der Bibel und aus der Gegenwart lernen wir, wie geistliche Gaben in der Praxis funktionieren. Aber es geht in diesem Buch nicht nur darum, wie man seine geistlichen Gaben entdeckt oder empfängt, sondern wie man sie freisetzt und weitergibt!

Für das vertiefte Studium ist ein Arbeitsbuch erhältlich.

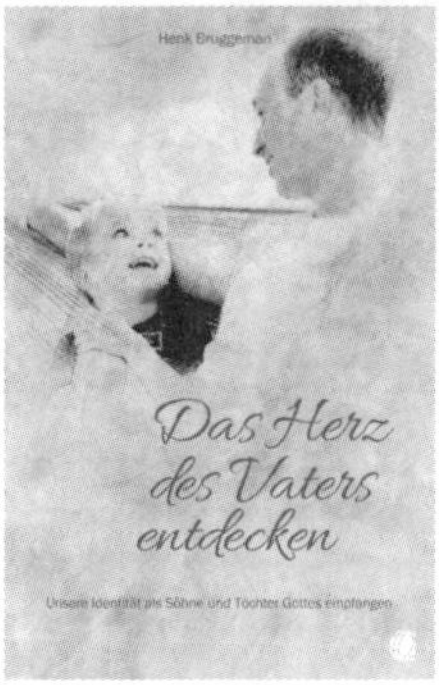

Henk Bruggeman, Das Herz des Vaters entdecken

Unsere Identität als Söhne und Töchter Gottes empfangen

200 S.; Paperback

Gott sehnt sich mehr denn je danach, seinen Kindern sein Vaterherz zu offenbaren. Er möchte, dass wir ihn nicht nur mit dem Kopf, sondern vor allem mit dem Herzen kennenlernen. Statt einer Distanziertheit soll eine innige Vertrautheit unsere Beziehung zu ihm prägen. Darüber hinaus möchte er uns aber eine neue Identität schenken: die Identität der Sohnschaft. Wir entdecken mehr und mehr, wie wir als echte Söhne und Töchter Gottes leben können.

Barry & Lori Byrne, Liebe in der Ehe

Eine tiefere geistliche, emotionale und körperliche Einheit erleben; Vorwort von Bill Johnson; 334 S., Klappenbroschur

Gott möchte, dass die Ehe ein Ort echter Liebe und Vertrautheit ist. Dafür brauchen wir die Hilfe des Heiligen Geistes. Mit ihm können wir die Ursachen unserer Konflikte erkennen und überwinden. Unsere Ehe kann Heilung und Wiederherstellung erfahren, egal, wie der momentane Zustand ist.

Mit klarer biblischer Lehre und vielen praktischen Hilfen packen die Autoren die wichtigsten heißen Eisen an. Viele ermutigende Erfahrungsberichte verdeutlichen die dramatische Heilung und Intimität, die mit Gottes Hilfe möglich ist.

Dr. Larry Richards

Die volle Waffenrüstung Gottes

Gut geschützt gegen die Angriffe des Bösen; 208 Seiten, Pb.

Die Bibel macht deutlich, dass ein Großteil unserer Unsicherheiten, Ängste und Zweifel auf den Machenschaften böser Mächte beruhen. Deshalb ist es so entscheidend, dass wir sowohl die Strategien kennen, die Satan benutzt, um uns anzugreifen, als auch die Rüstung, die Gott uns zur Verfügung stellt, um uns dagegen zu schützen.

Eine biblische Dämonologie, Hilfen zum Umgang mit dem Bösen in der Seelsorge sowie Lektionen für „Lebe-frei-Selbsthilfegruppen" runden das Buch ab.

Bestellen Sie im Buchhandel oder (versandkostenfrei in D) direkt beim Verlag:

GloryWorld-Medien | Beit-Sahour-Str. 4 | D-46509 Xanten
Fon: 02801-9854003 | Fax: 02801-9854004 | info@gloryworld.de

Aktuelles, Leseproben, Downloads & Shop: **www.gloryworld.de**